L'Histoire de France

POUR

LES NULS

JUNIORS

L'Histoire de France

POUR LES NULS

JUNIORS

Jean-Joseph Julaud

FIRST Editions

L'Histoire de France pour les Nuls Juniors

ISBN : 978-2-7540-1978-1
Dépôt légal : 3e trimestre 2010

Édition : Marie-Anne Jost-Kotik
Assistante d'édition : Charlène Guinoiseau
Correction : Émeline Guibert
Mise en page et couverture : ReskatoR
Dessins : SaT

Éditions First
60, rue Mazarine
75006 Paris – France
Tél. : 01 45 49 60 00
Fax : 01 45 49 60 01
E-mail : firstinfo@efirst.com
Internet : www.editionsfirst.fr

Pour Olivia, Éva, Louis et Lisa

À propos de l'auteur

Professeur d'histoire pendant de nombreuses années, **Jean-Joseph Julaud** a écrit une quarantaine de livres – romans, essais, livres pratiques. Il est l'auteur de *L'Histoire de France pour les Nuls* qui a séduit des millions de lecteurs depuis sa parution en 2004.

Sommaire

Introduction 1

À propos de ce livre 2
- Première partie : Gauloises, Gaulois ! 2
- Deuxième partie : De 814 à 1515 : Enfance et croissance de la France 3
- Troisième partie : De 1515 à 1789 : Il était une foi dans le royaume… 3
- Quatrième partie : De 1789 à 1815 : Louis XVI, Robespierre, Napoléon 3
- Cinquième partie : De 1815 à 1914 : La France monte en puissance 4
- Sixième partie : De 1914 à 1945 : Pauvre Europe ! 4
- Septième partie : La France en Europe 5
- Huitième partie : La partie des Dix 5

Les icônes utilisées dans ce livre 5

Première Partie : Gauloises, Gaulois ! 7

Chapitre 1 : Sous les cieux de nos aïeux : -2000000 à 476 9

Du big-bang à Cro-Magnon 10
- Des jaguars, des rhinocéros… 10
- Un charognard ! 10
- Quel temps fait-il à cette époque ? 11
- Du feu ? 11
- L'homme de Neandertal 12
- L'homme de Cro-Magnon : de -35000 à -3000 13
- Paléolithique, mésolithique, néolithique 14
- -1700 : la France bronze 15

Celtes nos ancêtres ? 17
- Un courage de fer ! 17

Champagne ! 18
Les Gaulois : des Latins domestiques 19
Tout nus ! 19
Agriculteurs, artisans, artistes, aventuriers : les Gaulois 20
Douce Gaule, et rude Rome… 21
Les Gaulois se romanisent 24

Chapitre 2 : Bienvenue dans le Moyen Âge 27

Au temps des anciens Francs 28
Pour être tout à fait Franc… 28
Enfin, Dagobert vint… 31
Charles Martel à Poitiers 32
Pépin empêche… 32
Charlemagne, l'empereur qui gagne ! 33
L'or des avares Avars 33
Charles vainqueur sur le ring ! 34
Charlemagne l'amoureux 34
Charlemagne, l'empereur qui perd… 35
Ordre, travail, culture : le tiercé de Charles le Grand 38
Charlemagne empereur en 800 39

Enfoncez-vous bien ça dans la tête ! 42
Tout le monde a bien compris ? 43

Deuxième partie : De 814 à 1515 : Enfance et croissance de la France 45

Chapitre 3 : Tourments du premier âge 47

La naissance des triplées… 47
Les jumeaux du Futuroscope 47
Les quatre fils de l'empereur Louis 48
Ils sont fous, ces Normands ! 51
Les seigneurs : une bande de compagnons 53
Le roi Capet 56
Croisades et croisières vers l'outre-mer 56
Qui t'a fait roi ? 56

La mort du prince Philippe 57
Aliénor, reine de France 57
Richard l'insupportable ! 61
Jean : sans terre et sans scrupules 61
Purs cathares 62
Louis IX, Louis d'or… 64
Philippe le Bel : Des sous, des sous ! 67
Bonjour les Valois ! 69

Chapitre 4 : Les violences de l'adolescence 71

Détruire : la guerre de Cent Ans 72
Pourquoi la guerre de Cent Ans ? 72
Puisque le roi ne le veut pas… 73
En direct de Crécy : Édouard est ravi ! 73
Jean le Bon, roi de France, prisonnier 75
Étienne Marcel assassiné 75
Charles V, le Sage et ses bésicles 75
Charles VI et Isabeau de Bavière : des malades !… 77
Armagnacs contre Bourguignons 78
Jeanne d'Arc : « Du courage, majesté ! » 81
Reconstruire : de Charles VII à Louis XII 83
Paris martyrisé, Paris outragé, mais Paris libéré… 83
Guerre de Cent Ans : fin 84
Charles VII : une dent contre Louis XI, son fils 85
Charles VIII et Louis XII : mêmes combats ! 87

Enfoncez-vous bien ça dans la tête ! 94
Tout le monde a bien compris ? 95

Troisième partie : De 1515 à 1789 : Il était une foi dans le royaume… 97

Chapitre 5 : Guerres et paix 99

François 1er et l'Italie 99
Le roi vainqueur 99

François vaincu 103
Ils protestent, les protestants… 103
François, la fête et les affaires 105
Catherine et l'hérésie 106
Henri, l'amour, la guerre, la mort 106
Cathos contre huguenots 108
24 août 1572 : le massacre de la Saint-Barthélemy 109
Henri IV et son édit 112

Chapitre 6 : L'État, c'est Louis ! 115

Louis XIII et les 400 coups 115
Henri, Marie, Concini… 116
Le roi Richelieu ? 118
« L'État, c'est moi ! », Louis XIV… 121
Louis s'impose 122
Louis en batailles 127
Louis XIV : Versailles au cœur 128
Louis XV en ses terres 137
Les remous de Law, Marie et Louis au lit 138
Louis XV et les guerres 139
Cinquante et un ans de règne personnel 143
Louis XVI : « Nous régnons trop jeunes… » 144

Enfoncez-vous bien ça dans la tête ! 149
Tout le monde a bien compris ? 150

Quatrième partie : De 1789 à 1815 : Louis XVI, Robespierre, Napoléon 151

Chapitre 7 : Quel chahut ! 153

1789 – 1792 : Le roi gagne et perd 153
Les députés dépités 154
Étapes et dates… 158
26 août 1789 : la Déclaration des droits de l'homme 166
Où sont les femmes, en 1789 ? 167

L'assignat : de l'or pour l'État 169
De la Législative à la chute de la royauté 173
20 juin 1792 : la journée des Tuileries 175
10 août 1792 : la chute de la royauté 177
Place à la république 179
Les massacres de septembre 1792 179
20 septembre 1792 : la victoire de Valmy 180
Girondins et montagnards, les frères ennemis... 181
La guerre de Vendée 183
La Révolution à tout prix 184
2 juin 1793 : la fin des girondins 184
1793-794 : Robespierre et la dictature de la vertu... 185
Qui furent les 16594 guillotinés dans toute la France ? 188
La réaction thermidorienne 189
26 octobre 1795 : le début du Directoire 189

Chapitre 8 : Bonaparte en général 191

Le « petit caporal » en campagnes 191
1796 – 1797 : l'Italie, Arcole et Rivoli... 192
Février-mars 1799 : prise de Gaza et de Jaffa 195
Le général en consul 196
Le coup d'État du 18 brumaire, an VIII 196
Bonaparte Premier consul, Bonaparte consul à vie 197
1800 : Campagne d'Italie II, le retour ! 198
Bonaparte organise la France 199

Chapitre 9 : Napoléon 1er, l'empereur... 201

Austerlitz : gare aux Austro-Russes ! 201
Sacré, Napoléon... 201
L'Angleterre sauvée à Trafalgar 203
En route pour Austerlitz ! 203
Le Saint-Empire : c'est la fin... 210
Le temps des victoires 211
1806-1807 : la quatrième coalition échoue contre Napoléon 211
1808-1809 : de l'Espagne à Wagram 213

1810 : Napoléon épouse Marie-Louise d'Autriche 216
De Moscou à Waterloo 216
1812 : la Grande Armée fond dans la neige 217
1813 : la campagne d'Allemagne 219
1814 : la campagne de France 220
18 juin 1815 : Waterloo, morne plaine… 224
Napoléon est mort à Sainte-Hélène 225

Enfoncez-vous bien ça dans la tête ! 228
Tout le monde a bien compris ? 229

Cinquième partie : De 1815 à 1914 : La France monte en puissance 231

Chapitre 10 : Les rois : le retour ! 233

Les deux frères : Louis XVIII et Charles X 233
La revanche des royalistes 233
Les marches arrière de Charles X 235
Le cousin : Louis-Philippe 237
Les républicains ont tiré les marrons du feu 238
L'ultime espoir des Bourbons… 238
Le triomphe des banquiers 240
La révolution de 1848 244

Chapitre 11 : Second Empire : Napoléon, comme tonton… 249

Le prince-président Badinguet 249
20 décembre 1848 : Badinguet prince-président 249
1852 – 1870 : l'Empire prospère et perd 252
2 décembre 1852 : Napoléon III, empereur des Français 252
La tragédie de Charlotte et Maximilien 256
Les Prussiens arrivent ! 259

Chapitre 12 : La IIIe République s'installe 261

Vive la République ! 261
Le sort tragique de la Commune 262

Jules Ferry, Clemenceau, Boulanger... 265
Affairisme, enrichissement, anarchisme 272
1894 – 1906 : l'affaire Dreyfus 273
La descente aux enfers 273
Le combat pour la vérité 275
Dreyfus réhabilité 279
De la revanche dans l'air 280
La laïcité pour tous 280
1911 : Caillaux contre la guerre 280

Enfoncez-vous bien ça dans la tête ! 281
Tout le monde a bien compris ? 282

Sixième partie : De 1914 à 1945 : Pauvre Europe ! 283

Chapitre 13 : La Grande Guerre : une boucherie ! 285

La guerre galope, se cabre et se fige 285
Les troupes en mouvement 285
Les soldats face à face 289
Verdun, la Somme, des tueries ! 292
Les deux camps résistent 292
L'intervention américaine, l'armistice 294

Chapitre 14 : L'entre-deux-guerres en crise 295

Du Bleu horizon au pacte Briand-Kellog 295
Le traité de Versailles 296
Aux commandes : le Cartel des gauches 298
Le président de la République assassiné 299
La montée du fascisme 300
L'instabilité proche du chaos 300
Au Palais-Bourbon ! 301
Du Front populaire à Munich 302
L'amélioration de la condition ouvrière 302
Une pause pour réarmer le pays 304
À Vienne, en Autriche, les Juifs persécutés 304
Les accords de Munich 305

Chapitre 15 : La Seconde Guerre mondiale : résistance, collaboration… 307

1939-1940 : une drôle de guerre ... 307
De mars 1939 à la blitzkrieg ... 308
La signature de l'armistice ... 311
Les Anglais coulent les bateaux français ! ... 311
Pétain et sa France ... 312
La déportation des Juifs vers les camps de la mort ... 312
STO et milice ... 315
Les grandes heures de la Résistance ... 316
Le Conseil National de la Résistance ... 316
21 juin 1943 : Jean Moulin arrêté à Caluire-et-Cuire ... 316
1944 : les Alliés débarquent, les Allemands capitulent ... 317
6 juin 1944 : Américains, Anglais, Canadiens à l'assaut ! ... 318
8 mai 1945 : l'Allemagne capitule ... 319

***Enfoncez-vous bien ça dans la tête !* ... 321**
***Tout le monde a bien compris ?* ... 322**

***Septième partie : La France en Europe* ... 323**

Chapitre 16 : On passe la IVe, puis la Ve… ... 325

La IVe : la république des partis ... 325
Forces politiques en lutte ... 325
Le plan Marshall : des finances pour reconstruire ... 327
L'Europe, enfin ! ... 328
Algérie : la rupture ... 330
La Ve : la République du président… ... 330
L'Algérie indépendante ? ... 331
Le coup d'État permanent ... 333
Mai 68… ... 334

Chapitre 17 : De 1969 à 2009 : quarante ans de modernisation ... 339

Pompidou, Giscard… ... 340
Nouvelle société, nouvel avion… ... 340

Les quatorze années Mitterrand 341
De l'état de grâce aux cohabitations 342
Les années Chirac 344
Cohabitation, 35 heures… 345
Nicolas Sarkozy, 23e président de la République 349
Douze pour un 350
La crise financière 351

Enfoncez-vous bien ça dans la tête ! 354
Tout le monde a bien compris ? 355

Huitième partie : La partie des Dix 357

Chapitre 18 : Dix ados entrés dans l'Histoire 359

Philippe le Hardi : « Père, gardez-vous à droite!… » 359
Le Prince Noir 360
Du Guesclin : à 6 ans, il renverse la table 360
À 16 ans, il désarçonne ses adversaires 360
Le héros de son père… 361
Marie de Clèves 361
François II et les bonnes fées 361
Pauvre François… 362
Gabrielle, tu brûles mon esprit… 362
Henri pue comme charogne! 362
Léopold Sigisbert Hugo, l'ado mytho… 363
Léopold et Sophie ont un enfant 363
Joseph Bara, 13 ans, au Panthéon? 363
Sabré à mort 364
Guy Môquet : « Ma petite maman chérie… » 364
Fusillé à 17 ans et demi 364
Elle s'appelait Anne Frank… 365
Chère Kitty 365
La famille dénoncée 365

Chapitre 19 : Les dix temps forts de l'immigration ... 367

La France : terre d'accueil ... 367
L'immigration en dix étapes ... 367
Polonais, Italiens, Espagnols ... 367
Vichy : les Juifs au ban de la société ... 368
L'immigration s'accélère ... 368
Les rapatriés d'Algérie ... 368
Régularisation massive ... 368
Des restrictions en 1986 ... 368
Des régularisations en 1997 ... 369
L'idée d'intégration en 2003 ... 369
2006 : l'immigration choisie ... 369
Régularisation systématique supprimée ... 369

Chapitre 20 : Les dix dates incontournables ... 371

Index ... 373

Crédits ... 387

Introduction

Attachez vos ceintures, relevez vos tablettes de travail, chassez de vos écrans les Facebook et Twitter nomades, oubliez tous les tableaux de la journée, leurs bruits feutrés, le crissement de leurs craies, bâillonnez les grosses sonneries, étouffez les petites vibrations, concentration : nous quittons notre temps, nous décollons vers des mondes anciens, nous volons dans les plumes de ceux qui prétendent que l'histoire de tous les hiers est somnifère, que les chemins d'antan sont moins rigolos que la Nintendo®!

Êtes-vous prêts? Oui? C'est parti… Où allons-nous? Partout où l'histoire de la France a laissé des traces, des souvenirs heureux ou malheureux, étonnants ou tragiques, afin de grandir et de nous offrir les jours de paix que nous vivons.

Et l'Europe dans cette histoire? L'Europe? Elle est présente à chaque page ou presque : d'où viennent les Celtes que nous sommes tous un peu? D'Europe centrale. Quelles étaient les dimensions de l'empire de Charlemagne? L'Europe! Et Louis XIII, Louis XIV, de quoi ont-ils peur, pourquoi font-ils la guerre? Parce que leurs voisins européens ne cessent de les menacer! Où l'esprit de la Révolution française va-t-il s'exporter? Dans l'Europe entière! Que fait Napoléon pendant dix ans? Il tente de former l'Europe par le feu et le sang. Une Europe qui explose au XXe siècle, brise ses membres, puis renaît aujourd'hui dans une paix toute neuve! Alors, vous le voyez, ce que vous allez lire, et qu'on appelle l'histoire de France, c'est d'abord l'histoire de cette Europe qu'il nous faut aujourd'hui comprendre, protéger, afin qu'elle n'entre plus jamais dans des cauchemars semblables à ceux de la Grande Guerre ou de la Shoah.

Décollons sans tarder vers le temps passé. Afin de ne pas vous ennuyer, le pilote de ce livre a prévu des passages en rase-mottes sur telle ou telle petite histoire, telle anecdote, dramatique ou rigolote ; puis nous reprendrons de l'altitude pour bien comprendre comment évoluent les frontières et les gens, comment la paix inquiète somnole toujours, comment l'espoir ne dort jamais. Bref, nous allons ensemble visiter et tenter de conquérir le pays où l'avenir se prépare en retenant les leçons du passé, le pays de la mémoire : l'Histoire.

Jean-Joseph Julaud

À propos de ce livre

Des anecdotes, des portraits, des récits de batailles, des détails croustillants, des indiscrétions, des moments pittoresques, des événements inattendus, mais aussi des périodes tragiques, des larmes et du sang, des destins qui basculent dans l'horreur… Tout cela vous est conté sans que vous perdiez le fil de l'histoire. Au fil des dates et des siècles qui défilent sous vos yeux, vous comprenez les enjeux de chaque époque, vous pouvez en expliquer les réussites ou les échecs… Bref, vous devenez un véritable historien en herbe dans la grande prairie de la connaissance !

Première partie : Gauloises, Gaulois !

Tout petits, voilà un million cinq cent mille ans, les premiers hommes sur le sol du pays qu'on appelle France aujourd'hui ! Astucieux, ceux qui maîtrisent le feu voilà quatre cent mille ans ! Étranges, les néandertaliens qui ont vécu cent mille ans puis disparu, laissant la place aux Cro-Magnon, il y a trente-cinq mille ans. Tout fiers de leur fer, les Celtes qui viennent d'Europe centrale. Hardis les Gaulois, vaincus par César, et devenus Romains, du jour au lendemain. Bagarreurs et conquérants les Francs de Clovis en 500. À Rome en l'an 800, on crie « Vive l'empereur » à Charlemagne qui domine et gouverne (presque toute) l'Europe !

Deuxième partie : De 814 à 1515 : Enfance et croissance de la France

Les petits-fils de Charlemagne font la guerre à leur père Louis 1er, et se font la guerre : la Francia occidentalis naît de ces conflits en 843 à Verdun. Vers 1100, les croisades processionnent vers Jérusalem, ouvrant de nouvelles voies commerciales. En 1337, la guerre de Cent Ans contre les Anglais commence. Elle se termine en même temps que le Moyen Âge en 1453. L'habile Louis XI va donner de solides fondations au royaume de France.

Troisième partie : De 1515 à 1789 : Il était une foi dans le royaume...

(*Il était une foi*, au sens religieux, et non *Il était une fois*, comme le début d'un conte merveilleux...). À partir de 1515, François 1er affermit le royaume en divertissant à sa cour les grands seigneurs qui pourraient se montrer turbulents. Les protestants protestent contre le pape et les catholiques ; et ils protestent tant que les guerres de Religion vont ravager le pays pendant quarante ans ! Henri IV ramène la paix avec l'édit de Nantes en 1598. Louis XIV, le monarque absolu, supprime cet édit en 1685, il ne tolère qu'une seule foi, qu'une seule religion dans son royaume : les protestants quittent la France ! Louis XV gouverne pendant presque soixante ans. Louis XVI lui succède. Et, en 1789, survient la Révolution.

Quatrième partie : De 1789 à 1815 : Louis XVI, Robespierre, Napoléon

La Révolution de 1789 offre aux Français un avenir en trois mots pleins d'espoir : *Liberté, égalité, fraternité !* Elle prend la Bastille en 1789, proclame la Première République en 1792, coupe le cou de Louis XVI en 1793, installe un régime de terreur avec Robespierre qui est exécuté en 1794. Bonaparte s'empare du pouvoir en 1799. Il devient l'empereur Napoléon 1er en 1804. À la tête de la Grande Armée, il domine l'Europe, mais, après de nombreux revers, il est contraint d'abdiquer en 1814. Il effectue un retour triomphal en 1815, mais perd sa dernière bataille : Waterloo.

Cinquième partie : De 1815 à 1914 : La France monte en puissance

En 1815, les rois reviennent sur le trône de France jusqu'en 1848. Après la IIe République, le Second Empire de Napoléon III laisse la place en 1870 à la IIIe République et à l'épisode tragique de la Commune en 1871. Les Prussiens se sont emparés de l'Alsace et de la Lorraine en 1870, il faut les leur reprendre. C'est dans ce climat de revanche que se déroule la fin du XIXe siècle illustré par l'affaire Dreyfus qui commence en 1894, pendant que l'antisémitisme se développe. Bientôt la République fait face à la guerre qu'elle ne peut éviter : la grande boucherie débute en plein été 1914.

Sixième partie : De 1914 à 1945 : Pauvre Europe !

La bataille de la Marne, la guerre des tranchées, Verdun en 1916 ! Le Chemin des Dames en 1917 ! 11 novembre 1918 : l'Alsace et la Lorraine reviennent à la France, mais à quel prix ! Pendant l'entre-deux-guerres, le fascisme prend de l'ampleur. En 1936, la victoire du Front populaire offre aux Français les congés payés. Puis surgit Hitler qui met l'Europe à feu et à sang. Les nazis mettent en œuvre un plan monstrueux : l'extermination des Juifs. Six millions d'entre eux vont périr dans des conditions atroces dans les camps de concentration et d'extermination. Le 8 mai 1945, l'Allemagne capitule.

Septième partie : La France en Europe

Après la IVe République dominée par les partis politiques, Charles de Gaulle revient au pouvoir en 1958 en même temps que commence la Ve République et que s'intensifient les combats au cœur de l'Algérie française qui demande son indépendance. Elle l'obtient en 1962, après la signature des accords d'Evian. Mai 1968 : les étudiants parisiens se révoltent, de Gaulle quitte le pouvoir l'année suivante. Georges Pompidou, Valéry Giscard d'Estaing, François Mitterrand, Jacques Chirac et Nicolas Sarkozy vont se succéder à la présidence de la République pour nous conduire à la France d'aujourd'hui.

Huitième partie : La partie des Dix

La partie des Dix, c'est l'occasion d'approfondir quelques sujets choisis, d'observer à la loupe certaines affaires, certains personnages. Vous allez faire la connaissance de dix adolescents qui sont entrés dans l'Histoire. Vous allez comprendre en dix temps forts l'évolution de l'immigration. Enfin, dix dates incontournables de l'histoire de France vous sont proposées afin que vous puissiez les installer définitivement dans votre mémoire.

Les icônes utilisées dans ce livre

Voulez-vous faire plus ample connaissance avec Charlemagne ? Philippe le Bel ? Charles V le sage ? Charles VI le fol ? Avec Louis XIV ? Avec Napoléon ? Et pourquoi pas avec Attila ? Mais si, mais si… il n'est pas si méchant que ça !

Vous avez toujours été intrigué par la stratégie militaire, par son évolution, par les tactiques employées pour surprendre ou dérouter l'adversaire. Voici l'occasion de comprendre combien la façon de conduire une bataille a évolué depuis Bouvines – ou Azincourt… – jusqu'aux affrontements des armées modernes.

Un traité, une prise de pouvoir, un couronnement, un assassinat politique, une mort suspecte, une naissance capitale, une disparition imprévue et tragique, une exécution en public, la phrase qui tue… Tout cela vous est raconté de telle façon que vous ne l'oubliiez plus, et que vous-même, le transmettiez. Ainsi va l'Histoire…

Au fil des pages, ces dates mises en relief vont vous permettre de vous constituer – à condition que vous décidiez de les retenir à long terme – une armature solide, un ensemble de repères qui vous éviteront l'inévitable malaise lorsque dans votre mémoire, Louis XII, par exemple, flotte entre le ve et le xve siècle…

Une curiosité, l'origine d'un mot, d'une chanson, la réponse à une question que vous vous êtes souvent posée – ou peut-être jamais –, bref, de petits paragraphes à déguster comme des gourmandises qui donnent l'envie d'en reprendre…

Ce qui se passe chez nos voisins conditionne souvent les événements qui surviennent dans l'Hexagone. Nous irons régulièrement jeter un coup d'œil par dessus les frontières, au nord, au sud, à l'est, et même à l'ouest, à partir d'un certain Christophe Colomb…

L'anecdote, c'est le sel, le piment, le condiment indispensable à l'Histoire. Ce livre en est assaisonné, avec mesure, juste ce qu'il faut pour vous donner le goût de poursuivre l'aventure. De l'insolite, de l'inattendu, de l'attendrissant ou du révoltant vous attendent !

Première Partie

Gauloises, Gaulois !

Dans cette partie…

Téléportation ! Sssssstop ! Vous venez de débarquer dans le passé du passé, c'est-à-dire voilà très très très longtemps, entre un million et demi d'années et l'an 800 de notre ère. Il s'en est passé des choses pendant ces millénaires infinis : les premiers hommes sont arrivés dans le sud du territoire qu'on appelle aujourd'hui la France. Puis d'autres hommes sont apparus, les néandertaliens, des sortes de prototypes imparfaits sans doute, car ils ont tous disparu, remplacés par nos vrais ancêtres : les trop mignons Cro-Magnon ! Beaucoup plus tard, nous allons voir les Celtes migrer vers l'ouest, y devenir nos ancêtres les Gaulois. César va les coloniser, Clovis les réunir, et Charlemagne les instruire. Tout va pour le mieux dans le meilleur des Moyen Âge ? Pas si sûr…

Chapitre 1

Sous les cieux de nos aïeux : -2 000 000 à 476

Dans ce chapitre :

- Trop mignons, les Cro-Magnon
- Avec du Celte, c'est meilleur
- Rome contrôle et enjôle la Gaule

Pas une seule école à l'horizon, pas un seul professeur ! Le bonheur pour les premiers petits hommes ? Non : on croise partout des rhinocéros ! Un professeur, c'est quand même moins féroce, et la salle de classe, c'est plus douillet que le temps des glaces. On peut y apprendre au chaud que les Celtes furent de grands galopeurs, les Gaulois des bagarreurs, les Romains de bons marcheurs. Partons à la rencontre de tout ce beau monde !

SCÈNE DE CHASSE EN -30 000

Du big-bang à Cro-Magnon

« Big-bang ! », crie l'univers à sa naissance voilà quinze milliards d'années. « Schrfffhhrhhhh ! » (ou quelque chose comme ça) fait le soleil lorsqu'il vient au monde, il y a cinq milliards d'années. « Traaakpatatraaaak » (bruit approchant) s'exclame la Terre qui voit le jour il y a cinq cents millions d'années. Et l'homme, dans tout ça ? « Bonjour tout le monde ! » (traduction approximative), murmure l'un des premiers hommes apparus voilà sept millions d'années (eh oui, c'est tout récent) au Tchad. C'est plutôt le brouillon du brouillon de ce que nous sommes devenus, mais on sent bien que l'idée est là : deux pieds, deux mains et un cerveau, le tout tenant debout. Et la France, dans tout ça ? On y va, on y va…

Des jaguars, des rhinocéros…

Quand donc un homme a-t-il foulé pour la première fois le sol de la France qui ne portait pas de nom à cette époque ? Sans doute voilà un million cinq cent mille ans, environ. On a retrouvé l'une de ses résidences au Vallonnet entre Menton et Roquebrune-Cap-Martin : une vaste grotte avec vue sur mer à l'époque, où il a laissé les restes de ses repas composés de cadavres de jaguars, de tigres, de rhinocéros, et même d'éléphants, toute une faune disparue depuis dans cette région (encore que…).

Un charognard !

Notre ancêtre est un charognard… Habile, il taille des pierres pour découper sa viande. Est-il le cousin de l'*homo habilis*, le petit homme habile d'1,30 m ou de son cousin, l'*homo ergaster*, l'homme artisan, tous deux Africains ? Ou bien appartient-il au groupe *homo erectus*, l'homme debout, plus grand, venu d'Asie en transitant par l'Afrique ? Ou bien encore… ? Les chercheurs continuent de chercher…

Quel temps fait-il à cette époque ?

Froid, très froid, jusqu'à -70 °C, ou chaud, très chaud, ou doux, très doux, bref, voici les différentes périodes de glaciations et radoucissements. Les scientifiques ont décidé de donner aux périodes de glaciation subies par l'Europe, le nom des affluents du Danube car ils ont permis d'en définir l'étendue.

- -2000000 d'années : glaciation de Donau (Danube), fin de l'ère tertiaire, début du quaternaire
- -1800000 d'années : période de réchauffement interglaciaire
- -1200000 d'années : glaciation de Günz
- -700000 ans : période de réchauffement interglaciaire
- -500000 ans : glaciation de Mindel
- -350000 ans : nouvelle période interglaciaire, beau temps, belle mer
- -300000 ans : retour au congélateur, glaciation de Riss, divisée en trois temps forts : Riss I, Riss II et Riss III
- -90000 ans : glaciation de Würm – gel et dégel conduisent à définir le Würm I, le Würm II, le Würm III
- -10000 ans : dernière glaciation

Du feu ?

« Auriez-vous du feu ? » Voilà, traduit en langue d'aujourd'hui, ce qu'on peut entendre dans les tribus d'*homo erectus* qui parcourent le Sud de la France voilà 500000 ans, un million d'années après l'arrivée de leur ancêtre de Roquebrune – que le temps passe vite ! Du feu ! Le fumet des viandes de cerf, de bison, de thar – une sorte de chèvre à longs poils – de rhinocéros, remplace l'odeur boucanée des charognes. Faisons halte dans la grotte de Tautavel, au nord-ouest de Perpignan. Longtemps, elle fut habitée par des *homo erectus*. Tiens, que voici donc là, par terre ? Hum… Un os. Un os humain, marqué des stries de découpe après cuisson…

Ce qui voudrait dire que… ? Oui, et alors ? Le philosophe Jean-Jacques Rousseau l'a écrit : « L'homme est naturellement bon »…

L'homme de Neandertal

Les millénaires passent. Erectus vaque et voyage ici et là, de grotte en grotte au fil des glaciations et des réchauffements. Sans doute s'installe-t-il en Allemagne. Sans doute est-ce lui qui est à l'origine de cette lignée d'hommes étonnants dont les restes ont été découverts dans la vallée de Neander, près de Düsseldorf en Allemagne : l'homme de Neandertal. Apparu voilà 150 000 ans environ, il disparaît de la circulation sans qu'on sache pourquoi il y a 35 000 ans. Des scientifiques pensent qu'ils ont été décimés par un virus, d'autres supposent qu'ils ont été éliminés par leurs successeurs *homo sapiens*, ou bien qu'ils se sont fondus dans leur masse. Cette dernière hypothèse étant de plus en plus admise, lisez bien le portrait qui en est fait ci-dessous. Allez vous observer dans un miroir ensuite. Alors ?

GROS PLAN

Neandertal : un vrai *bodybuilder* !

Quelle est l'apparence de l'homme de Neandertal ? Il mesure entre 1,55 m et 1,78 m, mais la moyenne se situe à 1,65 m. Il a le visage prognathe (mâchoires en avant), ses pommettes s'inclinent vers l'arrière, son ossature est massive et supporte une masse musculaire importante, comme celle des *bodybuilders*. Il est bien sûr présent sur le territoire de France, il fabrique des racloirs, des grattoirs, des couteaux, des outils à encoches, des burins, autant d'éléments qu'on qualifie de « moustériens » (d'après le site préhistorique du Moustier en Dordogne). Il chasse l'ours, le mammouth ; il enterre ses morts dans les grottes. Il est aussi un habile sculpteur.

L'homme de Cro-Magnon : de -35000 à -3000

Lorsque apparaît cet homme nouveau en Europe – l'*homo sapiens* – successeur de l'homme de Neandertal, et découvert dans le site de Cro-Magnon aux Eyzies-de-Tayac, en Dordogne, nous sommes encore au paléolithique supérieur, il y a environ 35000 ans. Le climat est encore très capricieux, et il fait souvent un froid de canard pendant mille ou deux mille ans. Une calotte glaciaire s'élève au nord de la France et constitue un étrange et gigantesque mur blanc qui borde une Manche encore inexistante : on va à pied de France en Angleterre. Le niveau de la mer est de 110 mètres inférieur à ce qu'il est aujourd'hui. La France du Nord est celle du froid (de -5 °C à -70 °C), celle du Sud-Est est, comme d'habitude, favorisée par les températures : + 15 °C.

LE SAVIEZ-VOUS ?

Neandertal et Cro-Magnon ?

Peut-être avez-vous appris que l'homme de Neandertal était un *homo sapiens* (sage, intelligent), et l'homme de Cro-Magnon, un *sapiens sapiens* (doublement sage et intelligent). Eh bien, oubliez tout cela si vous ne voulez pas passer pour un vieux fossile ! Dans les cuisines scientifiques modernes, l'homme de Neandertal a perdu son étoile *sapiens*, il est devenu une espèce indépendante : l'*homo neanderthalensis*. Le Cro-Magnon conserve un seul *sapiens* et s'appelle désormais « homme anatomiquement moderne ». Si vous en rencontrez un, surtout, ne le traitez pas de Cro-Magnon, ça le met en colère…

Cro-Magnon et son chien

L'ingéniosité des hommes de cette époque se manifeste d'abord par la création ou le perfectionnement de l'arc et de la flèche. Peu à peu, cet instrument de chasse (et de guerre…) devient aussi efficace à cinquante mètres que des plombs de chasse, traversant presque de part en part un ours, et *a fortiori*, un homme. Ces groupes d'archers sont accompagnés d'un animal qui s'est apprivoisé progressivement : le chien.

-5000 : l'économie de production

Plutôt caractéristiques du mésolithique, les archers voient arriver peu à peu d'autres hommes venus de loin qui savent conserver à portée de silex des troupeaux d'animaux peu sauvages, le mouton ou le porc par exemple. Ils découvrent aussi qu'en plantant et replantant, il est possible de récolter régulièrement et de prévoir « quelques grains pour subsister jusqu'à la saison nouvelle » comme dans la fable de La Fontaine « La Cigale et la fourmi »... Notre cueilleur qui jouait les cigales est remplacé par la fourmi-agriculteur. Voici donc notre homme qui inaugure, vers -5000, à la fois le néolithique, période de la « nouvelle pierre » ou « pierre polie », et l'économie de production.

Tumulus et cromlechs...

Petit détour par la Bretagne où, vers -4000, vit un peuple qui a laissé des traces mystérieuses (sauf si on a lu les aventures de ses descendants : Astérix et Obélix). Ce peuple bâtit des tumulus, petites collines artificielles qui cachent des chambres funéraires ; il installe des cromlechs, pierres disposées en rond qui indiquent équinoxes et solstices ; il érige d'énormes menhirs qu'il sème suivant des alignements impressionnants, à Carnac par exemple. Là-bas, trois sites s'offrent à vous : celui de Kerlescan qui rassemble 240 menhirs ; celui de Kermario, 982, et celui du Ménec, 1099 ! N'essayez pas d'en dresser un supplémentaire, histoire de marquer votre passage : ils sont régulièrement recomptés ; ça se verrait...

Paléolithique, mésolithique, néolithique

Tic, tic, tic... Que de noms en « tique » qui ne désignent rien d'antique puisque l'Antiquité est le premier âge de l'Histoire, avec l'adoption de l'écriture. Nous sommes encore, avec nos trois « tiques », dans la préhistoire. Le premier « tique », le paléolithique est l'âge de la pierre ancienne (en grec : *paléo* signifie ancien, et *lithos*, pierre), il comporte trois parties :

- **le paléolithique inférieur** (-2000000 à -250000) caractérisé par une culture dont des vestiges ont été découverts à Abbeville : galets taillés, bifaces, d'où le qualificatif « abbevillien » ;
- **le paléolithique moyen** (-250000 à -35000) dont on retrouve des vestiges au Moutier en Dordogne : racloirs, pointes ;
- **le paléolithique supérieur** (-35000 à -12000), âge des grattoirs, burins et propulseurs, époque de l'art pariétal (grotte de Lascaux).

Pendant toutes ces époques, la population totale de la France n'a jamais dépassé 10000 individus.

Le deuxième « tique », le mésolithique signifie : âge moyen de la pierre ; et le troisième « tique », le néolithique : nouvel âge de la pierre.

- **Le mésolithique** (-12000 à -9000) : les groupes humains commencent à réduire leur aire de nomadisme, la forêt se développe, l'arc et les flèches sont utilisés, perfectionnés.
- **Le néolithique** (-9000 à -3000) : c'est la période de sédentarisation, de la pierre polie, on fabrique de la poterie, de la céramique, les premières villes apparaissent.

- 1700 : la France bronze

En -1700, le bronze apparaît en France, et pour mille ans environ. C'est une découverte aussi importante pour les habitants de l'époque que la télé dans les années 1960. En effet, la société se modifie, se centralise, se hiérarchise. Les tombes deviennent individuelles et témoignent de l'existence d'un chef tout-puissant. D'abord importé ou apporté par des voyageurs ou envahisseurs nouveaux venus d'Espagne ou de l'Est, le bronze est bientôt fabriqué en France, dans le Médoc par exemple où on mélange le cuivre et l'étain d'importation pour obtenir un bronze « *made in* Médoc » dont on fait des milliers de haches aux bords relevés. En Armorique, des dizaines de milliers d'unités sont fabriquées puis exportées vers l'Espagne et l'Angleterre !

Figure 1-1 : Les parois de Lascaux.

GROS PLAN

La grotte de Lascaux

Le 12 septembre 1940, quatre enfants se promènent dans la campagne de Montignac-sur-Vézère en Dordogne : Georges Agnel, Jacques Marsal, Marcel Ravidat et Simon Coencas ; ils sont accompagnés de Robot, le chien de Marcel Ravidat. Soudain, Robot gratte le sol et disparaît dans une sorte de crevasse qui a servi de dépôt d'ordures. Le chien ne remontant pas, les enfants descendent le chercher et découvrent une grotte immense. Sur ses parois,apparaît le plus grand trésor pictural de la préhistoire : des silhouettes d'aurochs, de chevaux, d'ours, d'énigmatiques damiers, un homme à tête d'oiseau, des rhinocéros, des centaines de dessins à la fois précis et mystérieux ! Depuis quinze mille ans, personne n'avait fait face à ce qu'ils contemplent ! La grotte de Lascaux et ses secrets viennent de se livrer à l'imagination de l'homme moderne.

Celtes nos ancêtres ?

Qu'il en a fait du chemin, notre charognard de Roquebrune ! Voici que ses descendants et voisins ou cousins se mettent à inventer l'écriture, à travailler les métaux, bronze et fer. La préhistoire est bien finie – elle se termine avec l'apparition de la première métallurgie et de l'écriture ! Le premier « âge du fer » commence en -800, le second en -450. Nous entrons dans l'Histoire…

Un courage de fer !

Leur p'tit cheval dans le mauvais temps, qu'ils avaient donc du courage… Du courage pour venir du Nord et de l'Est de l'Europe, où il fait de plus en plus froid, chercher un temps clément en Alsace, en Lorraine, en Bourgogne, en Franche-Comté. Et qu'apportent ces cavaliers ? Une révolution : celle du métal, des armes et des outils en fer. Ils s'installent sur des minerais faciles à exploiter, près des forêts. Leurs chefs font construire des sites fortifiés sur les hauteurs non loin des routes commerciales terrestres ou fluviales. Les cendres de leurs morts sont conservées dans des urnes enterrées en plein champ ou à flanc de falaise. On parle, pour cette époque (-800) du premier âge du fer, ou de la civilisation hallstattienne, de Hallstatt, site archéologique autrichien où on a trouvé de nombreuses épées de fer.

LE SAVIEZ-VOUS ?

Les Celtes : des colons

Le mot *Celte* viendrait de l'indo-européen *kel-kol :* colon, désignant ceux qui sont venus conquérir un territoire déjà occupé. Ce pourrait être aussi un dérivé de l'adjectif *keleto* qui signifie *rapide*, les Celtes se déplaçant sur leurs chevaux, à bride abattue. Au IVe siècle av. J.-C., ils occupent l'Europe d'est en ouest. Dans la littérature grecque, on les appelle les *Galate*, c'est-à-dire les envahisseurs, traduit en latin par *Galli*. Entre *kel-kol*, le colon, et *Galate*, l'envahisseur, il n'y a pas de différence, tous deux sont venus il y a longtemps des steppes d'Asie centrale. *Kel-kol* a donné le mot *Celte*, et *Galli* s'est transformé en *Gaulois*. Cependant on a décidé de nommer Celtes tous ceux qui envahirent l'Europe il y a bien longtemps, et de donner à ceux qui s'installèrent sur le territoire français, le nom de Gaulois.

Champagne !

La deuxième vague de ces envahisseurs se répand dans le pays à partir de -450. Ils s'installent notamment dans une Champagne peu peuplée, apportant avec eux de nouveaux rites funéraires : plus de tumulus ou d'urnes, mais des tombes plates. Les chefs portent un casque à pointe, de bronze décoré d'émail ou de corail, ou bien orné de cornes de taureau ou d'ailes d'oiseaux. Les épées sont de meilleure qualité, gravées d'arabesques et de motifs tarabiscotés.

LE SAVIEZ-VOUS ?

La période de La Tène

On a nommé le deuxième âge du fer, qui commence en -450, la période de La Tène. La Tène est une ville suisse située sur les rives du Bas-Lac de Neuchâtel où on a découvert un site datant de cette époque. La période de La Tène qui couvre plus de quatre siècles est divisée en Tène I, de -450 à -300, Tène II, de -300 à -100, et Tène III, de -100 à notre ère.

Les Gaulois : des Latins domestiques

De -800 à -400, le territoire appelé aujourd'hui la France s'est donc couvert peu à peu, pendant quatre siècles, de Celtes venus de l'est de l'Europe, de l'Asie centrale avec leurs épées, leurs casques et leur science du métal. Des Celtes devenus des Gaulois en Gaule. Allons ensemble faire leur connaissance. Attention : ils sont joyeux mais belliqueux…

Tout nus !

À L'ATTAQUE !

Que de cris, que d'injures, que de clameurs ! Nous arrivons en pleine bataille de Gaulois contre… d'autres Gaulois. Souvent, les tribus s'affrontent, les guerriers cherchent une mort glorieuse ; ils combattent nus et bravent l'ennemi sur leur char lancé à toute allure devant les lignes adverses. Le combat terminé, ils emportent des têtes de vaincus qu'ils exposent devant leur maison ou conservent dans un coffre, comme un trésor. Entre deux batailles, ils cultivent leurs terres, élèvent leurs moutons, leurs bœufs, organisent de grands banquets où ils se défient parfois jusqu'à la mort.

GROS PLAN

Pour les petits et gros bobos : consultez le druide

Pour les petits et gros bobos du corps ou de l'âme, les Gaulois vont consulter leur druide. C'est un personnage écouté et respecté. Il est à la fois chirurgien, guérisseur, savant, philosophe, professeur ; il détient l'autorité spirituelle et oriente le pouvoir politique. Il joue aussi le rôle de médiateur entre les Gaulois mécontents et leur chef élu : le vergobret. Une seule chose échappe au savoir du druide : le secret de la potion de Panoramix, le druide de la bande dessinée Astérix. Un secret malheureusement perdu. Ou heureusement…

Agriculteurs, artisans, artistes, aventuriers : les Gaulois

Astucieux en agriculture, ingénieux en artisanat, inspirés dans leurs arts, et tentés par l'aventure, tels sont les Gaulois aux longues moustaches ! De la roue de chariot au bracelet délicat, les Gaulois savent tout faire !

- Les Gaulois sont d'excellents agriculteurs, ils ont inventé de nombreuses techniques de fertilisation des terres.
- Et les moissons se font à la moissonneuse ! Une moissonneuse, décrite par Pline l'Ancien (23 – 79), composée d'une sorte de caisse à roues, dont le bord avant est garni de dents coupantes comme un rasoir et poussée par un bœuf. Les épis tombent dans la caisse et il ne reste plus qu'à les battre pour obtenir le grain.
- Les Gaulois sont d'excellents charrons et inventent toutes sortes de véhicules : des chariots, des chars à deux ou quatre roues qui circulent sur l'important réseau de voies gauloises, qui deviendront après l'invasion de César, des voies romaines...
- Ils fabriquent des tonneaux beaucoup plus pratiques que les amphores fragiles et d'un maniement délicat.
- Ils confectionnent des étoffes de couleurs vives et variées – violet, rouge, cramoisi, vert, bleu azur – réparties en bandes verticales ou horizontales, ou bien en damiers.
- Ils se taillent des chemises ouvertes, des manteaux, des tuniques, des braies, c'est-à-dire des pantalons, aussi solides que des jeans !
- Ils se lavent avec un mélange de graisse et de soude – le savon – et se décolorent parfois les cheveux qu'ils portent longs ou relevés en palmier.
- Les hommes se laissent pousser de longues moustaches.
- Ils se parent de bracelets, colliers, bijoux de toutes sortes ; ils portent le torque, collier métallique et rigide, parfois se tatouent ou se peignent le corps.

Douce Gaule, et rude Rome…

Il fait bon vivre en Gaule où s'est développée une civilisation originale que vont découvrir les Romains conquérants…

César écrase les petits Suisses

La vie s'écoule douce et tranquille en Gaule jusqu'à ce qu'un certain Jules César, membre du triumvirat romain (trois hommes politiques qui ont uni leurs forces pour gouverner), se mette en tête d'envahir le pays. Il commence par arrêter net à Bibracte (non loin d'Autun) en -58, une migration d'Helvètes (Suisses) qui avaient décidé de s'installer dans la région de Saintes. Le massacre des pauvres petits Suisses est terrible, mais César ne s'en satisfait pas. Il veut la Gaule pour lui tout seul. En -57, il bat sur mer les Vénètes – population située autour de l'actuelle ville de Vannes – qui refusaient de livrer du blé pour nourrir les troupes romaines.

MOSAÏQUE D'UN TEPIDARIUM DE DARIORITUM (DÉTAIL) CÉLÉBRANT LA VICTOIRE DE CÉSAR SUR LES VÉNÈTES

Gaule Télécoms !

À Orléans, en janvier -52, le chef des Sénons révoltés, Acco, est mis à mort par les soldats de César. Humiliés les habitants massacrent au petit matin tous les commerçants romains de leur ville. La nouvelle se répand avec une rapidité incroyable dans toute la Gaule. Elle est ainsi reçue dans l'après-midi en Auvergne, à deux cent cinquante kilomètres ! Par quel prodige ? Gaule Télécoms, tout simplement ! Et comment cela fonctionne-t-il ? C'est très simple et très économique : vous placez de prairie en prairie, de colline en colline, des crieurs à la voix de stentor qui porte très loin, jusqu'au crieur suivant, et ainsi de suite – des portables gaulois en quelque sorte. C'était, en Gaule, un procédé couramment utilisé pour transmettre les informations. Étonnant, non ? Et avec des puces naturelles, uniquement !

À Gergovie, oui, oui, oui !

Les Gaulois s'unissent alors autour d'un jeune chef plein de fougue : Vercingétorix. Il décide de tout brûler sur le futur passage des Romains afin que leurs troupes et leurs chevaux épuisés rebroussent chemin. Une seule ville refuse cette politique de la terre brûlée : Avaricum (Bourges). César l'encercle, en vient à bout et massacre tout le monde ! Cette guerre est sans pitié. En mai -52, les troupes de César sont mises en déroute devant Gergovie où se sont assemblées les troupes de Vercingétorix.

À Alésia, ouh là là...

Deux mois plus tard, en juillet -52, Jules César prend sa revanche à Alésia. Il fait entourer la ville de plusieurs fossés. L'armée des Gaulois et les habitants de la ville se retrouvent prisonniers des Romains qui repoussent l'attaque menée par des renforts venus en nombre de toute la Gaule. Pour subsister plus longtemps, Vercingétorix décide de demander la grâce des femmes et des enfants qu'il envoie vers les Romains. Ceux-ci les massacrent alors que les portes d'Alésia se sont fermées. César remporte la victoire. Vercingétorix est fait prisonnier, emmené à Rome où César le fait étrangler six ans plus tard.

Figure 1-2 : *Vercingétorix jette ses armes devant César*, Lionel Royer.

LE SAVIEZ-VOUS ?

Un Lyon pour trois Gaules

Fondée en - 43, la ville de Lugdunum (Lyon) devient la capitale des trois Gaules en - 16 : la Gaule lyonnaise (entre la Loire et le Seine), la Gaule Aquitaine (des Pyrénées jusqu'à la Loire), et la Belgique au nord. En été - 12, un sanctuaire fédéral fut inauguré à l'emplacement actuel de la Croix rousse.

Les Gaulois se romanisent

Pendant deux siècles, la paix romaine va s'étendre sur la Gaule, malgré quelques révoltes ici ou là. Les Romains installent un peu partout de somptueuses villas au milieu des terres qu'ils exploitent. Mais attention : les cousins Germains arrivent…

Des chrétiens malmenés

À partir du IIe siècle, les premiers chrétiens qui refusent l'autorité de l'empereur romain sont martyrisés en public, ainsi Blandine dans les arènes de Lyon en 177 : livrée aux fauves qui s'en détournent, elle est poignardée par un gladiateur. En 313, l'empereur Constantin, devenu chrétien, accorde la liberté de conscience à tous les chrétiens, y compris ceux de la Gaule. Les Gaulois se romanisent et deviennent des pros du commerce…

L'import-export dans la Gaule pacifiée

LE SAVIEZ-VOUS ?

Le long du Rhin, les troupes romaines stationnent en permanence, créant une ligne de défense et de fortifications (le limes, prononcé « *limesse* »). Les barbares tentent de temps en temps des percées vers la Gaule, mais sont immédiatement repoussés. Et dans cette Gaule pacifiée et sans doute heureuse, le commerce est florissant. Vers Rome et le monde méditerranéen, on exporte :

- des charcuteries, des vins du Rhin, de Bourgogne, de Champagne, et de Bordeaux ;
- des objets de toutes sortes (des bols, des lampes, des assiettes de céramique à pâte fine, vernissée…) fabriqués en Auvergne par exemple où des fours permettaient la cuisson de dizaines de milliers de pièces en même temps ;
- des bijoux, des fibules…

On importe :

- du fer, du plomb, du cuivre, de l'étain ;
- du marbre, du porphyre ;
- de l'huile d'olive.

Les cousins germains arrivent en 406

Les Vandales, mais aussi les Suèves, les Alains, les Burgondes… ! Les voici, ils arrivent ! Nous sommes le 31 décembre 406.
Le Rhin est gelé près de Mayence (Mainz). Parce qu'ils en ont assez d'être harcelés par les Huns, nomades asiatiques qui commencent à envahir l'Europe, ils ont rassemblé les enfants, les femmes, les vieillards, les troupeaux, les chariots chargés de vivres et les voilà qui s'engagent sur la glace, comme s'ils n'avaient attendu que la formation de ce pont naturel. Ils vont peu à peu s'installer en Gaule, dans tous les pays d'Europe, et même en Afrique du Nord.

Les Wisigoths dans le Sud de la Gaule…

En 407, les Wisigoths chassés de leurs steppes par les Huns en 375, franchissent la paisible frontière alpine. Ils arrivent à Rome en 410, pillent consciencieusement la ville, massacrent presque tout le monde ! Pendant ce temps, forts de cette nouvelle, les Francs en profitent pour se rapprocher, occupent la partie occidentale de la Belgique. En 412, les Wisigoths décident de franchir de nouveau les Alpes et de s'installer dans le Sud de la Gaule.

Attila le Hun

GROS PLAN

Les Huns ! À leur tête, Attila n'est pas le « fléau de Dieu » des chroniqueurs du Moyen Âge mais un prince hun élevé à la cour de Constantinople chez l'empereur romain d'Orient, et qui a quitté son palais somptueux de Pannonie (Hongrie) pour traquer les Wisigoths qui ont eu le tort de quitter l'Ukraine pour s'installer en Gaule sans lui en demander la permission !
Il franchit le Rhin, le 7 avril 451, incendie Metz. À Paris, la rumeur enfle : Attila dirige ses troupes sur la ville dont il veut

s'emparer. Geneviève, jeune fille d'aristocrates gallo-romains exhorte ses compatriotes à résister.

Geneviève la sainte

Finalement Attila préfère se diriger vers Orléans, porte du royaume des Wisigoths qu'il déteste. Cependant, Geneviève a acquis auprès des Parisiens l'image d'une résistante à toute épreuve. On admire son courage. Le roi Clovis, la reine Clotilde eux-mêmes bénéficient de ses conseils. Morte à 89 ans, elle est enterrée à Paris, au sommet de la montagne qui porte depuis son nom – Sainte-Geneviève – dans l'église qu'elle a fait construire à l'emplacement de l'actuel lycée Henri IV, près du Panthéon. Repoussé à Orléans, Attila est vaincu aux champs Catalauniques près de Troyes le 20 juin 451. L'année suivante, il ravage le nord de l'Italie. Quelques mois passent. Attila décède la nuit de ses noces, d'un saignement de nez.

476 : le dernier empereur romain d'Occident

À RETENIR

Odoacre, roi des Hérules, une peuplade germanique, s'impose à Rome et dépose le dernier empereur romain d'Occident, Romulus Augustulus, qui n'est encore qu'un enfant. Odoacre s'installe à Ravenne, nouvelle capitale de l'Empire romain d'occident, au nord-est de l'Italie, après avoir envoyé à l'empereur romain d'Orient, Zénon, les insignes de la fonction impériale. Ainsi, on peut considérer que la mort de cet Empire romain d'Occident marque la fin de l'Antiquité. C'est un Romulus qui avait fondé Rome, c'est un Romulus qui clôt son histoire conquérante. Bienvenue dans le Moyen Âge, qui s'étend de la chute de l'Empire romain d'Occident, en 476, à la fin de la guerre de Cent Ans en 1453 – mais vous le saviez déjà…

Chapitre 2

Bienvenue dans le Moyen Âge

Dans ce chapitre :

- Craquants et méchants, les Francs
- Des gens (presque) bien, les Carolingiens

Ohé, la Gaule… Qui est là alors qu'on pousse la porte du Moyen Âge en 476 ? Ohé, lecteurs… Nous sommes les Armoricains, et nous sommes toujours à l'ouest. Ohé… Nous sommes les Alamans, à l'est, sans cesse à l'est. Ohé… Une petite seconde : nous sommes les Burgondes, au sud-est. Oh, oh… Nous sommes les Wisigoths, au sud-ouest. Et qui donc est ce gugusse, dans son petit royaume du centre ? C'est Syagrius, le roi des Romains. Et au nord ? Nous sommes des géants, nous, les Francs ! C'est de nous que naîtront les souverains mérovingiens. Et un peu plus loin dans le temps surgiront les Carolingiens, d'abord Européens…

Au temps des anciens Francs

Qu'est-ce qu'un ancien Franc ? Qui sont Clodion, Mérovée, Childéric 1er ? Vous allez tout savoir…

Pour être tout à fait Franc…

Pour être tout à fait Franc, il faut être intrépide, hardi, ou supérieur. Ainsi peut être traduit le mot *Franc*, nom d'une farouche tribu installée le long du Rhin, près de Mayence, jusqu'à la mer du Nord, et battue par l'empereur romain Aurélien en 260 et 275 alors qu'elle tentait une incursion en Gaule. À peine un siècle plus tard, les Francs s'établissent à Liège et collaborent avec les Gallo-Romains. En 430, ils s'emparent de Cambrai, tentent de pénétrer dans la Somme, Clodion à leur tête. Son fils, Mérovée, lui succède et, en son honneur, ses successeurs sont appelés les Mérovingiens.

Clovis, enfant de l'amour

GROS PLAN

Childéric 1er succède à son père Mérovée. Il devient roi des Francs vers 457. Exilé par les siens en Thuringe (Allemagne) pendant quelques années, il en revient avec l'épouse du roi Basin qui l'avait accueilli : la reine Basine. Bientôt naît leur premier enfant, un fils, et quel fils : Clovis ! Il devient roi à la mort de son père en 481. Il a 15 ans.

Clovis en cinq sec

Voici Clovis en cinq sec (oui, sans « s » à sec, c'est une expression issue du vocabulaire des jeux : en cinq coups gagnants « sec ») :

- En 486, il a 20 ans, l'âge des premières conquêtes. Cette année-là, il vainc le roi des Romains, Syagrius, qu'il fait ensuite égorger.
- En 493, il place les Burgondes sous sa coupe en épousant Clotilde, la nièce de leur roi.

- En 496, il vainc les Alamans à Tolbiac (au sud de Cologne), devient chrétien pour faire plaisir à Clotilde et agrandir son royaume...
- En 507, enfin, il vainc les Wisigoths d'Aquitaine à Vouillé (près de Poitiers), tue lui-même leur roi Alaric.
- En 508, il fait assassiner (décidément, c'est une manie !) Clodéric, le roi des Francs ripuaires situés sur la rive droite du Rhin. Clovis n'a plus d'ennemis (forcément) ! Son royaume s'étend alors des Pyrénées jusqu'au-delà du Rhin.
- En 511 : Clovis meurt. Son royaume est partagé entre ses quatre fils Thierry, Clodomir, Childebert 1er et Clotaire 1er.
- En 558 : Après la mort de ses trois frères, Clotaire 1er devient roi de tous les états francs.

IMPORTANT, L'ÉVÉNEMENT !

Le vase de Soissons

Bien des églises sont pillées par les soldats de Clovis au cours de la guerre contre Syagrius. Lors d'un partage de butin à Soissons, un des soldats de Clovis abîme volontairement un vase d'argent que Clovis voulait restituer à l'évêque Rémi. Un an plus tard, Clovis retrouve ce soldat lors d'une inspection des troupes ; prétextant le mauvais état de sa tenue, il lui prend ses armes, les jette au sol. Le soldat se penche pour les ramasser. Clovis lui fend alors le crâne en lui disant : « Souviens-toi du vase de Soissons ! » On ne contredit pas Clovis, on lui obéit. Vu ? Rompez !

Figure 2-1 : *La Bataille de Tolbiac*, Ary Scheffer.

LE SAVIEZ-VOUS ?

De Clovis à Louis

Clovis, c'est *Chlod-weg* qui signifie « célèbre par ses combats ». Romanisé, ce nom devient *Hlodovicus*, puis *Clodovicus* qui donne *Clouis*. De *Clouis* est né *Louis*, nom porté par dix-huit rois en France, et par de nombreux Français.

De Clotaire à Saint-Cloud

Clovis meurt en 511. Son royaume est partagé entre ses quatre fils Thierry, Clodomir, Childebert et Clotaire. Clodomir est tué en combattant les Burgondes en 524 et laisse trois fils de 10, 7 et 4 ans – Théobald, Gunthaire et Clodoald – chéris de leur grand-mère, la reine Clotilde. Afin de s'emparer des possessions de Clodomir, Clotaire et Childebert décident de s'emparer des trois enfants et de les tuer ! Clotaire poignarde Théobald et Gunthaire. Le cadet, Clodoald, réussit à s'enfuir. Il grandit, fonde un monastère qui prend son nom. Ce nom – Clodoald – se transforme en *Cloald*, puis en *Cloud*, devenu, plus tard, Saint-Cloud. Ces luttes pour le pouvoir sont féroces, voyez le combat sanglant entre les reines Frédégonde et Brunehaut.

IMPORTANT, L'ÉVÉNEMENT !

Frédégonde et Brunehaut

Sigebert, fils de Clotaire, roi d'Austrasie, épouse, en 566 à Metz, la fille du roi des Wisigoths d'Espagne : l'étincelante Brunehaut ! Chilpéric, roi de Neustrie, fasciné par le brillant mariage de son frère, demande la main de la sœur de Brunehaut : Galswinthe. Le mariage a lieu à Rouen en 567. Mais la favorite de Chilpéric, l'esclave Frédégonde, décide de supprimer Galswinthe et de prendre sa place. Entre Brunehaut et Frédégonde, après la mort de Sigebert et de Chilpéric, c'est la guerre ! Une guerre qui se termine dans l'horreur en 613 près de Dijon, puisque Clotaire II, fils de Frédégonde morte en 597, fait torturer Brunehaut pendant trois jours avant de l'attacher nue par une jambe, un bras et les cheveux, à la queue d'un cheval fou !

Enfin, Dagobert vint…

GROS PLAN

En 623, vient le bon roi Dagobert (qui a mis sa culotte à l'envers ?). Roi d'Austrasie (Nord-Est de la France, une partie de l'Allemagne, de la Belgique et des Pays-Bas), il améliore la justice, favorise l'agriculture, protège le commerce. Il soumet les Saxons en 627. Deux ans plus tard, il devient roi des Francs, soumet les Gascons en 637, les Bretons en 638, avant de mourir le 19 janvier 639. Il est inhumé dans la basilique Saint-Denis qu'il avait contribué à faire élever. Tous les successeurs de Dagobert seront inhumés à Saint-Denis.

Charles Martel à Poitiers

Majesté, majesté… Psssst… Qui ? Moi ? Childéric III, roi des Francs, né en 714 ? Oui, vous, majesté… Êtes-vous sûr de ceux qui vous entourent ? Point du tout, je sais bien que le maire du palais, c'est-à-dire mon intendant, Pépin III le Bref, un petit gros, veut prendre ma place. Déjà son père, Charles Martel qui a battu les Arabes à Poitiers le 25 octobre 732 voulait notre trône à nous, rois mérovingiens. Nous sommes tenus à l'écart des affaires et je suis sûr que les générations futures nous appelleront des « rois fainéants » !

Pépin empêche…

Pourtant, nous aimerions bien régner, mais les Pépin nous en empêchent. Ils ont même mis le pape Zacharie dans leur poche ! Oui, il a ordonné que Pépin le Bref soit roi à ma place. Je vais être emmené dans un monastère où je mourrai il me semble en 755. Avec moi, fini les Mérovingiens. Pépin le petit gros, le Bref, le nouveau roi, et sa femme, la reine Berthe au Grand Pied vont donner naissance à un grand fils : Charles, et, à mon avis, il deviendra empereur, et on l'appellera Charlemagne !

Le bon roi Dagobert

« Le bon roi Dagobert / A mis sa culotte à l'envers / Le grand saint Éloi… » *Saint* ? Déjà saint de son vivant près de Dagobert ? Et puis *culotte* ? Il n'y a pas de culotte à cette époque, on n'en parle pas encore, cela viendra beaucoup plus tard, au point que ceux qui refusent de la porter, car c'est un signe d'Ancien Régime, se feront appeler les sans-culottes. Cela sent la Révolution de 1789, non ? Eh bien oui ! Dans cette chanson de 1787, ce n'est pas Dagobert qui est mis en scène, mais Louis XVI dont on se moquait, car il était un peu étourdi ! Faisant référence à un roi lointain, les auteurs malins se mettaient hors de portée de la censure.

Charlemagne, l'empereur qui gagne !

Un organisateur né, Charlemagne ! Il dirige tout, contrôle tout. Il va agrandir son royaume, tenter d'unifier tous les peuples qu'il domine, en les christianisant de gré ou de force. Son pouvoir va s'étendre sur tant de territoires que le mot *roi* devient trop étroit, trop petit pour en rendre compte. Le terme *empereur* s'impose en l'an 800, l'année du sacre…

L'or des avares Avars

Pépin le Bref meurt en 768. Ses deux fils, Carloman et Charles, gouvernent chacun leur héritage, et se haïssent. Carloman meurt en 771, on ne sait trop comment… Charles en avait rêvé : il se retrouve seul aux commandes d'un immense royaume qui va des Pyrénées aux Pays-Bas en passant par l'Italie, l'Allemagne… Gouverner, c'est bien, mais il faut de l'or, beaucoup d'or. Où en trouver ? Il y en a chez les Avars, un peuple belliqueux installé sur le territoire de l'actuelle Hongrie (non, pas les avares mais bien les Avars ; ils ont amassé un énorme butin de pillages, qu'ils conservent jalousement. Finalement, les Avars sont avares…).

Charles vainqueur sur le ring !

Charlemagne va réussir à s'emparer de ce trésor protégé par le Ring, enceinte circulaire entourée de neuf remparts. Quinze chars tirés chacun par quatre bœufs convoient l'or, l'argent, les bijoux et les pierreries des Avars jusqu'à Aix-la-Chapelle où se trouve le palais de Charles qui peut ainsi financer ses multiples campagnes contre les Saxons et la guerre contre la Bretagne qu'il ravage en partie, sans la soumettre.

Charlemagne invente l'euro, ou presque...

Le trésor des Avars permet à Charlemagne de mener à bien la réforme monétaire qu'il a entreprise. En effet, il a décidé d'imposer une monnaie unique dans tout son empire où on pratique surtout le troc, mais le métal précieux lui manque. L'argent avar, et celui des mines du Harz en Allemagne, va servir à faire frapper des milliers de deniers. Sur l'une de ses faces, on peut voir le nom de la ville où il a été frappé, et sur l'autre, le profil de l'empereur. C'est déjà – presque – l'euro...

Charlemagne l'amoureux

Quel séducteur, Charlemagne ! Il épouse d'abord Himiltrude, une jeune fille modeste, puis Désirée, la très laide fille du roi des Lombards, puis Hildegarde, la presque adolescente de 13 ans, qui à 20 ans aura déjà cinq enfants ! Hildegarde meurt en couche, voici maintenant Fastrad la cruelle, puis Liutgarde la coquette... À ces femmes officielles, succèdent de nombreuses concubines – Madelgarde, Gervinde, Régine, Adelinde, etc. – qui lui donnent une belle petite famille. Il est attentionné, possessif, et aime se déplacer avec toute sa progéniture.

LE SAVIEZ-VOUS ?

Comtes et paysans

Charlemagne divise son royaume en unités administratives. À la tête de chacune d'elles, il place un de ses fidèles, un de ses compagnons. En latin, le compagnon se traduit par *comes, comitis*. C'est ce *comes* qui a donné le mot *comte*, et le mot *comté*. Malgré la confiance qu'il leur accorde, il les fait surveiller par ses envoyés spéciaux : les *missi dominici*, les envoyés du maître. Il ajoute deux cent cinquante subdivisions, les *pagi*. Beaucoup de ces *pagi* de Charlemagne sont devenus, à la Révolution de 1789, des départements. Et comment appelait-on les habitants de ces *pagi* ? Des pagenses. Et *pagenses* a donné *paysan* !

Charlemagne, l'empereur qui perd…

Eh oui ! On ne peut pas toujours gagner, Charles ! Le 15 août 778, alors que vous revenez d'Espagne après avoir été contraint de faire demi-tour devant Saragosse, après avoir mis Pampelune à sac, l'arrière-garde de votre armée est attaquée par les Vascons (ancêtres des Basques) au col d'Ibaneta dans les Pyrénées.

« Honte à qui fuira ! »

À L'ATTAQUE !

Pourquoi les Vascons vous attaquent-ils ? Peut-être veulent-ils venger les massacres de Pampelune, peut-être veulent-ils aussi s'emparer des lourds chariots de butins que vous rapportez toujours de vos campagnes… La bataille s'engage. Roland, préfet des Marches de Bretagne qui commande votre arrière-garde ordonne à ses hommes de se battre jusqu'à la mort : « Honte à qui fuira ! » leur crie-t-il. Aucun ne fuit. Tous se battent vaillamment jusqu'à la mort.

Dure, dure, Durandal

Roland lui-même va mourir, mais avant de rendre son dernier soupir, il souffle une dernière fois dans son olifant (son cor d'ivoire) ; il veut briser son épée, l'invincible Durandal sur un rocher : c'est le rocher qui se fend (si, si) ! On peut le voir encore aujourd'hui, toujours fendu au col d'Ibaneta – Roncevaux… Cruelle défaite militaire, Charles ! Oui, mais, affirmez-vous : éclatante victoire de l'honneur ! Soit.

LE SAVIEZ-VOUS ?

La Chanson de Roland

Trois cents ans après l'épisode du col de Roncevaux, entre 1100 et 1125, le poète Turold raconte cette épopée connue sous le nom de *La Chanson de Roland*. 4002 vers où il ajoute ici et là un personnage, invente par-ci par-là des détails stupéfiants, de sorte que la figure du vaincu Roland se transforme en symbole de l'héroïsme et du sacrifice, bien pratique pour lancer à cette époque, les fougueux jeunes nobles contre les musulmans d'Espagne.

Figure 2-2 : La Mort de Roland, dans *Les Grandes Chroniques de France* enluminées par Jean Fouque.

Ordre, travail, culture : le tiercé de Charles le Grand

Charles le Grand et Alcuin son assistant, inspirateur, conseiller, ministre, soutien, bref, son *alter ego* ou presque, vont-ils faire des merveilles ? À vous de juger…

Un chaos culturel

Charles 1er ne sait-il donc faire que la guerre ? Non : entre deux campagnes contre les Saxons, il organise son royaume que les invasions barbares ont bien malmené. Dans le domaine culturel notamment, c'est le chaos : les lieux d'apprentissage de la lecture et de l'écriture sont rares, le clergé est illettré, le latin s'est tellement chargé d'erreurs de toute sorte qu'on ne le reconnaît plus. Sage, Charles prend pour adjoint un moine venu d'Angleterre au savoir et aux compétences exceptionnels : Alcuin.

GROS PLAN

Le grand Charles

Charlemagne – *Carolus Magnus*, le Grand Charles – est un grand empereur et un empereur grand : il mesure plus d'un mètre quatre-vingt-dix ! Sa voix est fluette, son nez plutôt long. Point de *barbe fleurie* comme dans le premier vers du poème de Victor Hugo « Aymerillot » (*La Légende des siècles*), mais une longue moustache franque, et les cheveux coupés au bol ! On connaît tous ces détails grâce à celui qui a suivi l'empereur comme son ombre : son biographe Eginhard.

L'idée folle de Charlemagne : l'école gratuite et obligatoire…

IMPORTANT, L'ÉVÉNEMENT !

C'est Alcuin qui inspire à Charles le capitulaire de 789 – la loi – qui ordonne au clergé mieux formé d'ouvrir dans chaque ville ou village des écoles gratuites pour tous les enfants, quelle que soit leur classe sociale, et cela « sans exiger de leurs parents aucune redevance ». Voilà donc créée l'école pour tous, gratuite et obligatoire ! Entré à l'âge de 7 ans, l'élève y apprend par oral le calcul, la grammaire et le latin. Les meilleurs sont admis dans les classes supérieures qui dépendent des monastères.

Charlemagne empereur en 800

À partir de 797, Charlemagne, qui allait de palais en palais, changeant de résidence au fil des saisons et de ses activités, décide de s'installer à Aix-la-Chapelle (*Aachen* en allemand aujourd'hui). En décembre de l'an 800, il se rend à Rome, et le jour de Noël, le pape Léon III lui pose sur la tête sa couronne d'empereur ! Six ans plus tard, il partage son empire entre ses fils. Mais un seul survit, Louis, qui, à la mort de son père le 28 janvier 814, va devoir assumer la charge écrasante d'un empire qui s'étend alors du Nord de l'Espagne à l'Elbe, et des rivages de l'Atlantique à la Carinthie (province de l'Autriche actuelle) !

Figure 2-3 : La France en l'an 800.

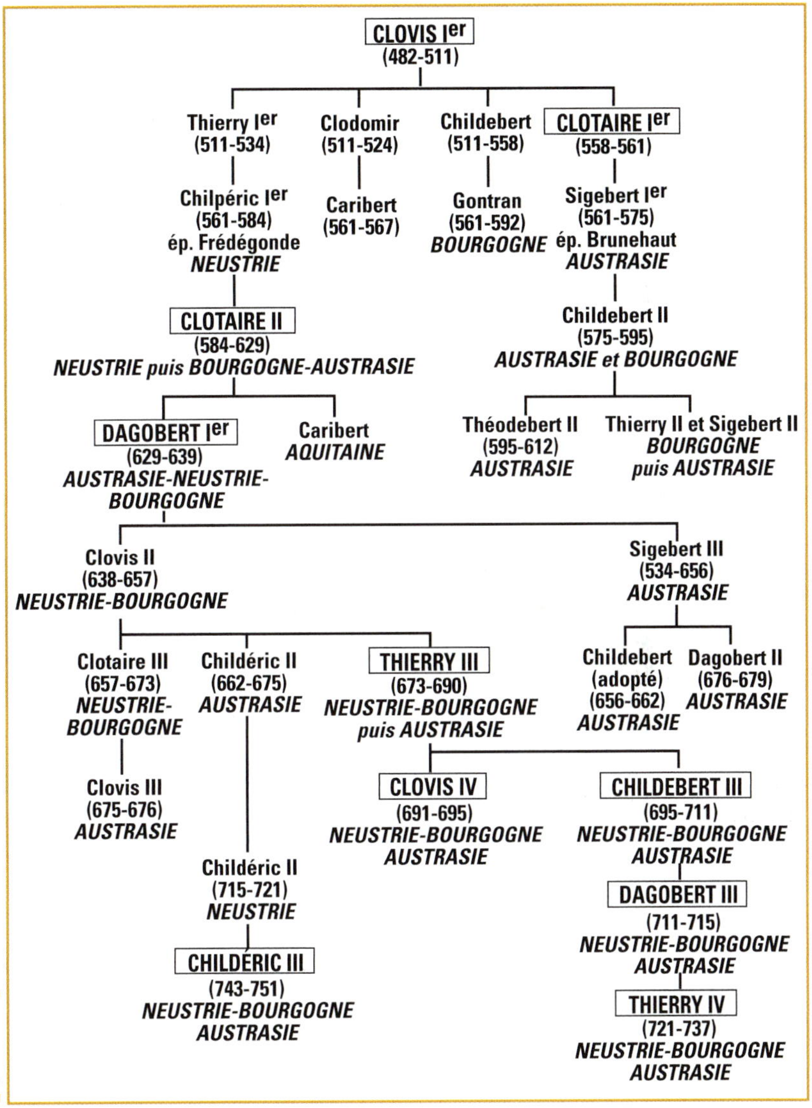

Figure 2-4 : Les Mérovingiens.

Enfoncez-vous bien ça dans la tête !

- **-1 500 000 ans :** l'homme de Roquebrune bronze sur la côte d'Azur
- **-500 000 ans :** l'homme de Tautavel se révèle délicieux
- **-150 000 ans :** apparition de l'homme de Neandertal
- **-35 000 ans :** apparition de l'homme de Cro-Magnon, disparition de l'homme de Neandertal
- **-450 :** invasion des Celtes
- **-52 :** les Romains vainqueurs des Gaulois à Alésia
- **406 apr. J.-C. :** les barbares envahissent la Gaule
- **481 :** Clovis roi des Francs, premier roi mérovingien
- **629 :** le bon roi Dagobert monte sur le trône
- **25 octobre 732 :** Charles Martel arrête les Arabes à Poitiers
- **751 :** Pépin le Bref, premier roi carolingien
- **800 :** Charlemagne couronné empereur à Rome

Tout le monde a bien compris ?

1 L'homme duquel nous descendons directement s'appelle :
a - l'*homo sapionce* ou homme de Gros-Moignon.
b - l'*homo sapince* ou homme de Cromignon.
c - l'*homo sapiens* ou homme de Cro-Magnon

2 En Bretagne, vers -4000, on élève des collines funéraires et on plante des cercles de menhirs qui s'appellent respectivement :
a - des cumulus et des gromecs. b - des tumulus et des cromlechs. c - des tubulus et des chromlettes.

3 En général, lorsque le temps le permet, les guerriers gaulois combattent :
a - tout nus. b - vêtus d'une armure de dur à cuire. c - enveloppés d'une large bande de soie.

4 César bat les Gaulois en -52 :
a - à Gergovie, oui, oui, oui. b - à Alésia, ouh là là. c - à Bibracte, dernier acte.

5 476 est l'ultime année du règne du dernier empereur romain :
a - Ramolus Aulegugusse. b - Romulos Apostolos. c - Romulus Augustulus

6 En 493, Clovis, roi des Francs, épouse :
a. Claudine, fille du roi des Bagaudes. b - Clotilde, fille du roi des Burgondes. c - Clotide, fille du roi des Bugondes

7 Qui fut le premier roi inhumé dans la basilique Saint-Denis ?
a - Clotaire 1er, fils de Clovis. b - Dagobert 1er. c - Pépin le Bref

8 Qui est la mère de Charlemagne ?
a - Dagomère, épouse de Dagobert. b - Berthe aux Blanches Mains.
c - Berthe au Grand Pied

9 Quel est le nom de l'épée de Roland qui meurt à Roncevaux ?
a - Durandal. b - Turantal. c - Burenbal.

10 Qui succède à Charlemagne ?
a - Louis II de Bavière. b - Louis 1er le Pieux, son fils. c - Louis II le Vieux, son petit-fils

Réponses :
1c – 2b – 3a – 4b – 5c – 6b – 7b – 8c – 9a – 10b

Deuxième partie

De 814 à 1515 :
Enfance et croissance de la France

Dans cette partie…

Vous allez d'abord assister en direct à la naissance de la Francia occidentalis qui, devenue adulte, portera ce nom que vous connaissez bien : la France ! Ses premiers pas sont difficiles : ses comtes la divisent, les Normands la harcèlent, mais de grands rois l'éduquent et commencent à lui donner de vraies limites : Philippe Auguste, Louis IX, Philippe le Bel. Parallèlement, elle se construit des monastères, se peuple, et, pour affermir sa foi – et développer son commerce – entreprend des croisades vers Jérusalem. Elle se protège des Anglais si amoureux d'elle qu'ils s'en rendent presque maîtres pendant la guerre de Cent Ans. Presque, car Jeanne d'Arc veille. Puis vient Louis XI, un habile politique aux idées modernes, qui unifie le royaume et lui donne une administration solide et une véritable justice.

Chapitre 3

Tourments du premier âge

Dans ce chapitre :

- La Francia de chouchou Charles
- Croisades en ribambelles contre les infidèles

Voilà l'Europe de Charlemagne qui éclate après que ses trois petits-fils font enfin la paix. La Francia occidentalis toute neuve se peuple au point qu'il va falloir de nouveaux horizons à une population avide d'aventure. Le tombeau du Christ tombe aux mains des infidèles au XIe siècle : le but est tout trouvé pour découvrir des paysages inconnus, les croisades se mettent en marche…

La naissance des triplées…

Les triplées ? Oui, voulez-vous leur nom ? Les voici : la première s'appelle Francia occidentalis, la deuxième Francia media et la troisième Francia orientalis. Elles naissent en 843, à Verdun. Mais qui sont-elles ? Qui est leur père, leur grand-père ? Voyons cela.

Les jumeaux du Futuroscope

QUELLE HISTOIRE !

Vous rappelez-vous le piteux retour d'Espagne du grand Charlemagne, en 778 ? Eh bien, pendant que les Vascons, ancêtres des Basques, étaient en train d'occire les preux chevaliers de Roland à Roncevaux, naissaient sur le site du futur Futuroscope de Poitiers, à Chasseneuil-du-Poitou, des jumeaux :

Louis et Lothaire, fils de papa Charlemagne. Lothaire meurt. Louis survit, grandit, devient roi d'Aquitaine, et à la mort de papa Charlemagne en 814, se retrouve à la tête de son immense empire.

Les quatre fils de l'empereur Louis

Charlemagne disparu, Louis 1er, le nouvel empereur effectue en 817 un premier partage de son empire, qui ne plaît pas à son neveu Bernard, roi d'Italie. Louis le punit en lui faisant crever les yeux, puis le gracie. Mais Bernard meurt trois jours plus tard… Ce n'est qu'un début… Bientôt, Louis va se battre contre ses fils !

Lothaire, Pépin, Louis… et Charles

Louis 1er, dit le Pieux non parce qu'il se lève tard, mais parce qu'il est si pieux qu'il pleure dès qu'il entre dans une église, a trois fils d'un premier mariage : Lothaire, Pépin, Louis. Puis il épouse une Bavaroise, Judith, qui lui donne un charmant petit Charles. En dehors des Bretons qui se révoltent mais qu'il écrase, et de quelques incidents par-ci par-là, dont le portique du palais d'Aix-la-Chapelle qui lui tombe sur la tête, Louis a une idée fixe : que ses quatre garçons s'entendent à merveille. Hélas, ça va être l'enfer !

Tout au chouchou

QUELLE HISTOIRE !

Tout commence lorsque Louis prévoit le partage de son empire : aucun de ses trois premiers fils n'est content. D'abord, ils se battent entre eux. Leur père décide alors de tout donner à son chouchou, Charles. Lothaire, Pépin et Louis attaquent immédiatement leur père qu'ils emprisonnent dans un monastère. Mais leurs querelles reprennent. Ils retournent chercher papa, le remettent sur le trône. Épuisé, désespéré, papa Louis 1er meurt en 840. Ses fils continuent de se battre, moins Pépin qui est mort en 838.

842 : les serments de Strasbourg

Finalement, en 842, le chouchou Charles et Louis le Germanique s'unissent contre leur frère Lothaire. À cette occasion, ils font une déclaration dans leurs deux langues pour leurs soldats. On y reconnaît – en y regardant bien, et en n'y comprenant rien ou presque – l'ancêtre de la langue française.

Les serments de Strasbourg

« *Pro Deo amur et pro Christian poblo et nostro commun salvament, d'ist di in avant, in quant Deus savir et podir me dunat, si salvarai eo cist meon frade Karlo et in aiuhdha et in cadhuna cosa…* » Vous traduisez sans peine ce début des serments de Strasbourg par : « *Pour l'amour de Dieu et pour le peuple chrétien et notre salut commun à partir d'aujourd'hui, et tant que Dieu me donnera savoir et pouvoir, je secourrai ce mien frère Charles par mon aide et en toute chose…* »

843 : le traité de Verdun pour les triplées

L'année suivante, pendant que les trois frères se battent, les Normands commencent à envahir le pays par les fleuves et les rivières ! Les trois frères se rendent-ils compte de leur stupidité ? Sans doute, car près de Verdun, l'année suivante, en 843, ils signent un traité où ils se partagent paisiblement l'empire de papa Louis 1er, dont ils font trois unités, les trois Francia, les triplées que voici, que voilà :

- Francia orientalis pour Louis le Germanique : la Saxe, l'Austrasie, l'Alémanie, la Bavière, c'est-à-dire ce qui deviendra à peu près et bien plus tard l'Allemagne ;
- Francia media pour Lothaire : de la Méditerranée à la mer du Nord, elle représente une bande de terre de deux cents kilomètres de large en moyenne, sur deux mille kilomètres de long ;

- Francia occidentalis pour Charles le Chauve (le chouchou…) : elle correspond à ce que fut la Gaule de Clovis, mais augmentée d'un peu d'Espagne au nord. De Francia occidentalis est né le mot *France* ! Charles le Chauve en est le premier roi. Il a 20 ans.

Merci Charles, Lothaire et Louis !

Partage détonnant – et pour des siècles – que celui des trois frères : l'État tampon de Lothaire ne cessera de faire l'objet de convoitises de ses deux voisins. Et lorsqu'il sera réduit à sa plus simple expression, la Lorraine, ce sont les deux voisins restants qui ne cesseront de vouloir s'envahir au fil des siècles, les deux dernières tentatives ayant eu lieu entre 1914-1918 et 1939-1945 ! Merci Charles, Lothaire et Louis ! Vous auriez quand même pu tenter de faire comme grand-père Charlemagne : agir de sorte qu'il n'en reste qu'un seul à la tête de l'Empire…

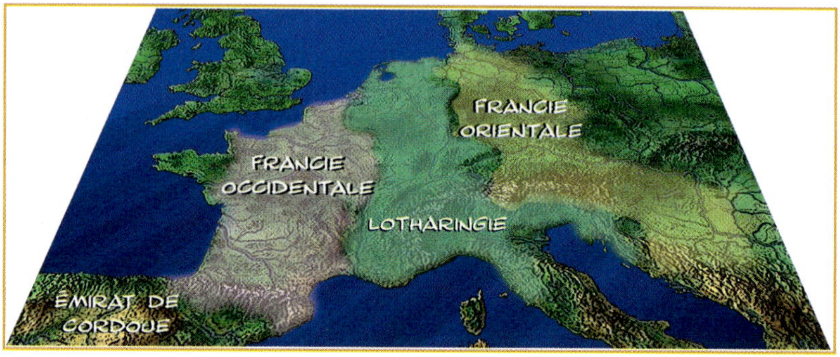

Figure 3-1 : Le partage de 843.

Ils sont fous, ces Normands !

Frrsshsssss… Quel est ce frôlement sur l'eau ? Quel est ce long bateau étroit qui arrive du nord, navigue près de la côte et s'engage dans le fleuve que voici ? Quarante, soixante hommes en descendent ! Ils se précipitent vers un monastère, ils en enfoncent les portes, cherchent partout de l'or, des pierreries, des vases sacrés… Plus rien : les moines prévenus se sont enfuis, ils sont déjà loin avec leurs reliques et leurs breloques. Les hommes venus du nord – les *nord man* : les Normands – s'installent sur les terres des moines après avoir brûlé le monastère.

L'évêque en perd la tête

En 843, les Normands sont à Nantes. Ils entrent dans la cathédrale, tranchent la tête de l'évêque Gohar. En 845, ils arrivent devant Paris, ils entrent dans la ville pillent, volent et tuent. La peur s'installe durablement et les raids normands se déclarent soudainement, comme des épidémies. Pendant les vingt-sept années de son règne, Charles II le Chauve tente de les repousser, en vain. Il meurt en 877. Huit ans plus tard, les Normands sont encore devant Paris.

Ça suffit, les Normands !

Voilà qui suffit, maintenant, les Normands ! Ils ont encore brûlé, pillé en ce début du xe siècle : l'abbaye de Saint-Martin de Tours est partie en fumée en 903. Le roi de France adjoint (le roi Eudes lui a confié les territoires entre la Seine et la Meuse) depuis 893, Charles le Simple (non pas simplet, mais loyal et droit) propose alors le marché suivant à Rollon, leur chef dont l'armée vient d'être sévèrement battu devant Chartres : Rollon devient le chef militaire de Rouen et de ses environs, et en échange, il prête serment de fidélité au roi et fait baptiser tous ses hommes (sans oublier lui-même). Marché conclu ! Voilà comment fut formé en cette année-là le noyau de la future Normandie.

LE SAVIEZ-VOUS ?

La source capétienne

Un comte rhénan, grand aristocrate et parent par leur mère de Lothaire et Louis le Germanique va donner naissance à une dynastie qui va régner en France pendant des siècles. Il s'agit de Robert le Fort, mort à Brissarthe, près d'Angers, en 866. Eudes 1er, roi de France de 888 à 898, est son fils ; Robert 1er, roi de France de 922 à 923, l'est aussi. Le fils de Robert 1er, Hugues le Grand, lorgne le trône de France, trône sur lequel montera son fils : Hugues Capet.

GROS PLAN

Des hommes du nord naît Aliénor…

Le jour du baptême des Normands, Charles le Simple offre à Rollon un cadeau qui scelle leur rapprochement : sa fille Gisèle ! Elle n'a que 4 ans, et, bien sûr, les vraies épousailles se feront plus tard, mais c'est un symbole d'union tellement fort qu'il résonnera longtemps dans l'Histoire. Comment ? Eh bien lisez ceci : le ménage Rollon-Gisèle donnera naissance à une petite Adèle, cette petite Adèle épousera Guillaume III Tête d'Etoupe, comte de Poitiers, duc d'Aquitaine. Dans leur descendance, on trouve Guillaume IX de Poitiers, le troubadour né en 1071, grand-père de la plus belle, la plus éblouissante, la plus irrésistible qui ait jamais existé : Aliénor d'Aquitaine !

Les seigneurs : une bande de compagnons

Comment la vie s'organise-t-elle dans ce qui n'est encore qu'un royaume de France imprécis, embryonnaire, fait de duchés, de comtés à la tête desquels les seigneurs ne cessent de convoiter les terres de leurs voisins ? Les comtes, rappelez-vous, sont les « compagnons » (*comes*, *comitis* en latin) de Charlemagne. Loin de leur chef suprême ou de ses descendants, ils ont peu à peu pris de l'importance, et chacun sur ses terres, joue au petit roi !

Du haut de ce donjon...

Le château, de bois d'abord, construit sur une hauteur, devient plus solide, plus sûr, construit en pierre, avec des murs épais, capables de résister aux assauts. Les paysans s'y réfugient en cas de danger, avec leurs troupeaux. Dans le donjon vit le seigneur. Il y rend la justice, fait dresser de grandes tables sur des tréteaux afin de recevoir ses invités pendant que des jongleurs ou des chanteurs les distraient. Aux murs, des tapisseries représentent des épisodes de l'Histoire transformés en légende, des scènes de chasse, de guerre. Le sol est jonché d'herbes odorantes afin de combattre les mauvaises odeurs.

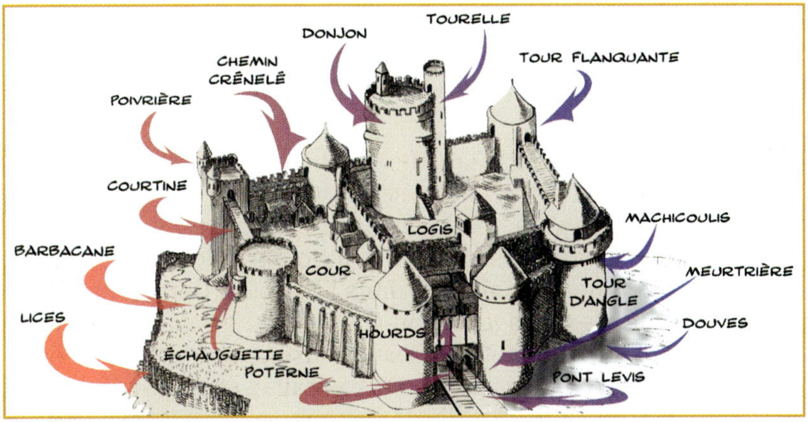

Figure 3-2 : Un château fort.

Le vassal prête l'hommage au suzerain

Le monde des seigneurs est un monde de chevaliers.
Le chevalier est un cavalier qui, à l'origine, ne possédait que ses armes, son armure et son cheval, et tout cela lui coûtait fort cher. Le temps passant, des chevaliers se sont installés sur des terres conquises ou offertes, parfois immenses ; d'autres, sans doute moins bons gestionnaires, n'ont pas accru leur avoir au point de pouvoir demeurer indépendants. Alors ils vont demander la protection d'un plus fort, d'un plus riche, au cours d'une cérémonie qui s'appelle l'hommage. Le dominé s'appelle le vassal (d'un mot celtique signifiant valet), le dominant porte le nom de suzerain (de *sus*, en latin : au-dessus). Le vassal reçoit une terre. Il lui doit le service de l'ost, cela signifie qu'il doit répondre à son appel pour aller combattre l'ennemi.

À RETENIR

L'adoubement

Entre 18 et 20 ans, le jeune noble devient chevalier au cours d'une cérémonie appelée l'adoubement. Ce mot vient d'une racine francique signifiant *frapper*. Pourquoi ? Parce que le jour où il devient chevalier, le postulant reçoit d'abord son épée, puis, du plat de la main, un grand coup sur la nuque, asséné par son parrain. Cette gifle était la seule qu'il ne devait pas rendre… Ensuite, il enfourche son cheval, le lance au galop, et doit, d'un seul coup de lance, atteindre la quintaine, ou le faquin, sorte de mannequin accroché à un poteau. Malheur à celui qui ratait cette cible : le mannequin était placé de telle sorte que le jeune maladroit le recevait en pleine tête et se trouvait souvent désarçonné. La honte !

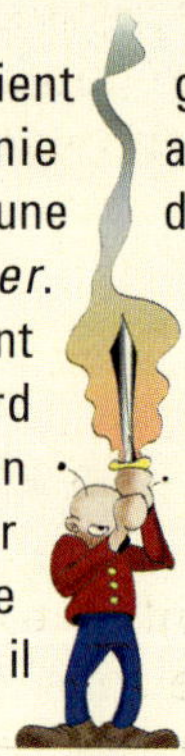

Le serf et son seigneur

Qui sont ceux qui vivent dans les campagnes, autour des mottes, des châteaux ? Ce sont pour la plupart des serfs. Les serfs sont des descendants d'anciens esclaves, soumis au maître par tradition, par habitude. Ils travaillent sans cesse, souvent pour le seigneur ou pour l'abbaye. Ils doivent respecter trois obligations :

- Le chevage qui est une redevance en deniers : le serf ne possède presque rien et les quelques sous qu'il gagne sont donnés au seigneur ; il les lui pose sur la tête.
- Le formariage : si la fille d'un serf veut se marier en dehors du domaine du maître, elle doit acquitter une somme importante pour le dédommager car elle le prive d'une paire de bras… Si un serf veut s'installer chez ses beaux-parents, il doit, lui aussi, donner au seigneur une somme rondelette qu'il ne possède évidemment pas. Les situations deviennent impossibles à vivre pour les serfs, mais l'essentiel pour le seigneur est de conserver sa main-d'œuvre.
- Le droit de mainmorte : à la mort d'un serf – selon un moine du XIIe siècle – il était d'usage de couper sa main droite et de la présenter au seigneur qui pouvait alors prendre tous ses biens. Pour les récupérer, les proches parents devaient verser une somme en rapport avec la valeur – bien maigre – de l'héritage.

Le champ d'étoiles : Compostelle

QUELLE HISTOIRE !

Peu à peu, la chevalerie devient un monde brutal, aux mœurs violentes. Pour installer un peu de paix dans ce monde de brutes, les moines de l'abbaye de Cluny en Bourgogne montrent l'exemple en se détachant de tous les biens terrestres, en méprisant l'argent, en se consacrant à la prière et au chant (aux champs aussi, pour assurer leur nourriture). De grands pèlerinages conduisent les fidèles vers des lieux sacrés, ainsi celui qui les mena en 950 vers Compostelle en Galice (Espagne) sur le lieu où un ermite a vu un champ d'étoiles (un *campus stellae* : Compostelle) voleter au-dessus du tombeau de saint Jacques. En 1098, Robert de Molesme crée une autre abbaye à Citeaux, en Bourgogne, où l'on applique à la lettre la règle de saint Benoît : obéissance, humilité, piété, silence. Quinze ans plus tard, le futur saint Bernard fonde l'abbaye de Clairvaux.

Le roi Capet

En 987, Hugues Capet devient roi… de Paris et d'Orléans ; et de quelques comtés et évêchés qui lui rapportent quelques bénéfices. Bien sûr, Hugues Capet est roi de France, mais il ne représente que l'autorité spirituelle. Les grands duchés (Normandie, Bretagne, Bourgogne, Flandre, Aquitaine) s'administrent de façon autonome, et verraient d'un mauvais œil que le roi de France se mêle de leurs affaires, surtout s'il s'agissait de prélever des impôts ! Cette même année 987, le 30 décembre, Hugues Capet assure sa succession en faisant sacrer roi son fils Robert II, âgé de 17 ans.

Croisades et croisières vers l'outre-mer

Alerte ! Au secours ! Les lieux saints à Jérusalem sont tombés aux mains des Turcs en 1078 ! Mobilisons gens du peuple et jeunes seigneurs pour délivrer le tombeau du Christ – mais aussi pour accroître le commerce et offrir des horizons nouveaux à une population en très forte progression depuis l'an mille…

Qui t'a fait roi ?

En 996, Hugues Capet meurt après neuf ans de règne. Les grands seigneurs féodaux n'ont jamais accepté que le premier capétien étende son pouvoir. Ainsi, en 990, Hugues Capet tente de ramener à la raison l'un de ses comtes révoltés, Adalbert de Périgord. « Qui t'a fait comte ? » demande Hugues le roi à Adalbert le comte, pensant que celui-ci va reconnaître son maître. Point du tout ! Voici la réponse arrogante et lucide du fier Adalbert : « Qui t'a fait roi ? ». Robert II le Pieux, le fils d'Hugues doit aussi faire face aux seigneurs féodaux qui se battent entre eux ou contre le roi. Ces troubles se poursuivent sous le règne du fils de Robert II, Henri 1er auquel succèdent son fils Philippe 1er en 1066, et le fils de celui-ci, Louis VI le Gros – aussi obèse que son père.

CHEZ NOS VOISINS

Guillaume le Conquérant, le franglais

Le 14 octobre 1066, des chevaliers normands, bretons, flamands, et français, commandés par Guillaume le Bâtard, duc de Normandie, descendant de Rollon, affrontent le roi d'Angleterre Harold à Hastings. Guillaume le Bâtard – ainsi nommé car il est né en dehors du mariage, sa mère étant la fille d'un tanneur de Falaise – réclame le trône d'Angleterre que son oncle, Édouard le Confesseur, roi défunt, lui avait promis. Harold perd la bataille et meurt. Guillaume, devenu depuis le Conquérant, règne alors sur le million d'Anglais de cette époque, imposant peu à peu sa loi, et sa langue, un pré-français qui est à l'origine d'une grande partie de la langue anglaise parlée aujourd'hui.

La mort du prince Philippe

QUELLE HISTOIRE !

Le 13 octobre 1131, Philippe, 14 ans, fils de Louis VI le Gros, et destiné à devenir roi, se promène à cheval dans une rue de Paris, près du Châtelet. Soudain, un porc – l'animal le plus vil à l'époque – fonce dans les pattes du cheval ; Philippe tombe, sa tête heurte une grosse pierre ; il meurt quelques heures plus tard. Suger (1081 – 1151), le précieux conseiller de Louis VI, raconte dans ses mémoires ce triste événement qui prive la France d'un roi bien formé à ses futures responsabilités.

Aliénor, reine de France

Sa mère s'appelait Aénor. Elle devient l'autre Aénor : *Aliénor* en occitan ou langue d'oc. Aliénor, une beauté légendaire pour une grande histoire.

La plus belle qui soit

GROS PLAN

Hélas, mille fois hélas ! Pour remplacer le jeune prince Philippe mort sous son cheval à 14 ans, on va chercher, dans le monastère où il aurait dû passer sa vie, son frère qui va devenir le roi Louis VII, sacré à Reims le 25 octobre 1131. Six ans plus tard, à 17 ans, il épouse la plus belle qui soit : Aliénor d'Aquitaine – ainsi que son héritage, le duché d'Aquitaine qui est cependant exclu du domaine royal ; cela signifie que si les époux se séparent, Aliénor conserve son duché… Cinq jours après le mariage, Louis VI le Gros meurt.

Branle-bas de combat !

Les Turcs se sont emparés de Jérusalem en 1078 ! Le 27 novembre 1095, le pape Urbain II lance un appel solennel à la fin du concile qu'il a organisé à Clermont en Auvergne : il faut aller délivrer le tombeau du Christ dans la ville sainte. Les volontaires se cousent une croix sur leur vêtement, ils deviennent des croisés. Lors de la première croisade qui se déroule de 1096 à 1099, se succèdent les pauvres gens conduits par un moine aventurier, Pierre l'Ermite, et les barons, avec à leur tête Godefroi de Bouillon. En 1099, Jérusalem est prise par les croisés. Du 14 au 22 juillet ils conduisent l'un des plus horribles massacres de l'Histoire. Sept autres croisades vont se succéder, jusqu'à la mort de Louis IX (saint Louis), en 1270.

Cela ne nous regarde pas…

« Je croyais avoir épousé un homme, et non un moine ! » Aliénor, la belle Aliénor d'Aquitaine, s'ennuie à mourir avec le timide et peu entreprenant Louis VII, qui lui donne malgré tout deux filles, Marie et Alix. Timide, Louis VII, et jaloux : afin qu'Aliénor n'échappe pas à sa surveillance soupçonneuse, il décide de l'emmener avec lui – et les femmes de ses barons – pour la deuxième croisade qui part en 1147. Mais, à Antioche, en mars 1148, Aliénor retrouve son oncle, le superbe Raymond de Poitiers, prince de la ville depuis 1136. Que s'est-il passé entre eux ? Cela ne nous regarde pas, mais l'affaire ou la rumeur conduit Louis VII à répudier Aliénor en mars 1152.

GROS PLAN

Aliénor et l'amour

De beaux yeux verts, un gentil corps, un clair visage, les cheveux blonds… Ainsi est décrite par son biographe celle qui fait rêver tous les ducs, tous les princes, tous les hommes – et même les femmes – du XIIe siècle jusqu'à aujourd'hui : Aliénor d'Aquitaine. Petite-fille du troubadour Guillaume IX de Poitiers, elle adore la poésie et les poètes qui célèbrent sa beauté. Elle aime séduire, se laisse aller à l'amour sans perdre de vue les affaires. Elle donne naissance à dix enfants : deux filles de Louis VII, trois filles et cinq fils de son second mari, Henri II d'Angleterre. Deux de ses cinq fils ont laissé leur nom dans l'Histoire : Richard Cœur de Lion et Jean sans Terre. Aliénor meurt en 1204, à l'abbaye de Fontevraud où elle s'était retirée.

Aliénor, reine d'Angleterre

La belle Aliénor n'a plus le temps de s'ennuyer : à 30 ans, six semaines après sa répudiation, elle épouse un jeune homme de 20 ans, un géant de presque deux mètres, fougueux, impétueux, magnifique : Henri II Plantagenêt. Le 19 décembre 1154, ils sont sacrés roi et reine d'Angleterre. Aliénor est aussi duchesse de

Normandie tout en ayant conservé l'Aquitaine. Hélas, la belle histoire d'amour d'Aliénor va s'assombrir lorsque deux des fils qu'elle a eus avec Henri II, Richard Cœur de Lion et Jean sans Terre, se battent contre leur père. Ces querelles sont habilement exploitées par Philippe Auguste (Philippe II, fils de Louis VII mort en 1180), pour récupérer les possessions anglaises en France.

Figure 3-3 : Gisants d'Aliénor d'Aquitaine, Richard Cœur de Lion et Isabelle d'Angoulême.

LE SAVIEZ-VOUS ?

Jean sans Terre ?

Pourquoi Jean sans Terre ? Sans terre, parce que son père, le roi d'Angleterre Henri II, n'a aucune terre à lui donner avant la mort de son frère aîné Richard Cœur de Lion, et parce que le roi de France Philippe II lui a confisqué ses terres de Normandie, d'Anjou et de Poitou. Pourquoi ? Parce que Jean sans Terre, invité au mariage d'Isabelle d'Angoulême et d'Hugues de Lusignan en 1200, a trouvé la nouvelle épouse si jolie qu'il l'a… enlevée afin d'en faire à la fois sa femme et la reine d'Angleterre ! Tout simplement.

Richard l'insupportable !

En 1190, un an après la mort d'Henri II d'Angleterre, Philippe Auguste et Richard Cœur de Lion partent pour la troisième croisade. Mais les deux hommes ne s'entendent pas : Richard, devenu roi d'Angleterre, ne s'est guère montré reconnaissant envers le roi de France qui l'avait soutenu contre son père. De plus, il s'attribue toutes les victoires, notamment la prise d'Acre. Dès l'année suivante, Philippe prétexte une maladie de son fils pour rentrer en France. En réalité, Philippe veut exploiter l'héritage flamand de Philippe d'Alsace et celui de nombreux autres seigneurs morts en croisade, au profit de la couronne de France.

Jean : sans terre et sans scrupules

Et que devient Richard ? Sur la route de son retour vers l'Angleterre en 1191, il est capturé par le duc d'Autriche qui le retient prisonnier jusqu'en 1194. En Angleterre, son frère Jean sans Terre s'est emparé du pouvoir. Richard le reprend et continue sa lutte pour garder en France ses possessions, mais en 1199, il meurt sous les murailles de Châlus dans le Limousin. Sa mère, Aliénor d'Aquitaine, accourue de Fontevraud où elle s'était retirée, lui ferme les yeux. Jean sans Terre devient roi d'Angleterre jusqu'à sa mort en 1216. Son règne est marqué en 1203 par l'assassinat du duc Arthur de Bretagne, son neveu, qui aurait pu devenir roi à sa place. Arthur n'avait que 16 ans. La rumeur, qui court toujours, fait de Jean sans Terre le meurtrier d'Arthur…

À L'ATTAQUE !

La victoire de Bouvines

Philippe Auguste est devenu un roi trop puissant. Jean sans Terre, qui n'accepte pas d'avoir été dépossédé de ses terres en France, complote avec l'empereur germanique Otto de Brunswick et quelques grands seigneurs du Nord. Jean sans Terre débarque à La Rochelle pendant qu'Otton s'avance vers Valenciennes. L'objectif est de prendre Philippe en tenailles et de gagner Paris. Mais, près de Tournai, à Bouvines, le dimanche 27 juillet 1214, après cinq heures de mêlée, les troupes de Philippe battent celles d'Otton. Philippe assoit ainsi son autorité et celle des Capétiens sur une France dont il a multiplié par trois les possessions territoriales, qu'il a centralisée et enrichie.

Purs cathares

Qui sont les cathares ? Pourquoi ont-ils laissé dans nos mémoires une trace mystérieuse et douloureuse à la fois ?

Un idéal de pureté

Mais que se passe-t-il donc dans le Sud-Ouest pour qu'en 1207, le pape lui-même lance une croisade pour la reconquête du Languedoc ? La raison est simple : le pape se sent menacé par une nouvelle religion qui concurrence celle de Rome : le catharisme. *Cathare* vient d'un mot grec qui signifie *pur*. Face aux mœurs dépravées des fidèles chrétiens et du clergé, les cathares proposent de privilégier la part divine de l'homme afin d'atteindre un idéal de pureté, tout en étant capable de comprendre et d'absoudre les dérives de sa part animale.

CHEZ NOS VOISINS

Genghis Khan

Entre 1206 et 1222, Gengis Khan (1167 – 1227), après avoir fédéré de nombreuses tribus nomades, constitue l'immense Empire mongol, en conquérant la Chine, l'Iran et l'Afghanistan.

Simon le cruel

À partir de 1215, un chef sanguinaire et cruel, Simon de Montfort, reconquiert une grande part des terres cathares et s'empare de Toulouse, mais il meurt en 1218. Lors de la prise de la ville de Bram, il avait fait crever les yeux, couper le nez et les lèvres de tous les défenseurs. Philippe Auguste, qui a refusé de prendre part à cette croisade, disparaît en 1223. Son fils Louis VIII lui succède et relance la croisade contre les cathares, mais atteint d'une soudaine dysenterie, il meurt en 1226. Blanche de Castille, la reine, petite-fille d'Aliénor d'Aquitaine, gouverne seule en attendant la majorité de son fils Louis IX (le futur saint Louis). Elle signe en 1229 le traité de Meaux-Paris qui confirme la défaite cathare : les possessions des croisés reviennent à la France.

IMPORTANT, L'ÉVÉNEMENT !

Montségur

Les derniers cathares, ceux qui ont fui les tortures de l'Inquisition instituée en 1233 par le pape Grégoire IX, se sont réfugiés dans l'impressionnante citadelle de Montségur, au sommet d'un vertigineux piton rocheux. Régulièrement attaqués, ils ne sont vaincus qu'en 1244 par Hugues d'Arcis auquel un paysan a révélé un passage secret pour atteindre le sommet du piton. Les cent dix cathares – hommes, femmes, enfants – préfèrent la mort à la conversion. Ils sont brûlés vifs sur un bûcher, au pied du rocher de Montségur, dans une prairie qui porte aujourd'hui le nom de champ des Cramats.

Figure 3-4 : La citadelle cathare de Montségur en Ariège.

Louis IX, Louis d'or…

Il est grand, il est blond comme l'or, il est beau… Effilé, élégant, il a 20 ans en cette année 1234. Qui ? Louis IX, fils de Louis VIII, petit-fils de Philippe Auguste, lui-même fils de Louis VII (il est bon de se remettre les idées en place de temps en temps, avec tous ces rois…). Vingt ans et la vie devant lui puisque sa mère Blanche de Castille lui laisse le pouvoir après qu'il a mené deux campagnes militaires victorieuses en Bretagne et en Champagne. Il épouse celle que sa mère lui a choisie : Marguerite de Provence. Elle va lui donner onze enfants dont le futur roi Philippe le Hardi.

LE SAVIEZ-VOUS ?

La rouelle jaune

Comme son grand-père Philippe Auguste – contrairement à son arrière-grand-père Louis VII – Louis IX se montre particulièrement agressif contre les Juifs dont il fait brûler en place de Grève de nombreux exemplaires du Talmud en 1242. Il leur interdit de pratiquer l'usure, et les rançonne pour financer sa croisade, et, en 1259, les oblige à porter une rouelle jaune – morceau d'étoffe – sur leur vêtement.

Louis IX en cinq sec

- Louis IX est un roi très pieux. Il achète pour une fortune à l'empereur d'Orient – dont les caisses sont vides – la couronne d'épines du Christ, un morceau de la vraie croix, de la lance et de l'éponge. Pour abriter tout cela, il fait construire à Paris un joyau de pierre et de lumière : la Sainte-Chapelle, terminée en 1248, et qu'on peut toujours visiter aujourd'hui.
- Louis IX aime la justice. On le représente traditionnellement sous un chêne, écoutant les plaignants et décidant de la peine à infliger à celui qu'il juge coupable, ou bien innocentant un suspect. En 1254, il publie les Grandes Ordonnances (lois) afin qu'il n'y ait pas une justice des pauvres et une justice des riches.
- Il multiplie les fondations pour accueillir les pauvres et les déshérités.
- Il interdit la prostitution, proscrit les jeux de hasard, punit ceux qui blasphèment.
- Il fait ouvrir des établissements d'enseignement, ainsi le collège fondé au sein de l'université de Paris par Robert de Sorbon, approuvé par le roi en 1257, et qu'on appellera plus tard la Sorbonne.

IMPORTANT, L'ÉVÉNEMENT !

Les croisades de Louis IX

Jérusalem étant de nouveau tombée aux mains des Turcs en 1244, Louis IX décide de partir en croisade. Il s'embarque avec près de vingt mille hommes le 25 août 1248. Il n'en reviendra qu'en 1254, après six années d'absence pendant lesquelles sa mère, Blanche de Castille a remarquablement administré le pays avant de mourir en 1252, à 64 ans. Louis IX applique un vigoureux programme de retour à la morale qu'il estime menacée : il supprime les bains publics, chasse les prostituées. Puis il fait la paix avec les Anglais en 1258. En 1270, il part pour une nouvelle croisade en Terre sainte. Elle lui est fatale : il meurt du typhus sous les murs de Tunis, le 25 août 1270.

Hardi et indécis

Philippe III le Hardi, aussi grand, aussi blond que papa Louis, tient son surnom « le hardi » de l'habitude qu'il a prise de se lancer de façon un peu irréfléchie vers le danger. Hardi, mais indécis en politique. Il consulte tout le monde, se laisse influencer au point de sacrifier son favori Pierre de la Brosse, pendu en 1278 au gibet de Montfaucon. Que retenir de son règne ? Il poursuit la politique pacifiste de son père par le traité d'Amiens le 23 mai 1274 : il y rend à l'Angleterre le fief d'Aquitaine – limité à l'Agenais et au Sud de la Saintonge – contre un serment de fidélité sans réserve !

Le biau roi

Philippe le Hardi meurt à Perpignan en 1285, alors qu'il avait entrepris une croisade contre Pierre d'Aragon qui s'était rendu maître de la Sicile, y faisant massacrer les Français. Son fils Philippe IV, un colosse blond comme son père, lui succède. On l'appelle le biau roi – le Bel –, il a 18 ans. En 1286, il est sacré à Reims. Si le Hardi était pacifiste comme papa Louis IX, le Bel est belliqueux. Il mène une guerre sans merci contre les Anglais qui voudraient devenir indépendants sur le sol français, et contre les Flamands qu'il bat à Mons-en-Pévêle en 1304, après que les Français ont été battus à Courtrai en 1302.

Philippe le Bel : Des sous, des sous !

C'est un violent, Philippe le Bel, et même un cruel ! Ceux qui lui résistent sont brûlés vifs, ceux qui le trompent, eh bien… c'est encore pire !

L'arrestation des Templiers en 1307

À RETENIR

Des sous, toujours des sous ! Philippe le Bel a besoin de beaucoup d'argent pour faire la guerre. Après avoir été en conflit avec le pape, en 1296, pour la levée d'un impôt sur le clergé, après avoir fait expulser les Juifs et s'être emparé de leurs biens en 1306, il fait arrêter les Templiers le 13 octobre 1307, et confisque tous leurs avoirs. Après un long procès, Jacques de Molay, le grand maître des Templiers, et trente-sept de ses compagnons sont brûlés vifs sur un bûcher dressé sur l'île aux Juifs (square du terre-plein du Pont-Neuf à Paris).

Figure 3-5 : Les Templiers sur le bûcher.

LE SAVIEZ-VOUS ?

Qui sont les Templiers ?

Les Templiers sont un ordre religieux militaire fondé en 1119 à Jérusalem par Hugues de Payns, chevalier champenois, et neuf de ses compagnons. Ils se sont donné pour rôle de protéger les pèlerins sur le chemin du Saint-Sépulcre pendant les croisades. Comme ils sont pauvres et n'ont pas de maison, les Pauvres Chevaliers – ainsi se nomment-ils eux-mêmes – vont loger dans une cabane près du temple de Salomon. Ils deviennent alors l'Ordre du Temple, ou Templiers, les chevaliers du Temple. Les dons affluent, ils deviennent fort riches et jouent le rôle d'une grande banque européenne. Revenus en France après l'effondrement du royaume franc de Jérusalem, ils refusent que le roi Philippe le Bel – qui a toujours besoin d'argent – siège parmi eux. Mal leur en prend…

Philippe et Gaultier : l'horreur !

QUELLE HISTOIRE !

Pas tendre, Philippe le Bel, intraitable sur la morale du couple, sur la fidélité que se sont jurée les époux, et quand il se fâche, les conséquences sont terribles ! En 1314, sa fille Isabelle, épouse du roi Édouard II d'Angleterre, lui dit : « Papa, vos belles-filles Marguerite de Bourgogne, femme du futur roi Louis X le Hutin et Blanche de Bourgogne ont une liaison adultère avec deux de vos écuyers : Philippe et Gaultier d'Aunay ! ». Philippe le Bel, horrifié, prend une décision horrifiante : les frères d'Aunay sont écorchés vifs devant des milliers de personnes, puis ils sont accrochés à la queue de chevaux fous sur des guérets, et – encore vivants – décapités, ce qui reste de leur corps est pendu à des gibets ! Marguerite est retrouvée morte dans sa prison en 1315, Blanche meurt en 1325.

Jean le Posthume

Le 29 novembre 1314, le roi Philippe le Bel meurt à 46 ans. Son fils Louis X le Hutin lui succède. Deux ans plus tard, alors que Clémence de Hongrie, la reine, qu'il a épousée en 1315, attend un enfant, il commet l'imprudence de boire un verre d'eau glacée au jeu de paume, en attrape une forte fièvre qui l'emporte en quelques jours. L'enfant va naître le 15 novembre 1316. C'est un garçon. Quatre jours plus tard, il pousse son dernier soupir. L'Histoire le retient sous le nom de Jean le Posthume. Le trône revient alors à son oncle Philippe V le Long.

Philippe V éradique la lèpre

Philippe V le Long ne laisse pas dans l'Histoire un souvenir impérissable sinon une réglementation draconienne de la pêche fluviale, et une répression d'une rare violence contre les lépreux pour éradiquer la maladie… Il meurt de dysenterie le 2 janvier 1322. N'ayant pas eu de garçon, c'est son frère qui lui succède sous le nom de Charles IV le Bel, pour un court règne de six ans.

Bonjour les Valois !

Le 1er février 1328, Charles IV rend le dernier soupir après une semaine de maladie (probablement une dysenterie, on a les intestins fragiles chez les Capétiens) Charles IV le Bel était le dernier des Capétiens directs. Jeanne d'Evreux, son épouse, est enceinte. Un Jean II le Posthume va-t-il naître ? Non : c'est une petite Blanche qui naît le 1er avril suivant. Point de descendant mâle : le trône est vacant ! Qui donc peut succéder à Charles IV ? Édouard III d'Angleterre… ou Philippe, comte de Valois qui assure la régence ? Évidemment, les pairs élisent Philippe qui devient le roi Philippe VI, et inaugure une nouvelle dynastie, celle des Valois. Il est couronné le 29 mai, à Reims.

Chapitre 4

Les violences de l'adolescence

Dans ce chapitre :

- L'Angleterre en France
- L'Angleterre, dehors !
- La France en Italie

Si on devait comparer la progression de la France à celle d'un enfant, on pourrait dire que les Mérovingiens étaient à ses côtés dès sa naissance à la maternité, que les Carolingiens l'ont conduite à la maternelle, que les premiers Capétiens ont assuré l'organisation de sa personnalité au primaire jusqu'à son adolescence. Et qui va conduire son adolescence ? Les Valois ! Les premiers Capétiens étaient des organisateurs, les Valois sont des guerriers. Et ils vont le prouver : à peine dix années après l'accession au trône de Philippe VI de Valois, les chevaliers en armures et leurs chevaux piaffent d'impatience en attendant d'attaquer les Anglais.

Détruire : la guerre de Cent Ans

Avec les Valois, l'adolescence de la France va être chahuteuse, bagarreuse, elle va rêver de gloire et d'exploits pour tomber de haut, dans le cauchemar : la guerre de Cent Ans qui commence en 1337 va durer… cent seize ans ! Elle ne se termine qu'en 1453. Une guerre terrible pour la France puisqu'en 1422, les Anglais vont réussir à s'installer sur son trône…

Pourquoi la guerre de Cent Ans ?

LE SAVIEZ-VOUS ?

Les Valois sont belliqueux, certes, mais il faut dire que les Anglais y mettent du leur pour harceler le roi de France sur tous les fronts :

- En 1337, Édouard III, roi d'Angleterre depuis 1327, revendique le trône de France, tout simplement ! Pourquoi ? Parce qu'il est le petit-fils de Philippe le Bel. Et Philippe de Valois alors ? Eh bien, Philippe de Valois n'est que le neveu de Philippe le Bel, ce qui change tout selon Édouard.
- Le roi Édouard, voudrait aussi récupérer la Flandre que Philippe le Bel avait annexée. La Flandre fait l'essentiel de son commerce d'étoffe à partir de la laine fournie par les Anglais, mais elle paie l'impôt à la France.
- Que veut-il encore, le roi Édouard ? Il veut demeurer en Guyenne où le vin est bon et le sel abondant. Qu'importe si la Guyenne – l'Aquitaine – appartient territorialement à la France !
- Enfin, en Bretagne, une guerre de succession s'est ouverte après la mort de Jean III sans héritier mâle, en 1341. Le roi de France soutient Charles de Blois qui, par sa femme, a des droits sur le duché. Le roi d'Angleterre soutient Jean de Montfort, le demi-frère de Jean III.

Quelle va être la tâche du roi de France ?

- Empêcher les Anglais de s'emparer de la Flandre.
- Chasser les Anglais de Guyenne.
- Empêcher les Anglais de s'installer en Bretagne.

Attention ! Ça va barder…

Puisque le roi ne le veut pas…

« Puisque le roi de France ne veut pas céder son trône, je vais aller m'en emparer ! » Voilà ce que se dit en 1346 Édouard III, roi d'Angleterre qui a déjà remporté une superbe victoire sur mer à l'Écluse (avant-port de Bruges) en 1340. Aussitôt dit, aussitôt fait : les Anglais débarquent à Saint-Vaast-la-Hougue en Normandie le 12 juillet 1346. Édouard III veut rejoindre ses alliés en Flandre, se dirige vers le nord, ravage tout sur son passage. Mais le roi Philippe VI rassemble des milliers de chevaliers en armures et d'arbalétriers génois qui partent à la rencontre des Anglais.

En direct de Crécy : Édouard est ravi !

Les Anglais n'ont qu'une idée, qu'une envie, qu'une hâte : s'emparer du royaume de France. Les voici, à Crécy, ils arrivent…

La victoire des archers

Les deux armées se rencontrent à Crécy-en-Ponthieu (dans l'actuel département de la Somme) le 26 août 1346. Les Français sont presque trente mille, les Anglais dix mille. Dès que les chevaliers français aperçoivent les lignes anglaises, ils foncent vers elles, à cheval, en désordre total, cherchant l'exploit personnel, sans aucune stratégie, tuant leurs arbalétriers génois à pied qui ralentissent leur avancée. Les Anglais en croient à peine leurs yeux! Leurs redoutables archers font tomber une à une les vagues d'assauts françaises. Leurs coutiliers achèvent les chevaliers en armure avec leur poignard fixé à l'extrémité d'un long manche, comme un ouvre-boîte. C'est un désastre total dans les rangs français. Édouard III est ravi!

Les bourgeois de Calais

L'année suivante, six bourgeois de Calais remettent les clés de leur ville vaincue au roi Édouard III qui avait décidé de tuer tout le monde, puis de ne tuer que les six bourgeois, et enfin, sur la supplication de la reine Philippa de Hainaut, sa femme, de ne tuer personne, mais de garder les clés. Aux malheurs de la guerre s'ajoute en 1348, une épidémie de peste noire qui ravage villes et campagnes et fait des millions de morts.

Les Juifs en première ligne !

Que faire pour éviter la peste ? Le plus sûr, c'est de fuir ! Qui se retrouve en première ligne des soupçonnés, puis des accusés ? Les Juifs dont on dit qu'ils ont empoisonné les puits et les fontaines : on les y précipite ! Ils sont envoyés au bûcher à Carcassonne, à Narbonne. En Alsace, avant que la peste arrive, plus de trois mille sont brûlés en public ! À Chinon, ils sont jetés dans la Vienne ! Apparaissent aussi sur les routes les flagellants ou batteurs qui disent avoir été choisis par Dieu pour racheter les fautes des mortels. Ils se lacèrent le corps avec un fouet fait de trois lanières terminées par une lame métallique très coupante. Et ils appellent à l'extermination des Juifs. En 1349, ne pouvant les faire taire, on prend la décision de les envoyer au bûcher où leurs délires partent en fumée.

Jean le Bon, roi de France, prisonnier

Dix ans après la bataille des pères à Crécy, la bataille des fils va se dérouler à Poitiers, le 19 septembre 1356 : Jean le Bon, fils de Philippe VI, et roi depuis 1350 à la mort de son père, affronte le Prince Noir, fils d'Édouard III. Cette fois encore, les Français sont supérieurs en nombre ; ils sont vingt mille contre dix mille Anglais, ce qui n'empêche pas le désastre d'être encore supérieur pour les Français : le roi Jean le Bon est fait prisonnier par le Prince Noir, et emmené en Angleterre !

Étienne Marcel assassiné

L'année suivante, à Paris, Étienne Marcel, prévôt des marchands, tente de prendre le pouvoir ; il fait alliance avec le roi de Navarre, Charles le Mauvais – petit-fils du roi Louis X le Hutin – qui réclame, lui aussi, le trône de France décidément très convoité… Mais le 31 juillet 1358, Étienne Marcel est assassiné. Deux ans plus tard, le 8 mai 1360, les Anglais et les Français font la paix : Édouard III renonce à la couronne de France mais possède presque le tiers du royaume ; il exige le paiement d'une rançon astronomique : trois millions d'écus d'or ! Le roi de France Jean le Bon est libéré et revient à Paris. Quatre ans plus tard, son fils Louis, otage à sa place, s'étant évadé, il se constitue prisonnier des Anglais et retourne à Londres où il meurt le 8 avril 1364.

Charles V, le Sage et ses bésicles

À tous ces rois brutaux et querelleurs, cruels, succède Charles V le Sage, un souverain calme et doux, intellectuel et délicat, grand lecteur aux quatre paires de bésicles (lunettes), en sa tour du Louvre où sont rassemblés des milliers de livres. Mais Charles V n'est pas seulement un intellectuel : fin politique et stratège éclairé, il va parvenir, avec l'aide de Bertrand du Guesclin, à chasser de France une grande partie des Anglais. Par ailleurs, il réorganise l'armée, agrandit la flotte, stabilise la monnaie et rend efficace la perception des impôts. Il meurt le 13 septembre 1380, à 42 ans.

GROS PLAN

Bertrand du Guesclin

Qu'il est laid, Bertrand du Guesclin ! Aîné d'une famille de dix enfants, il naît en 1320 dans un manoir près de Dinan. Il est tellement laid que sa mère le cache dans les coins sombres afin de ne pas le voir… Et pourtant il va épouser la plus belle femme de son temps : Typhaine Raguenel, éblouie par les exploits de son héros ! Il faut dire que du Guesclin est un extraordinaire homme de guerre qui va devenir, en 1370, connétable de France, véritable bras droit du roi Charles V (dont le bras droit est paralysé…). Presque toujours victorieux, il est cependant fait prisonnier à la bataille d'Auray par le Prince Noir. Il fixe lui-même sa rançon : une somme exorbitante… que le roi Charles V paie. Du Guesclin manœuvre habilement pour conduire les bandes de pillards en Espagne et bouter les Anglais hors de France. Il meurt en 1380. Charles V le fait enterrer à Saint-Denis, auprès des rois !

Charles VI et Isabeau de Bavière : des malades !...

Étrange destin que celui du roi Charles VI : d'abord insouciant, joyeux, il va devenir subitement fou, avec les tragiques conséquences que vous ne devinez pas, mais que vous allez découvrir…

Isabeau et son sourire coquin

À 12 ans, le fils de Charles V, Charles VI, monte sur le trône, mais ce sont ses oncles qui gouvernent. Leur objectif ? S'enrichir personnellement en multipliant les impôts, ce qui provoque une révolte des Parisiens en 1382. Charles VI atteint l'âge du mariage en 1385. Son père avait recommandé qu'on le mariât à une Allemande. Le 14 juillet 1385, on présente donc à Charles la jeune Isabeau de Bavière, 15 ans et un sourire plutôt coquin… Il exige de l'épouser sur le champ, ce qui est fait le 17 juillet. Les deux jeunes époux consomment si ardemment leur union dans les jours qui suivent que l'un des oncles multiplicateurs d'impôts les qualifie de « malades »…

Dans le monde…

Utilisant la terreur, Tamerlan (1336 – 1405) conquiert l'Iran et l'Afghanistan. Il fonde un immense, mais éphémère, Empire turc.

Faites ce qu'il vous plaira !

Le 3 novembre 1388 commence le règne personnel du roi Charles VI. Il écarte du pouvoir ses oncles, s'entoure de conseillers efficaces qui réorganisent la justice, assainissent les finances. Anxieux et insouciant à la fois, le jeune roi fait la fête à s'en étourdir. À ses conseillers qui lui demandent son avis, il répond avec désinvolture : « Faites ce qu'il vous plaira ! »

Le 5 août 1392, alors qu'il traverse la forêt du Mans à la tête d'une petite troupe, le roi Charles VI devient fou. Ses crises de folie se succéderont jusqu'à sa mort trente ans plus tard.

La schizophrénie de Charles VI

Charles VI souffre de ce qu'on appelle aujourd'hui la schizophrénie. De sorte qu'il connaît, entre deux crises, des périodes de rémission où il se comporte tout à fait normalement. Mais lorsque la maladie le saisit, souvent à l'improviste, il ne reconnaît plus sa femme, ses enfants, se met à crier de façon horrible, déchire au couteau les tapisseries et tentures. Il refuse de se laver, jeûne plusieurs jours, puis se met à manger gloutonnement, de façon grotesque, animale. Il danse de manière obscène et affirme s'appeler Georges. Au bout de quelques années, Jean sans Peur a l'idée de placer auprès du roi fou une blonde, jeune et fort belle Bourguignonne : Odinette de Champdivers. Caressante et bonne, elle éprouve une immense tendresse pour son « roi fol ». Odinette tente aussi de convaincre Charles qu'il n'est pas de verre : c'est en effet une obsession pour lui ; il est persuadé que s'il tombe, il va se briser en mille morceaux ; alors, il se barde d'attelles de fer sur tout le corps afin d'éviter la catastrophe qu'il redoute ! Tendre, Odinette donne aussi de l'amour au roi : un an après leur rencontre, naît leur fille qu'ils prénomment Marguerite. Pendant trente années, les crises vont se succéder, entrecoupées de longues périodes de rémission, de sorte qu'on peut imaginer qu'Odinette et Charles connurent une forme de bonheur intense et rare jusqu'en 1422. Cette année-là, le 21 octobre, meurt le roi fou.

Armagnacs contre Bourguignons

Jean sans Peur, duc de Bourgogne, petit-fils de Jean le Bon, fait tout pour plaire au roi d'Angleterre qui veut devenir roi de France. Charles VII, successeur de Charles VI le roi fou, fait tout pour conserver son royaume. Les Bourguignons, partisans de Jean, vont affronter les Armagnacs, partisans de Charles. Et tout cela va très mal se passer…

Jean sans Peur fait assassiner Louis d'Orléans

Qui va gouverner maintenant, puisque le roi est fou ? Son frère Louis d'Orléans et ses oncles Philippe de Bourgogne et Jean de Berry ! Ils sont désignés pour s'occuper des affaires du royaume, au sein d'un conseil de régence dirigé par la reine Isabeau de Bavière. Et que deviennent les Anglais ? Toujours à l'affût d'une occasion pour monter sur le trône de France, ils sont les alliés de Philippe de Bourgogne (frère de Charles V). Celui-ci meurt en 1404. Son fils, Jean sans Peur, qui ne parvient pas à s'emparer de Paris, fait assassiner le beau Louis d'Orléans – son cousin germain – le 23 novembre 1407.

Et les Anglais ?

Deux clans vont alors s'opposer dans une guerre civile sans merci pendant trente ans : les Bourguignons, partisans de Jean sans Peur, et les Armagnacs, ralliés au comte d'Armagnac, beau-père de Charles d'Orléans, fils de Louis assassiné. Et les Anglais ?... Toujours là : en 1415, le nouveau roi d'Angleterre, Henri V, demande la couronne de France à Charles VI. La guerre reprend.

Azincourt : encore un désastre !

Le 25 octobre 1415, à Azincourt, dans l'actuel département du Pas-de-Calais. Les Anglais alignent entre sept mille et dix mille hommes. Les Français sont trois fois plus nombreux. Et pourtant... comme à Crécy, comme à Poitiers, les Français aux troupes anarchiques sont écrasés. Henri V qui a fait mille sept cents prisonniers les fait exécuter en fin de combat dans la crainte d'une contre-attaque.

LE SAVIEZ-VOUS ?

Charles d'Orléans, survivant d'Azincourt, et poète…

Connaissez-vous Charles d'Orléans, le poète : *Le temps a laissé son manteau / De vent, de froidure et de pluye…* ? Charles d'Orléans, fils de Louis d'Orléans assassiné en 1407, est épargné par Henri V à l'issue de la défaite d'Azincourt. Emmené en prison en Angleterre, il n'en revient que vingt-cinq ans plus tard. Retiré au château de Blois, il épouse Marie de Clèves dont il aura un fils : le futur Louis XII.

La vengeance de Charles VII

La situation est grave : Armagnacs et Bourguignons se déchirent de plus belle. Paris est tantôt occupé par les uns, tantôt par les autres avec toutes les vengeances qu'on imagine. Le 10 septembre 1419, le futur Charles VII, Armagnac, invite Jean sans Peur, Bourguignon pour une entrevue de conciliation. C'est en réalité un guet-apens : Jean sans Peur est tué à coups d'épée par les gens de Charles VII qui venge ainsi Louis d'Orléans.

Figure 4-1 : Assassinat de Jean sans Peur à Montereau.

Le honteux traité de Troyes en 1420

La situation est de plus en plus grave : le fils de Jean sans Peur, Philippe le Bon à la tête du duché de Bourgogne, prépare, avec Isabeau de Bavière, la reine, un honteux traité – le honteux traité de Troyes – signé le 21 mai 1420 ; il y est précisé que Charles VII, parce qu'il est un bâtard, ne peut devenir roi, et que le roi d'Angleterre, Henri V devient aussi régent de France, presque roi. Le 2 juin, il épouse la fille de Charles VI. Ce traité est signé par le roi Charles VI le fol, toujours aussi fou. Cela conduit à cette situation incroyable : la France a trois rois !

La France et ses trois rois

- Le roi Henri V d'Angleterre,
- Le roi Charles VI le fol qui ne peut exercer son pouvoir,
- Le jeune roi régent Charles VII, fils de Charles VI. Il est réfugié à Bourges.

Henri VI, roi à… dix mois !

Henri V d'Angleterre est tout heureux : à la mort de son beau-père, il se fera couronner roi de France. Hélas pour lui, le 31 août 1422, il meurt de dysenterie au château de Vincennes. Il n'a que 35 ans. Son fils Henri VI lui succède, il n'est âgé que de… 10 mois. Le duc de Bedford assure la régence. Charles VII n'est plus roi régent, mais roi à part entière puisque son père vient de mourir. Marié en avril à Marie d'Anjou, il vit à Tours dans un dénuement complet. Comment va-t-il reconquérir son royaume ?

Jeanne d'Arc : « Du courage, majesté ! »

« Allons, majesté, du courage ! Vous allez avec mon aide bouter les Anglais hors de France ! » Voilà, approximativement, ce que Jeanne d'Arc dit au roi Charles VII pour lui donner l'énergie et la motivation nécessaires à la reconquête de son propre royaume.

Charles VII sacré à Reims

Originaire de Donrémy (dans l'actuel département des Vosges), Jeanne d'Arc a entendu des voix mystérieuses qui lui ordonnaient de délivrer le royaume de la présence anglaise, et de faire sacrer Charles VII à Reims. Et c'est ce qu'elle a fait. Avec succès : le 8 mai 1429, elle délivre Orléans du siège anglais, ouvre la route de Reims à Charles VII ; il y est sacré le 17 juillet.

Cauchon condamne Jeanne au bûcher

À RETENIR

À peine un an plus tard, le 24 mai 1430, Jeanne d'Arc est capturée par les Bourguignons qui assiègent la ville de Compiègne. Charles VII pourrait intervenir, mais il ne le fait pas, préférant en toute occasion la négociation à l'affrontement armé. À partir du 21 février 1431, le procès de Jeanne d'Arc se déroule à Rouen, sous la direction de l'évêque Cauchon, partisan des Bourguignons. Jeanne est condamnée au bûcher et brûlée vive sur la place du marché, le 30 mai. Ses cendres sont dispersées dans la Seine.

GROS PLAN

Jacques Cœur

Jacques Cœur est le fils d'un pelletier – un marchand de peaux et fourrures. Il est né à Bourges avec le don de la finance. Par son mariage, il entre au service de Charles VII qui remarque ce jeune homme aux méthodes d'enrichissement astucieuses, souvent à la limite de l'honnêteté. Mais qu'importe : Charles VII a besoin de beaucoup d'argent. Jacques Cœur va lui fournir des sommes astronomiques en développant notamment à partir de 1439, le commerce avec le Levant (il importe épices, soie, coton ; il exporte drap, bois, armes…). Jacques Cœur devient si riche qu'il finance lui-même la reconquête normande, devient – peut-être – l'amant d'Agnès Sorel, maîtresse du roi Charles VII. Il faut dire que les mauvaises langues des jaloux font leur œuvre. Au point qu'il est arrêté en 1451. Emprisonné, torturé, il s'évade, rejoint le pape, part combattre les Turcs, et meurt à Chio en 1455.

Reconstruire : de Charles VII à Louis XII

Enfin, enfin ils vont se réconcilier, les Armagnacs et les Bourguignons ! Le temps de la reconstruction a-t-il sonné ? Peut-être, peut-être pas…

Paris martyrisé, Paris outragé, mais Paris libéré…

Le 16 décembre 1431 le petit roi Henri VI d'Angleterre, 9 ans, est couronné roi de France à Notre-Dame de Paris. Un roi de France de 9 ans, anglais, dans Paris ? Les Parisiens de l'époque ne supportent pas cette situation : ils favorisent la reconquête de la capitale aux deux réconciliés de fraîche date : Charles VII l'Armagnac, et Philippe le Bon le Bourguignon. Le 13 avril 1436, ceux-ci font une entrée triomphale dans un Paris qu'ils ont libéré de la présence anglaise.

Guerre de Cent Ans : fin

Quatorze ans plus tard, Charles VII remporte une victoire décisive contre les Anglais à Formigny, près de Bayeux, et le 17 juillet 1453, à Castillon, près de Libourne, les Anglais sont écrasés (la ville porte, depuis, le nom de Castillon-la-Bataille). Trois mois plus tard, Bordeaux revient au royaume de France. La guerre de Cent Ans est terminée.

À RETENIR

La fin du Moyen Âge

On considère que le Moyen Âge se termine en 1453, après la dernière bataille de la guerre de Cent Ans, mais aussi après la prise de Constantinople par les Turcs le 29 mai de la même année, provoquant l'arrivée en Italie de nombreux savants qui ont sauvé quantité de manuscrits grecs et latins.

Figure 4-2 : *La Bataille de Castillon.*

Charles VII : une dent contre Louis XI, son fils

Étonnante histoire que celle du roi Charles VII qui se méfie de son fils, l'éloigne, le soupçonne de mille mauvaises intentions. Pourtant, dès qu'il remplace son père, le roi Louis XI se révèle l'un des meilleurs souverains qu'ait connu la France.

Charles VII empoisonné ?

Rien ne s'est jamais bien passé entre le roi Charles VII et Louis son fils, le futur Louis XI. Charles est persuadé que Louis, réfugié chez Philippe le Bon, le Bourguignon, à Bruxelles, après des désaccords multiples, veut l'assassiner ! Le 22 juillet 1461, le roi Charles meurt d'un abcès dentaire, convaincu que des espions de Louis ont mélangé un poison mortel à sa nourriture. Évidemment, il n'en est rien. Louis, informé du décès de son père, part aussitôt à la chasse pour fêter l'événement. Puis, il galope vers Paris afin de se faire sacrer roi au plus vite. Le sacre a lieu à Reims le 15 août 1461. Le nouveau roi, Louis XI, a 38 ans.

GROS PLAN

Louis XI, le mal aimé

On ne sait trop pourquoi certains écrivains, aux XVIIIe et XIXe siècles, se sont acharnés à déformer l'image du roi Louis XI, faisant de lui un personnage lugubre, machiavélique et cruel, alors que, habile politique, organisateur hors pair, unificateur du royaume, il a réalisé en un règne de vingt-deux ans ce qui aurait pu encore prendre des siècles ! Voltaire, Walter Scott, Victor Hugo, Alexandre Dumas… Qu'est-ce qui vous a pris d'agir ainsi ? Bien sûr, l'apparence physique de Louis XI n'est guère flatteuse – on pourrait le prendre pour un vagabond – bien sûr, il n'est pas toujours tendre avec ses proches, allant même jusqu'à gifler la maîtresse de son père Agnès Sorel, afin de venger Marie d'Anjou, sa mère humiliée ; bien sûr, son action politique est parfois tortueuse ; mais quelle intelligence remarquable, quelle habileté contre Charles le Téméraire, quelle patience pour démembrer la Bourgogne ! Alors, Voltaire, Scott, Hugo, Dumas, pourquoi ?…

Vive la Bourgogne, vive la Bourgogne…

Du 9 au 15 octobre 1468, se déroule à Péronne une entrevue entre Louis XI et Charles le Téméraire, devenu duc de Bourgogne à la mort de son père Philippe le Bon le 14 juin 1467. Louis dit vouloir éviter la guerre, mais il a envoyé en Flandre, qu'il voudrait annexer, des émissaires chargés de provoquer un soulèvement. Charles l'apprend et décide de tuer Louis, mais finalement, il se contente de l'humilier en l'emmenant à Liège et en lui faisant proclamer : « Vive la Bourgogne ». La Bourgogne, l'ennemie de Louis…

Jeanne Hachette, plus que Téméraire…

QUELLE HISTOIRE !

Libéré par le Téméraire, Louis passe à l'attaque : il occupe les villes de la Somme. Le Téméraire se fâche et attaque Beauvais en juin 1472 où il rencontre une violente résistance conduite par… une femme : Jeanne Laisné, plus téméraire que le Téméraire ! Elle met les Bourguignons en déroute car, raconte sa légende, elle s'est armée d'une hachette, galvanisant le courage de ses compatriotes. Depuis, on la connaît sous le nom de Jeanne Hachette.

Louis XI achète le roi d'Angleterre

Comment venir à bout de ce Bourguignon belliqueux et envahissant qu'est Charles le Téméraire ? Louis XI trouve la solution : il faut le priver de son allié, le roi anglais Édouard IV. Et comment ? En offrant à ce roi d'Angleterre de l'or, beaucoup d'or : cent mille écus, plus une rente annuelle ! Personne ne résisterait à une telle offre, pas même le roi d'Angleterre qui accepte ce marché de la vénalité ! L'affaire est conclue le 29 août 1475. Charles le Téméraire se trouve dès lors sans appui à l'étranger. Le 5 janvier 1477, près de Nancy, il est tué au combat. Il est retrouvé plusieurs jours plus tard, à moitié dévoré par les loups.

Un roi moderne

Louis XI, pendant tout son règne, parvient à relever la France que la guerre de Cent Ans avait laissée exsangue :

- Il ranime les foires, supprime les péages intérieurs, fait construire des routes, agrandir des ports.
- Il développe l'agriculture. Il attire les marchands et les meilleurs ouvriers étrangers, établit un système de libre-échange avec l'Angleterre, développe la production minière.
- Il favorise l'entreprise de deux professeurs de la Sorbonne, Jean Heynlin et Guillaume Fichet qui, en 1470, introduisent l'imprimerie en France – après Gutenberg (Johann Gensfleisch) à Strasbourg en 1436.

En cette fin du Moyen Âge, Louis XI est un roi moderne qui s'éteint d'une hémorragie cérébrale le 30 août 1483, dans sa forteresse de Plessis-les-Tours où il attendait la mort en la redoutant, ignorant sûrement que, pour sa mémoire, les inventeurs de légendes sont bien plus redoutables…

Charles VIII et Louis XII : mêmes combats !

Charles VIII est l'arrière-arrière-petit-fils de Charles V. Roi de France pendant quinze ans, il meurt sans successeur. C'est Louis XII, l'arrière-petit-fils de Charles V, qui lui succède. Leur femme et reine à tous les deux ? Anne de Bretagne…

Petit, Charles VIII, mais il fait le maximum

Il a 13 ans, il est petit (mais il va faire le maximum !), il est malingre, il est agité de mouvements convulsifs, de tics de toutes sortes, de tocs, il est taciturne, renfermé, et laid à faire peur, son regard est fixe, il s'emporte pour un rien ; un ambassadeur florentin avoue sa gêne extrême devant ce monarque si peu attentif, et pour tout dire marqué de l'expression des demeurés. Qui donc ? Charles VIII, le nouveau roi en 1483, fils de Louis XI ! Petit, Charles VIII, mais avec de grands rêves nourris par la lecture des grandes heures de la chevalerie. En attendant de les réaliser, il va devoir subir la régence exercée par l'autoritaire Anne de Beaujeu, sa sœur.

Charles VIII épouse Anne de Bretagne

Le 6 décembre 1491, Charles VIII épouse Anne de Bretagne, 15 ans ; il en a 22. Anne est la fille du duc François II, mort de chagrin après sa défaite contre le roi de France, à la bataille de Saint-Aubin-du-Cormier, le 26 juillet 1488. De petite taille, fluette, jolie, Anne porte des talons hauts pour dissimuler sa claudication que remarque quand même l'ambassadeur de Venise en 1492.

Amour, gloire et chevalerie…

Anne et Charles s'aiment tendrement. Ils partagent la même passion : les romans de chevalerie. Ils passent des heures entières à les lire et les commenter, à rêver d'exploits glorieux, de conquêtes… Par son mariage, Anne opère la première jonction de son duché avec la France ; la Bretagne entrera définitivement dans le domaine royal en 1532.

Figure 4-3 : Charles VIII et Anne de Bretagne, peinture anonyme du dernier tiers du XVe siècle.

Boum dans le linteau !

Les exploits glorieux, Charles va les accomplir en Italie, notamment à la bataille de Fornoue près de Parme, le 6 juillet 1495, où il se bat comme un lion sur le chemin du retour vers la France. Mais, le 7 avril 1498, tous les rêves du roi Charles VIII s'interrompent brutalement, pour toujours : alors qu'il passe dans une galerie du château d'Amboise, il heurte le linteau d'une porte. Le choc est si violent qu'il en meurt peu après.

Charles VIII et le rêve d'Italie

Charles VIII nourrit un rêve : l'Italie ! Afin qu'aucun monarque ne l'empêche de le réaliser, il fait la paix, à prix d'or, avec Maximilien d'Autriche, le roi Ferdinand d'Aragon, et le roi d'Angleterre (auquel il donne 750 000 écus d'or !). Ainsi, à la mort du roi de Naples Ferdinand 1er, en 1494, Charles VIII se déclare son successeur – le roi de France a été désigné héritier du royaume de Naples en 1480 par René d'Anjou. À la tête d'une armée de trente mille hommes, le roi Charles VIII est acclamé à Florence, à Rome, à Naples où il est ceint de la quadruple couronne : France, Naples, Constantinople et Jérusalem ! Cependant, sous l'impulsion du pape, se constitue la ligue de Venise. Elle provoque l'expulsion de Charles VIII et d'une partie de ses troupes. Le roi est vaincu, mais il revient d'Italie ébloui par le luxe qu'il a découvert, et qui va se répandre en France.

Louis XII succède à Charles VIII

Anne est désespérée après la mort de Charles. Celui qui aurait pu lui succéder, leur enfant, Charles-Orland, est mort à 3 ans, en 1495. Anne a failli en perdre la raison. Celui qui va monter sur le trône de France s'appelle Louis d'Orléans, fils du poète et survivant d'Azincourt Charles d'Orléans, petit-fils de l'autre Louis d'Orléans, assassiné sur l'ordre de Jean sans Peur. Et, ce qui ne gâche rien, Louis d'Orléans est fort amoureux d'Anne…

Le père du peuple

Louis XII est sacré à Reims le 27 mai. Ce sera le seul représentant des Valois-Orléans à monter sur le trône.
Le 8 janvier 1499, Anne de Bretagne épouse Louis XII car le traité signé entre son père François II et Charles VIII l'y oblige – mais aussi parce que Louis XII l'aime, et que cet amour est partagé. Anne a 23 ans, Louis en a 37. Il va si bien gouverner la France que les représentants des provinces, réunis en états généraux à Tours au mois de mai 1506, offrent à Louis XII le titre de « père du peuple » : il a le souci constant de soulager la misère de son peuple. Pour ce faire, il a fait baisser les impôts, et amélioré le fonctionnement de la justice.

Les calculs d'Anne

Louis XII guerroie vainement en Italie pendant des années pour conquérir le Milanais et le royaume de Naples, tantôt aux côtés du pape, tantôt contre lui. Pendant ce temps, la santé d'Anne, reine de France se détériore de plus en plus à cause de crises répétées de calculs rénaux, au point qu'elle en meurt, à Blois, le 9 janvier 1514. Évidemment, le roi en est très affecté, mais il lui faut un héritier pour le trône de France. Il épouse donc en octobre 1514 la ravissante Marie Tudor, 16 ans, sœur du roi Henri VIII d'Angleterre. Mais le 1er janvier 1515, il meurt à 53 ans, épuisé. François 1er lui succède.

CHEZ NOS VOISINS

Nos voisins explorateurs…

Parti du Sud de l'Espagne le 3 août 1492, Christophe Colomb débarque sur les côtes des Bahamas le 12 octobre de la même année, persuadé qu'il a atteint l'empire du Levant. Le 22 novembre 1497, Vasco de Gama double le cap de Bonne-Espérance. Il atteint Calicut, sur la côte des Indes, en mai 1498.

En 1499 et 1501, Amerigo Vespucci explore les côtes de terres inconnues dans l'hémisphère sud et en fait un récit traduit par le cartographe allemand Waldseemüller. Celui-ci propose de nommer ces nouvelles terres « Amérique » – nom tiré du prénom Amerigo – en hommage à Vespucci.

Le 13 août 1521, Cuauhtémoc, le dernier empereur aztèque est vaincu par Hernan Cortès qui s'empare de la ville de Tenochtitlan (Mexico). En quelques dizaines d'années, disparaît l'étrange et fascinante civilisation aztèque.

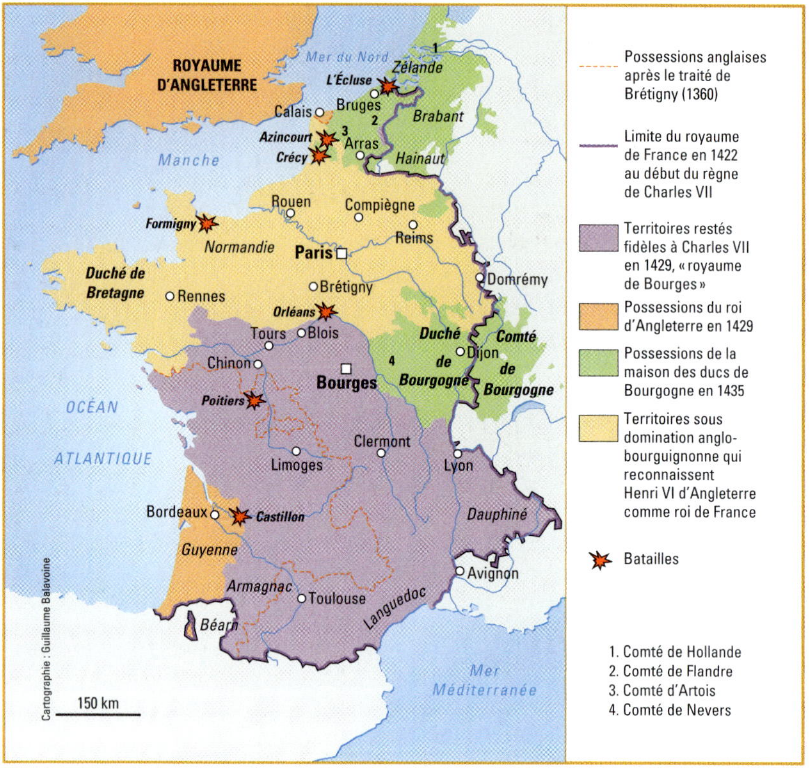

Figure 4-4 : La France pendant la guerre de Cent Ans.

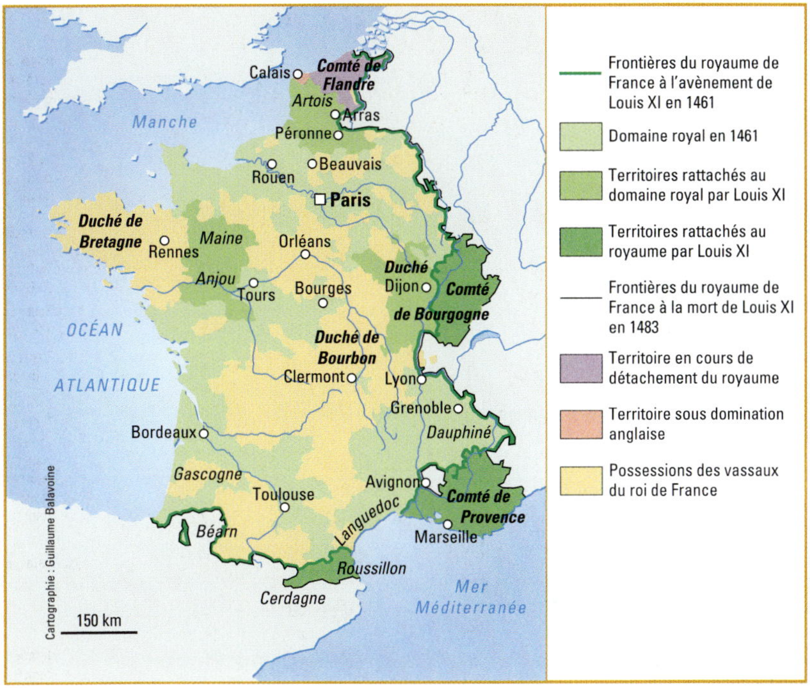

Figure 4-5 : La France à la mort de Louis XI.

Enfonceż-vous bien ça dans la tête !

- **843 :** traité de Verdun
- **987 :** Hugues Capet devient roi
- **27 juillet 1214 :** victoire de Bouvines
- **26 août 1346 :** défaite de Crécy
- **19 septembre 1356 :** défaite de Poitiers
- **25 octobre 1415 :** défaite d'Azincourt
- **30 mai 1431 :** Jeanne d'Arc est brûlée vive à Rouen
- **1453 :** fin du Moyen Âge

Tout le monde a bien compris ?

1. **Quels sont les trois intrus qui se sont glissés dans la liste des quatre fils de l'empereur Louis 1er ?**
a - Louis. b - Marcel. c - Charles. d - François.
e - Lothaire. f - Pépin. g - Kévin.

2. **Le premier document dans lequel apparaît l'ancêtre de la langue française date de l'an 842. Ce document s'appelle :**
a - la promesse de Nancy. b - les serments de Strasbourg. c - le serment Ainôth.

3. **Quel nom porte la cérémonie au cours de laquelle le jeune noble devient chevalier ?**
a - la doubement. b - l'adoubement. c - le doublement.

4. **La belle Aliénor d'Aquitaine va épouser successivement deux rois :**
a - Louis VII et Henri II Plantagenêt. b - Henri II Plantalordhi et Louis III.
c - Henri II Plantagenêt et Louis VI.

5. **Blanche de Castille est :**
a - la mère de Louis IX. b - la femme de Louis IX. c - la fille de Louis IX.

6. **Louis IX est plus connu sous le nom de :**
a - Louis le Lutin. b - Louis le Vert-Galant. c - saint Louis.

7. **Comment s'appelle le prévôt des marchands de Paris assassiné en 1364 ?**
a - Étienne Margelle. b - Étienne Marzelle. c - Étienne Marcel.

8. **En 1420, Jean sans Peur, qui n'a peur de rien, et Isabeau de Bavière, reine de France, épouse du roi fou Charles VI, livrent la France au roi d'Angleterre en signant :**
a - le joyeux traité à trois. b - le honteux traité de Troyes. c - l'édit de Nantes.

9. **Qui succède au roi Charles VII en 1461 ?**
a - Henri III. b - Louis XI. c - Charles VIII.

10. **10. Qui succède à Louis XII en 1515 ?**
a - Louis XIII. b - Henri IV. c - François 1er

Réponses :
1 b, d, g – 2b – 3b – 4a – 5a – 6c – 7c – 8b – 9b – 10c

Troisième partie

De 1515 à 1789 :
Il était une foi dans le royaume…

Dans cette partie...

Dans cette partie, François 1er va développer sous vos yeux une certaine idée de l'absolutisme à la française qui ne disparaîtra qu'à la Révolution de 1789. Lui-même, son fils Henri II et ses petits-fils vont devoir faire face aux guerres de Religion qui divisent la France avant qu'une sorte de cohabitation imaginée par Henri IV ne ramène une paix fragile, aménagée à leur façon par Richelieu et Louis XIII. Louis XIV ne tolère qu'une seule foi dans son royaume : la foi catholique. Il va étendre sur presque tout le XVIIe siècle ses grandes ailes de guerrier, de bâtisseur et d'amoureux sans scrupules. Puis l'État, toujours menacé de banqueroute, cherche son équilibre dans un XVIIIe siècle des Lumières où naît l'espoir d'une société nouvelle qui garantirait la liberté, l'égalité et la fraternité. Ce sera l'œuvre des révolutionnaires de 1789.

Chapitre 5

Guerres et paix

Dans ce chapitre :

- François 1er à Marignan
- Charles IX et les protestants
- Henri IV le Vert-Galant

Il va s'en passer des choses en ce XVIe siècle où François 1er s'en va guerroyer en Italie, où Calvin fait tourner les âmes et les esprits, où Catherine de Médicis devient la reine du tour de France, où Henri III n'est pas celui qu'on pense, où Henri IV le Vert-Galant (empressé auprès des dames) remonte la pente avec l'édit de Nantes…

François 1er et l'Italie

Charles VIII en était revenu ébloui. Louis XII l'avait suivi, ébloui aussi, mais revenu battu ! François 1er y va, y court, y vole… Où ? En Italie ! Entreprise hardie, et folle, à Pavie…

Le roi vainqueur

Une chevauchée fantastique va aboutir à une victoire de légende qui demeurait encore dans toutes les mémoires jusque dans les années 1970…

Petite, laide, boulotte, mais un cœur…

Le successeur de Louis XII est un jeune homme de 21 ans qui mesure presque deux mètres, affable, cultivé, polyglotte, avec un nez fort long et une énergie peu commune : François 1er. C'est l'arrière-petit-fils de Louis d'Orléans, assassiné en 1407. Le 8 mai 1514, il a épousé Claude de France, fille d'Anne et de Louis, une adolescente de 14 ans, petite, laide et boulotte. De plus, comme maman Anne, elle boite. Mais tout cela n'est rien car elle possède un cœur d'or.

GROS PLAN

Claude, la reine des prunes !

Neuf mois après son mariage, Claude de France, à 15 ans, va donner naissance à son premier enfant. En un peu moins de dix ans de mariage, elle va être enceinte sept fois, et son septième accouchement sera le dernier. Lorsqu'il apprend qu'elle va mourir, François 1er s'attendrit tristement en disant : « Si je pensais la racheter par ma vie, je la lui donnerais de bon cœur. Je n'aurais jamais pensé que le lien du mariage fût si difficile à rompre ». Claude de France s'éteint le 26 juillet 1524. On conserve d'elle l'image d'une reine douce et bonne ; et celle d'une prune toute ronde, verte et parfumée, à laquelle elle donna son nom : la reine-claude.

14 septembre 1515 : Marignan

Les caisses du royaume étant à sec à cause des guerres d'Italie, François 1er, son successeur, premier Valois-Angoulême, décide d'envahir le fort riche Milanais, accompagné de quarante mille soldats ! Il bat les troupes suisses alliées au pape Jules II – qui les finance – le 14 septembre à Marignan. Le 18 août 1516, François 1er signe avec le pape un concordat qui ne sera supprimé qu'à la Révolution de 1789, et qui lui donne les pleins pouvoirs sur l'Église de France.

Le camp de drap d'or

Et les Anglais ? Le 7 juin 1520, près de Calais, François 1er accueille Henri VIII, roi d'Angleterre, dans un camp qu'il a voulu éblouissant. Il est constitué de mille tentes dont certaines sont tissées d'or et d'argent : le camp du drap d'or. François 1er veut convaincre Henri VIII de faire alliance avec la France. Henri VIII se montre amical et courtois, mais il préférera, peu de temps après, s'allier à l'empereur Charles Quint, afin d'isoler la France.

CHEZ NOS VOISINS

Le grand tour

En 1519, un Portugais, Fernand de Magellan, entreprend le premier tour du monde. Mais il meurt assassiné aux Philippines, sur l'île de Mactan, le 27 avril 1521. Son lieutenant Sebastian Elcano rentre en Espagne en 1522 avec un seul navire sur les cinq engagés dans cette aventure.

GROS PLAN

Bayard Terminator…

Au soir de la victoire de Marignan, le roi François 1er demande à Bayard de l'armer chevalier. Qui est Bayard ? C'est un chef militaire plein d'audace, né en 1473, près de Grenoble. Il s'est illustré à la bataille de Fornoue, en 1495, sauvant Charles VIII d'une mort certaine. Pour cette conduite héroïque, il est devenu chevalier à 22 ans ! Sa carrière n'a ensuite été qu'une succession d'actes de bravoure. Par exemple, le 28 décembre 1503, sur un pont qui franchit le Garigliano en Italie, il tient tête à deux cents soldats espagnols, seul sur son cheval et l'épée à la main ! À Marignan, en 1515, il se couvre de gloire. Cette carrière se termine au combat : à la bataille de Rebec, près de Milan, le 30 avril 1524, une pierre d'arquebuse lui brise la colonne vertébrale. Transporté sous un arbre, celui qu'on appelait « le chevalier sans peur et sans reproche » rend le dernier soupir face à l'ennemi, ainsi qu'il l'avait demandé.

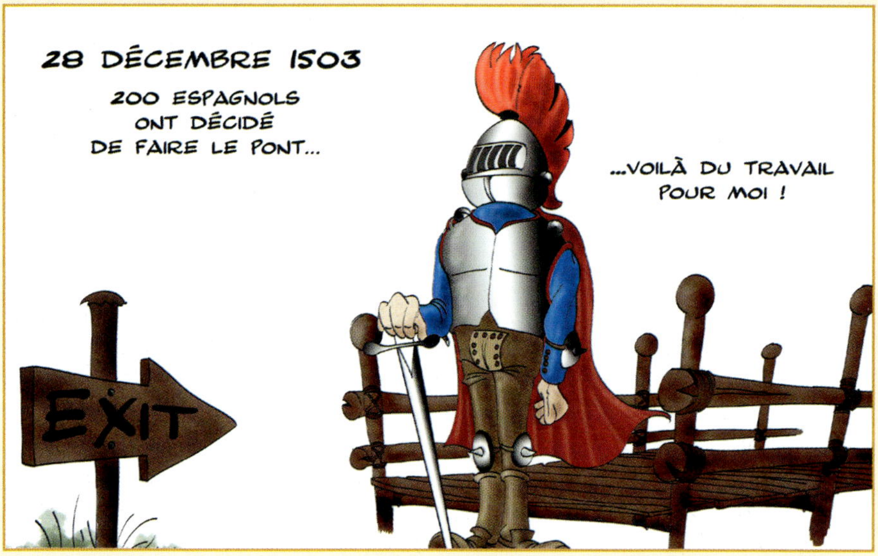

François vaincu

Les Français sont chassés du duché de Milan en 1521. François 1er prépare sa revanche pendant quatre ans. Il franchit de nouveau les Alpes et affronte les Espagnols de Charles Quint devant Pavie, le 24 février 1525. Hélas, presque gagnée dans un premier temps par les Français, la bataille se termine en désastre pour François 1er qui est fait prisonnier par les Espagnols. Retenu près de Valence, il n'est libéré qu'en 1526. François 1er et Charles Quint se réconcilient en 1529, en signant la paix de Cambrai.

Ils protestent, les protestants…

Le nom *protestant* vient tout simplement du verbe *protester.* Ceux qui protestent contre le pape et Rome au début du XVIe siècle sont appelés protestants. On aurait pu les appeler les contestants ou les rouspétants, les malcontents ou les marronnants… On a préféré les protestants, et contre ce nom donné au fil du temps, les protestants n'ont jamais protesté.

Assez !

Rome, le pape et ses dîmes, ses impôts, ses idées, ça suffit ! L'Espagne et ses désirs de conquête relayés par la religion, ça suffit ! Les Florentins et leurs banques, assez ! Un mouvement de protestation commence à s'étendre contre toute cette dépendance qui empêche les États d'être vraiment libres. Et ce mouvement religieux, idéologique, va s'appeler le protestantisme. En 1517, Martin Luther a pris position en Allemagne contre le pape, créant ainsi une nouvelle religion qui se répand en Europe, gagne la France au point que des placards (tracts) d'inspiration luthérienne sont répandus dans Paris, dans la nuit du 17 au 18 octobre 1534. Il en a même été déposé jusque dans la chambre de François 1er au château d'Amboise !

Protestants, catholiques, quelles différences ?

- Pour les protestants, les Écritures saintes (la Bible) sont les seules sources valables pour découvrir les vérités de la foi. Pour les catholiques, l'interprétation des Écritures est placée sous l'autorité de l'Église catholique.
- Trois sacrements sont reconnus par les protestants : le baptême, la pénitence et l'eucharistie. Pour les catholiques, les sacrements sont au nombre de sept : le baptême, la confirmation, la pénitence, l'eucharistie, le mariage, l'extrême-onction, l'ordre (ordination des prêtres).
- Les protestants refusent la transsubstantiation (présence réelle du corps et du sang du Christ après la consécration du pain et du vin). Pour les catholiques, le principe de la transsubstantiation est contenu dans l'eucharistie.
- Pour les protestants, le salut dans l'au-delà s'obtient par la foi seule et non par les œuvres (charité, pratiques pieuses). Pour les catholiques, le salut s'obtient par la foi et les œuvres charitables auprès du prochain.
- Les protestants rejettent l'autorité du pape. Pour les catholiques, le pape est infaillible.

S'emparer des biens de l'Église…

Lentement, le protestantisme séduit les élites, les négociants, les artisans, les juristes, les médecins, beaucoup de gens d'Église aussi qui trouvent dans cette nouvelle façon de traiter leur spiritualité, une exigence morale qui les satisfait. De grandes familles se sont converties au calvinisme, la doctrine religieuse du français Jean Calvin qui reprend et prolonge celle de Luther : les Condés et les Bourbons. En Europe, les princes allemands voient d'un bon œil la doctrine de Luther qui peut leur permettre de s'emparer des biens de l'Église catholique…

Loyola et Compagnie

La réforme protestante va être accompagnée d'une contre-réforme catholique, illustrée par Ignace de Loyola qui fonde le 15 août 1534 dans l'église de Montmartre la Compagnie de

Jésus – l'ordre des Jésuites – soumis au pape, un ordre presque militaire pour reconquérir les terres et les consciences gagnées par les idées de Luther et par l'un de ceux qui prolongent son enseignement en le rendant plus austère : Jean Calvin.

GROS PLAN

Calvin l'austère

Pas très gai, Jean Calvin, sur les portraits qu'on peut voir de lui aujourd'hui et qui reproduisent sans doute fidèlement ses traits. Jean Calvin est né à Noyon en 1509, l'année où Henri VIII devient roi d'Angleterre. Henri VIII est aussi le fondateur de l'anglicanisme en 1534, religion à mi-chemin entre le catholicisme et le protestantisme. Calvin est séduit par les idées de Luther qu'il tente de répandre en France, soutenu par la sœur du roi François 1er : Marguerite d'Angoulême. Mais la répression contre les protestants devenant féroce, il va s'installer à Genève où il applique sa propre doctrine, austère, et plus exigeante que celle de Luther. Malheur à ceux qui osent le contredire : attaqué à Paris pour sa liberté de penser, le médecin et philosophe Michel Servet, réfugié à Genève, est condamné au bûcher pour s'être opposé à Calvin à propos du péché originel ! Calvin meurt en 1564, sa doctrine est toujours répandue aujourd'hui.

François, la fête et les affaires

Pendant que poussent les châteaux de la Loire, la langue française croît en importance : François impose le français.

François fait la fête !

Pendant ce temps, François 1er canalise l'énergie des seigneurs qui peuvent se montrer turbulents, il les invite à la cour et les emmène de château en château. Cette cour devient alors une foule itinérante et pittoresque qui peut atteindre quinze à vingt mille personnes ! C'est une sorte d'immense caravane qui prend d'assaut un château choisi pour halte non loin des bords de la Loire par exemple (Chambord, Chenonceaux, Azay-le-Rideau, etc.).

Une langue nous est née...

Mais le roi s'occupe aussi des affaires du royaume ! La preuve : il lui donne une langue officielle qui va remplacer le latin omniprésent dans la langue écrite, et cette langue, c'est tout simplement... le français ! Le 10 août 1539 est signée l'ordonnance de Villers-Cotterêts : le français devient la langue du pouvoir royal, de l'administration, de la politique, de la littérature, et des registres où devront être consignés, dans chaque paroisse, les baptêmes et les enterrements.

Du Bellay, Ronsard...

Du Bellay (1522 – 1560) et Ronsard (1524 – 1585) renouvellent la langue française en inventant des termes à partir du grec et du latin, ou bien en puisant dans la langue des ouvriers, en utilisant des mots du terroir. Dans *Pantagruel* (1532) et *Gargantua* (1535), ou dans le *Tiers livre* (1546), François Rabelais se montre aussi un génial inventeur de mots nouveaux. Michel Eyquem de Montaigne (1533 – 1592) publie ses *Essais* à partir de 1580. Quelques décennies plus tard, le poète François de Malherbe (1555 – 1628) devra faire une sélection sévère parmi les centaines de termes inventés au XVIe siècle.

Catherine et l'hérésie

Pauvre Catherine, chère Catherine, Catherine qui rêve de paix, Catherine qui veut que tout le monde s'aime... Est-ce possible ? On lui répond « non ». Catherine de Médicis dit « si », jusqu'à la Saint-Barthélemy : de ses espoirs, ah là là, l'hallali...

Henri, l'amour, la guerre, la mort

Henri l'amour, ce sont ses deux femmes, la reine de France et sa reine de cœur. Henri la guerre, c'est Henri qui gagne et perd. Henri la mort, c'est Henri qui s'est cru trop fort...

Catherine et Diane

Le roi François 1er meurt d'une fistule tuberculeuse et de syphilis à 53 ans le 25 janvier 1547. Son fils Henri II lui succède. Il a 28 ans et peu de points communs avec son père qui aimait la fête et le faste dans les châteaux de la Loire qu'il a fait construire. Henri II a épousé le 28 octobre 1533 la nièce du pape, une Florentine qui appartient à la famille la plus riche d'Europe : Catherine de Médicis. Cependant, son cœur appartient tout entier à la belle Diane de Poitiers, sa maîtresse, née en 1499.

Le traité de Cateau-Cambrésis : Calais française

Après avoir guerroyé contre Charles Quint qui meurt le 21 septembre 1558, puis contre son fils Philippe II d'Espagne, Henri II signe en mars et avril 1559 avec l'Angleterre et l'Espagne, le traité de Cateau-Cambrésis : la France renonce à la plupart de ses conquêtes, à ses prétentions sur l'Italie, mais elle conserve Calais, et les trois évêchés de Metz, Toul et Verdun. Le roi se prépare à mettre en œuvre une politique extrêmement sévère contre les protestants.

Henri II blessé à mort

Le 30 juin 1559, vers midi, le destin de la France bascule. Lors d'un tournoi, sous les yeux de Diane, sa maîtresse, et de Catherine, son épouse, Henri II est grièvement blessé : cinq éclats de la lance brisée de l'adversaire qu'il voulait désarçonner, Montgomery, se sont enfoncés dans sa tempe, son front, son œil… Le roi meurt le 10 juillet, malgré les soins du père de la chirurgie moderne : Ambroise Paré. Le fils d'Henri II et Catherine de Médicis, François II, devient roi à 16 ans. Il a pour épouse la ravissante Marie Stuart – future reine d'Écosse, qui sera exécutée sur ordre de la reine d'Angleterre en 1587. La reine Catherine de Médicis assure la conduite du pouvoir, aidée par les oncles de Marie Stuart, les Guise, farouches opposants aux protestants.

Cathos contre huguenots

Pendant près de quarante ans, sous le règne de Charles IX puis de Henri III, les catholiques et les protestants vont s'entretuer, étranglant l'économie, l'industrie, l'agriculture ! Lorsqu'Henri IV devient roi, le pays est ruiné…

Louis de Condé, roi de France ?

Les protestants sont de plus en plus nombreux en France. Ils n'ont qu'une hâte : prendre le pouvoir. En 1560, ils imaginent alors un plan audacieux : enlever le jeune roi François II pour le soustraire à l'influence de la famille catholique des Guise. Les Guise seront ensuite arrêtés, et Louis de Condé, chef des protestants deviendra roi de France, tout simplement. Mais le complot est découvert, et cent conjurés sont pendus au balcon du château d'Amboise. Cette même année, le 5 décembre, le jeune roi François II meurt d'une mastoïdite aiguë ou d'une méningite. Son frère Charles IX lui succède, il n'a que dix ans ; c'est Catherine de Médicis qui exerce la régence.

Huit guerres de Religion

Catherine de Médicis n'a qu'un rêve : que les catholiques et les protestants vivent en harmonie dans une France paisible et tolérante. Pour y parvenir, elle va effectuer pendant deux ans à partir de 1564 un tour de France en compagnie du roi Charles IX devenu majeur. Partout elle explique comment la paix religieuse peut être cultivée, entretenue. Hélas, pendant trente-six ans, troubles et massacres vont se succéder au fil de huit guerres de Religion, de 1562 à 1598.

CHEZ NOS VOISINS

Que se passe-t-il ?

Don Juan d'Autriche qui commande la flotte de la Sainte Ligue chrétienne (Espagne, Venise et Rome) remporte la victoire de Lépante sur la flotte turque, le 7 octobre 1571. Miguel de Cervantès, l'auteur de *Don Quichotte de la Manche* est blessé au cours de la bataille. En 1595, en Angleterre, William Shakespeare fait jouer *Roméo et Juliette*. En 1636, est fondée dans l'État du Massachusetts, à Cambridge, l'université Harvard, la plus ancienne d'Amérique du Nord.

24 août 1572 : le massacre de la Saint-Barthélemy

L'exacerbation des passions et des intérêts de chaque parti religieux va conduire à un horrible massacre.

L'impossible paix

Catherine croit avoir trouvé la solution en 1560 : elle nomme chancelier (Premier ministre) un homme d'une grande tolérance : Michel de L'Hospital (1505 – 1573). Mais les tentatives de conciliation entre catholiques et protestants échouent et la première des guerres de Religion éclate après le massacre de Wassy en Champagne : les catholiques de François de Guise tuent les protestants rassemblés pour célébrer leur culte. Cette guerre se termine en 1563 par la fragile paix d'Amboise. Après une deuxième guerre en 1567 – 1568, la troisième conduit au massacre de la Saint-Barthélemy.

Gaspard de Coligny assassiné

Existerait-il, malgré tout un moyen pour rapprocher catholiques et protestants ? Catherine de Médicis et Jeanne d'Albret croient l'avoir trouvé : elles décident de marier leurs enfants, Marguerite de Valois, catholique, sœur de Charles IX et Henri de Navarre, protestant, dont la grand-mère, Marguerite d'Angoulême, n'était autre que la sœur de François 1er. Hélas, les esprits s'échauffent, et, dans la nuit du 24 août 1572, au lendemain des noces, des milliers de protestants sont passés au fil de l'épée par les catholiques, à Paris et dans certaines villes de province. La première victime est l'amiral Gaspard de Coligny, chef du parti protestant, devenu, selon les catholiques, beaucoup trop influent auprès du roi Charles IX qu'il aurait pu gagner à ses idées.

LE SAVIEZ-VOUS ?

Au huguenot !…

Les Huguenots. C'est ainsi qu'on appelle aussi les protestants depuis 1532 ; on les nomme également les *réformés* ou les *parpaillots* (comparables aux papillons, de *parpaglione* en italien ancien désignant le papillon qui, infidèle, vole de fleur en fleur.) Le mot *huguenot* vient de l'allemand *Eidgenossen* qui signifie confédérés, associés pour un même objectif, par les mêmes idées, comme le sont les… huguenots, protestants ou réformés… Lors de la Saint-Barthélemy, en 1572, les catholiques lancent le massacre des protestants au cri de : « Au huguenot ! Tue, tue !… »

Le « roi de Paris » assassiné à Blois

Deux ans après la Saint-Barthélemy, le roi Charles IX meurt de tuberculose le 30 mai 1574, tourmenté par ce massacre dont il se juge responsable. Son frère, Henri d'Anjou, devenu roi de Pologne, rentre en hâte de Varsovie pour monter sur le trône de France. La lutte entre catholiques et huguenots reprend de plus belle. La popularité d'Henri de Guise, chef des catholiques, dit « le Balafré » ne cesse de croître dans la capitale, au point qu'on le surnomme « le roi de Paris ». Il rêve de devenir roi de France.

Mais Henri III, qui a fait alliance avec le chef des protestants Henri de Navarre – le futur Henri IV –, utilise un moyen expéditif pour se débarrasser de Guise : il le fait assassiner au château de Blois, le 23 décembre 1588.

Henri III, un homme à femmes !

Henri III, un homme à femmes ! Cela peut étonner car, dans la mémoire collective, Henri III est demeuré celui qui entretenait des mignons, terme dont l'histoire oublie volontiers qu'il est dépourvu, à cette époque, de la connotation homosexuelle qu'on lui donne aujourd'hui. Certes, les favoris d'Henri III se fardent et se poudrent (comme tous ceux qui aujourd'hui passent à la télévision…), mais ce sont, comme leur protecteur, de fameux coureurs de jupons et des soldats qui savent prouver leur valeur sur le champ de bataille. La mort du duc de Joyeuse, le premier mignon du roi, en est l'exemple. Ils n'ont rien d'efféminé, ces mignons, malgré leurs anneaux aux oreilles, leurs dentelles et fanfreluches. Leur seul souci est de tirer la cour d'une certaine grossièreté, de l'élever vers le raffinement et la culture, mais à cette époque (et à la nôtre ?) c'est dur-dur…

Jacques Clément poignarde Henri III

Voyons, Henri III ! Vous n'êtes pas sans savoir que « quiconque se sert de l'épée périra par l'épée », selon l'évangéliste Matthieu ! C'est ce qui va vous arriver l'année suivante, alors que vous vous préparez à attaquer le Paris royaliste qui ne vous pardonne pas d'avoir supprimé le Balafré. Vous, roi Henri III, vous êtes poignardé à mort par le moine Jacques Clément le 1er août 1589, presque sept mois après la mort (naturelle) de votre mère Catherine de Médicis, dépitée de n'avoir pu donner la paix au royaume de France. Henri III, vous n'avez pas de descendance mâle, vous êtes le dernier des Valois. Votre succession est flottante jusqu'en 1594 – catholiques et protestants n'ayant pas remporté de victoire décisive.

Henri IV et son édit

Du bon sens, du courage, du sang-froid, de l'audace, et beaucoup de diplomatie – beaucoup de sous aussi... –, voilà ce que le roi Henri IV possède pour ramener la paix en France, avec un bon édit, un bon Sully...

Figure 5-1 : Henri IV signant l'édit de Nantes.

Paris vaut bien une messe

Comment devenir roi dans une France à majorité catholique ? Henri de Navarre le protestant connaît depuis longtemps la réponse... Parce que, aurait-il dit, « Paris vaut bien une messe », il va se convertir au catholicisme en 1593. Et, le 25 février 1594, il est sacré roi de France dans la cathédrale de Chartres. Un mois plus tard, il fait une entrée triomphale dans un Paris exténué par les luttes religieuses qui ont dévasté la France entière. Les routes, les ponts sont dans un triste état, le commerce est inexistant, le pays est exsangue ! Objectif n° 1 pour Henri IV :

établir des conditions de vie possible dans le royaume entre catholiques et protestants. Ces conditions vont être imaginées, écrites puis signées à Nantes en 1598 sous la forme d'un édit (une loi) : l'édit de Nantes.

Ce que dit l'édit

Après huit guerres de Religion en trente-six années d'affrontements entre catholiques et protestants, l'édit de Nantes, signé le 13 avril 1598, ramène la paix en France. Voici l'essentiel de ses 92 articles :

- La liberté de conscience est étendue dans tout le royaume, sauf à Paris et dans une grande partie de la Bretagne.
- Les protestants ne seront pas privés de leurs droits civils.
- Cent cinquante lieux de refuge leur sont accordés, dont cinquante et une places de sûreté.
- Ces places de sûreté pourront être défendues par une armée potentielle de trente mille soldats.
- Une dotation de 45 000 écus est prévue pour le traitement des pasteurs protestants.

La France debout

Dès qu'Henri IV devient roi de France, Sully est placé aux finances. Il est nommé surintendant unique en 1598. Sully, qui a participé a de nombreuses batailles aux côtés d'Henri IV, est en temps de paix un travailleur acharné. Levé chaque matin à quatre heures, il reçoit vers six heures ses secrétaires, puis viennent les audiences, le conseil avec le roi. La journée se termine à dix heures du soir. Son but : remettre la France debout et faire entrer l'argent dans les caisses du royaume.

Les deux mamelles de la France

Pour cela, il sait prendre les mesures efficaces en réduisant les dépenses. Son credo ? L'agriculture ! Il résume ses convictions dans une formule célèbre : « Labourage et pâturage sont les deux mamelles de la France, ses vraies mines et trésors du Pérou. »

Il va s'efforcer, par ailleurs, de réaliser le vœu du roi Henri IV qui désire que chacun de ses sujets puisse mettre « une poule au pot tous les dimanches ».

Des ormes au bord des routes

GROS PLAN

Le commerce intérieur souffre du manque de routes. Sully va lui redonner vie :

- Il entreprend de rénover les voies de communication. Les routes principales sont retracées, remblayées, pavées.
- Il décide de faire planter sur leurs bords des ormes, appelés ormes de Sully, ou, par métonymie, des Sully. Il en fait, aussi planter sur les places de villages. Ces arbres peuvent à l'occasion fournir le bois pour des affûts de canon, ou bien des vaisseaux pour la flotte royale.
- Des ponts sont construits, le creusement du canal de Briare est entrepris.

Sully se révèle un organisateur si habile que le pays retrouve une santé qu'il avait perdue depuis longtemps.

Chapitre 6

L'État, c'est Louis !

Dans ce chapitre :

- Louis XIII et La Rochelle
- Louis XIV et l'édit de son papy
- Louis XV et son règne (presque) sans fin
- Louis XVI le mal à l'aise

Deux siècles vous attendent. Au cours du premier, le pouvoir royal s'affirme avec Louis XIII et son Richelieu (ou l'inverse), l'absolutisme s'épanouit avec le fier Louis XIV et ses œillères, la paix inquiète somnole avec Louis XV, et la révolution explose au nez de Louis XVI. Quel programme !

Louis XIII et les 400 coups

On raconte qu'en 1621, Louis XIII et ses troupes assiègent la ville de Montauban, place forte protestante, coupable de se montrer trop indépendante par rapport au pouvoir royal. Comment déstabiliser la population de cette cité qui semble prête à résister à tous les assauts ? Louis XIII décide de faire tirer quatre cents coups de canon, de nuit, afin d'effrayer les Montalbanais. Rien n'y fait. Le roi doit lever le siège. Pour célébrer cette victoire, Montauban la parpaillote ribote et bamboche, s'amuse et festoie. On dit que c'est en ce temps-là qu'est née l'expression *faire les quatre cents coups* (mais on n'en est pas sûr). Quoi qu'il en soit, après la mort d'Henri IV, Louis XIII va faire les quatre cents coups contre les Concini, puis contre les protestants du royaume, épaulé par son fidèle Richelieu.

Henri, Marie, Concini...

Pauvre Henri IV : en 1609, tombé amoureux à 56 ans d'une jeune beauté de 16 ans, Charlotte de Montmorency, il la marie à Henri II de Bourbon-Condé qui a la réputation de ne point aimer les femmes. Mais, aussitôt marié, Henri II de Bourbon-Condé s'enfuit avec Charlotte vers les Pays-Bas espagnols. Henri IV poursuit Henri II afin de récupérer sa Charlotte, en vain ! Est-ce pour cette raison qu'il s'apprête à entrer en guerre contre l'Espagne à la veille de sa mort ? Peut-être... Marie de Médicis devient ensuite la régente de France, assistée de l'aventurier italien Concino Concini qui va mal finir...

Ravaillac assassine Henri IV

Henri IV, le bon roi Henri, le Vert-Galant, empressé auprès des dames, le souverain aimé d'une France réconciliée, ce roi qui s'apprête quand même à faire la guerre aux Pays-Bas espagnols, va être assassiné : le 14 mai 1610, François Ravaillac lui plante à deux reprises un poignard dans la poitrine. La France pleure son bon roi Henri, celui qui, avec l'aide de ses conseillers Sully, Barthélemy de Laffemas ou Olivier de Serres, a réussi à rendre l'agriculture prospère, à redresser l'économie grâce à la pratique du mercantilisme : produire en France, exporter beaucoup, importer peu. Louis, fils d'Henri IV, devient Louis XIII, mais, trop jeune – il n'a que 9 ans – il confie la régence à sa mère, Marie de Médicis.

CHEZ NOS VOISINS

Fondation de Québec, de Montréal

Samuel de Champlain, géographe royal, fonde en 1608 la première colonie française d'Amérique du Nord, l'Acadie – aujourd'hui la Nouvelle Écosse – cédée à l'Angleterre en 1713, ainsi que la ville de Québec. En 1642, le 18 mai, les Français Paul de Chomedey de Maisonneuve et l'infirmière Jeanne Mance fondent la ville de Montréal ; le site avait été exploré en 1535 par Jacques Cartier.

Marie et sa coiffeuse

Marie de Médicis, née à Florence, est arrivée en France en 1600 pour épouser Henri IV. Elle a débarqué avec sa coiffeuse, Léonora Dori et l'amant de celle-ci, un aventurier qui se dit comte : Concino Concini. Marie de Médicis accorde toute sa confiance à Concini qu'elle va faire maréchal de France, lui donnant quasiment les pleins pouvoirs pour gouverner le royaume. Léonora Dori exerce aussi son influence sur la reine. Le jeune roi Louis XIII voit tout cela d'un mauvais œil. Concino Concini, gare à vous !...

Occis, Concini !

Le 24 avril 1617, Concini franchit comme d'habitude le pont de l'entrée du Louvre. Soudain, cinq coups de feu retentissent : les projectiles atteignent ses joues, sa gorge, une balle s'est fichée entre ses deux yeux... Concino Concini meurt sur le coup. Son cadavre va être découpé en morceaux, suspendu et brûlé au gibet du Pont-Neuf. Léonora Dori, appelée la « Galigaï » est arrêtée, jugée et décapitée puis brûlée le 8 juillet 1617, devant une foule innombrable qui prend pitié d'elle. Ce qui n'empêche pas ses cendres d'être dispersées au vent...

Richelieu, le retour...

Concini mort, Louis XIII règne, influencé par le duc de Luynes dont il a fait son favori : il commence par envoyer sa mère, la reine Marie de Médicis qui l'a toujours soigneusement écarté du pouvoir, en exil et sous surveillance à Blois. Il renvoie aussi Richelieu qui faisait partie de l'entourage de Concini. Luynes meurt en 1621. Marie de Médicis revient peu à peu au pouvoir, accompagnée de Richelieu que Louis XIII prend pour principal ministre en 1624. Désormais, les deux hommes vont agir comme s'ils n'étaient qu'un seul !

Le roi Richelieu ?

Non, Richelieu n'est pas roi. Mais on le voit tant ici ou là, qui décide, ordonne et combat, que parfois on se dit que, dans le couple politique qu'il forme avec le roi, celui qui porte la couronne, c'est lui…

Un État dans l'État

Le programme de Richelieu est ambitieux : il veut restaurer l'autorité du roi, affirmer la force de l'État, et faire de la France le pays le plus puissant et le plus respecté en Europe ! Première étape : les protestants ! Encore ? Les guerres de Religion vont-elle se rallumer ? Oui, hélas : Richelieu considère que l'édit de Nantes d'Henri IV a été trop généreux car les places fortes accordées aux réformés constituent selon lui « un État (protestant) dans l'État (catholique) ». Il faut donc attaquer celle qui semble la plus puissante et qui, de plus, reçoit l'aide des Anglais : La Rochelle.

Le martyre de La Rochelle

Le siège de la ville commence en septembre 1627. Il est conduit avec une cruauté indescriptible dont les femmes et les enfants sont les premières victimes. Le 28 octobre 1628, la ville capitule. Sur 28 000 habitants, il n'y a que 5 500 survivants. L'année suivante, le 28 juin 1629, est signée la paix d'Alès : la liberté de culte demeure octroyée aux protestants. Mais les places fortes qui leur avaient été accordées par l'édit de Nantes sont démantelées, leurs fortifications sont rasées.

Figure 6-1 : *Richelieu sur la digue de La Rochelle,* Henri-Paul Motte.

GROS PLAN

Richelieu, poule mouillée !

Richelieu n'était pas seul à La Rochelle. Richelieu, le cardinal vêtu de pourpre, l'éminence rouge, n'a jamais été seul. Dans l'ombre, une autre éminence, l'éminence grise couve et conseille le ministre de Louis XIII. Un jour, même, au moment où les Espagnols envahissent la Picardie en 1636, cette éminence grise traite l'intraitable cardinal de *poule mouillée* parce qu'il craint pour sa personne en allant se promener dans Paris ! L'éminence grise s'appelle François Joseph Leclerc du Tremblay – sa mère appartient à la famille La Fayette. D'abord soldat, il devient un capucin exemplaire qui se rend indispensable auprès de Richelieu en créant le premier service secret européen, d'une redoutable efficacité, composé de toutes sortes d'espions qui permettent non seulement de connaître tous les plans de l'ennemi, mais aussi d'agir pour l'affaiblir.

La journée des dupes

Puisque la paix semble s'installer après le démantèlement des places fortes protestantes, pourquoi ne pas opérer un rapprochement avec les Habsbourg d'Espagne, farouches défenseurs du catholicisme ? Le 10 novembre 1630, Richelieu refuse ce rapprochement tant il craint que les Habsbourgs étendent leur pouvoir sur la France, et semble disgracié par Marie de Médicis, favorable au rapprochement avec l'Espagne. Dans l'entourage de Marie, on parle déjà de décapiter Richelieu, on cherche un bourreau… Mais le lendemain, Louis XIII réaffirme sa confiance totale à son principal ministre. Ce 10 novembre est appelé « la journée des dupes ».

L'Académie française

François de Malherbe (1555 – 1628), poète de cour, effectua en son temps une sorte de toilettage de la langue française après l'enthousiasme créateur de la Renaissance (période historique de renouveau intellectuel en Europe, aux XVe et XVIe siècles) qui avait fourni de nombreux mots de vocabulaire. Une habitude était née : chercher quels termes, quelles règles allaient le mieux servir la langue, la clarté de la pensée, en discuter et décider. À la mort de Malherbe, des passionnés poursuivent sa tâche. Richelieu entend parler d'eux. Il leur propose de former un corps officiel qui se réunira régulièrement sous une autorité publique. Des statuts sont rédigés en 1635, qui sont enregistrés en 1637. Valentin Conrard, premier secrétaire de l'Académie, issu d'une famille protestante de banquiers et de commerçants, fixe à quarante le nombre d'académistes, rebaptisés académiciens, qui vont composer l'Académie française.

À Rocroi, Condé écrase sa proie

À L'ATTAQUE !

Lutter contre l'Espagne, empêcher les Habsbourg de s'emparer du royaume de France par quelque moyen que ce soit, voilà l'objectif de Richelieu. Voilà pourquoi il écrase d'impôts les Français, voilà pourquoi il lance ses troupes vers les Pays-Bas, la Franche-Comté, les Pyrénées, le Piémont… Des troupes qui piétinent sans remporter de victoire décisive, jusqu'à la bataille de Rocroi, le 19 mai 1643. Ce jour-là, près de cette petite ville située aujourd'hui dans le département des Ardennes, Louis II de Bourbon-Condé, qu'on appellera plus tard le Grand Condé, aligne ses vingt-cinq mille Français contre vingt-neuf mille Espagnols réputés invincibles.

Les ultimes calculs de Richelieu

Utilisant une habile stratégie qui ressemble à celle que Napoléon utilisera beaucoup plus tard, Louis II de Bourbon-Condé écrase les Espagnols, ce qui aurait transporté de joie Richelieu s'il n'avait rendu son dernier soupir six mois plus tôt, le 4 décembre 1642, à 57 ans, malade de fièvres à répétition, de violentes migraines, de calculs rénaux et biliaires, d'abcès multiples et d'hémorroïdes, c'est tout. C'est le cardinal Mazarin, rencontré et apprécié par Richelieu dès 1630, qui se frotte les mains, mais sans joie car cinq jours avant la victoire de Rocroi, le 14 mai 1643, trente-trois ans jour pour jour après son père, le roi Louis XIII est mort de tuberculose, à quarante-deux ans. Son fils et successeur, Louis-Dieudonné, n'a que cinq ans.

« L'État, c'est moi ! », Louis XIV…

Arrière-petite-fille de Charles Quint, lui-même arrière-petit-fils de Charles le Téméraire, lui-même petit-fils de Jean sans Peur, lui-même arrière-petit-fils de Philippe VI de Valois, lui-même arrière-petit-fils de Louis IX, dit saint Louis (le pouvoir en Europe est une véritable affaire de famille!), Anne d'Autriche, fille du roi d'Espagne Philippe III, reine de France à 14 ans par son mariage en 1615 avec Louis XIII, devient régente du royaume. Elle est conseillée, aidée dans cette tâche par l'efficace Jules Mazarin, fin politique, expert en affaires de toutes sortes, notamment financières. Mazarin laisse le pouvoir à Louis XIV en 1661. Louis XIV aime les femmes, le faste et la guerre. Suivons les pas d'Anne, de Jules et de Louis-Dieudonné…

Louis s'impose

Grandi à l'ombre de Jules Mazarin au génie politique exceptionnel, Louis XIV va peu à peu s'imposer, s'entourant de Colbert l'économe, et se débarrassant de Fouquet le dépensier…

Que d'impôts !

Rocroi, la victoire du Grand Condé en 1642 n'avait été qu'une étape dans la longue guerre qui opposait catholiques et protestants d'Europe : la guerre de Trente Ans, commencée en 1618. Tous les pays y ayant participé signent le traité de Westphalie en 1648 qui remodèle pour longtemps la carte de l'Europe. On peut alors imaginer qu'en France les impôts perçus pour financer la guerre vont diminuer. Point du tout ! Mazarin, au contraire, les augmente, ce qui provoque une révolte, une fronde, la Fronde…

La Fronde et les frondeurs (1648 – 1652)

Depuis 1648, la révolte gronde contre le pouvoir conjoint de Mazarin et Anne d'Autriche. Cette révolte qu'on appelle la Fronde a d'abord été conduite par le Parlement qui n'accepte pas les augmentations d'impôts décidées par Mazarin. C'est ensuite la Fronde des Princes conduite par Condé et Gondi – le futur cardinal de Retz, auteur des *Mémoires*. Ils estiment que leurs ambitions personnelles ne peuvent se réaliser tant qu'Anne d'Autriche fait confiance à Mazarin. En février 1651, apprenant que celui-ci a quitté la capitale, les frondeurs vont jusqu'à séquestrer la reine au Louvre, et à pénétrer de force dans la chambre du petit roi terrifié qui, plus tard, devenu le grand Louis XIV, n'oubliera pas cet affront !

Un petit discours énervé…

Anne d'Autriche et Mazarin gouvernent, mais le jeune roi Louis XIV, né en 1638, n'est pas en reste. Malgré sa petite taille – il ne dépassera jamais 1,62 m – il s'impose aux parlementaires qui aimeraient gouverner. Un jour de 1655, revenant de la chasse, il apprend que le Parlement est en train de discuter des décrets qu'il a pourtant enregistrés. En pleine assemblée et en habit de chasse, il s'avance alors au milieu d'eux et leur lance un petit discours autoritaire et énervé que les historiens amateurs de formules ont résumé dans le fameux : « L'État, c'est moi ! » Compris ? Louis XIV va exercer son pouvoir absolu jusqu'à sa mort en 1715.

Un grand mariage espagnol

En attendant, le jeune roi se marie. Un mariage politique qui consacre la fin de l'interminable guerre entre l'Espagne et la France : Louis XIV, roi de France, épouse Marie-Thérèse d'Autriche, fille du roi d'Espagne. Ils ont le même grand-père : Henri IV. Le 9 juin 1660, ils unissent leur destinée à Saint-Jean-de-Luz, et dès le soir, la consommation de leur mariage saute allègrement la barrière du langage : Marie-Thérèse ne parle pas un mot de français. Ils auront six enfants dont un seul survivra. Ce mariage avait été précédé du traité des Pyrénées signé le 7 novembre 1659.

Figure 6-2 : Mazarin par Pierre Mignard.

L'impossible dot : cinq cent mille écus d'or !

Le traité des Pyrénées comporte les clauses suivantes :

- L'Espagne cède à la France le Roussillon, la Cerdagne, l'Artois – moins Saint-Omer et Aire, plusieurs villes en Flandre, en Hainaut et Luxembourg.
- La France restitue des villes et territoires dans le Nord, en Italie et en Franche-Comté.
- Marie-Thérèse d'Autriche devra apporter en dot cinq cent mille écus d'or ; le versement effectué – en trois fois, car la somme est astronomique ! – la reine s'engage à ne pas revendiquer l'héritage de son père lorsque celui-ci mourra. Cela signifie que de toute façon, tôt ou tard, comme l'Espagne ne pourra jamais payer cette dot au-dessus de ses moyens, Louis XIV revendiquera, lui, au nom de sa femme, les Pays-Bas espagnols ! Et ce sera reparti pour une guerre !

GROS PLAN

Riche, mais pas chiche : Mazarin !

Qui fut – peut-être – l'homme le plus riche que la France ait jamais connu ? Jules Mazarin ! Sa fortune équivalait, dit-on, à plus de la moitié du budget du pays ! Mais, prodigue, Mazarin distribue des pensions aux artistes, fait construire le palais Mazarin, le Collège des Quatre-Nations – aujourd'hui Institut de France qui abrite notamment l'Académie française –, il collectionne les tableaux, les statues. Sa bibliothèque est à l'origine de la bibliothèque Mazarine. Le 26 octobre 1660, au Louvre, un comédien de 38 ans joue devant lui deux pièces de sa composition : *L'Étourdi* et *Les Précieuses ridicules*. À la fin de la représentation, le cardinal se penche vers Colbert et lui dit : « Il faudra continuer à marquer de l'estime à Molière, l'État peut tirer parti de son génie comique… » C'est lui, Mazarin, qui introduit en France l'opéra. La cour va pouvoir commencer à se donner, avec Louis XIV, de grands airs…

D'Artagnan arrête Fouquet

Le 9 mars 1661, Mazarin meurt. Le 10 mars commence le pouvoir personnel de Louis XIV. Qui donc va-t-il nommer pour succéder à Mazarin ? Nicolas Fouquet – autre nom de l'écureuil dans l'Anjou de sa famille – a bâti une grande partie de la fortune du cardinal et s'est enrichi au passage, il pense qu'il va être choisi. Le 17 août, il donne une fête somptueuse dans son château de Vaux-le-Vicomte en l'honneur du souverain. Cruelle surprise : le 5 septembre 1661, au cours d'un déplacement royal, il est arrêté par d'Artagnan devant la cathédrale de Nantes ! Jean-Baptiste Colbert qui a tout fait pour que Fouquet soit mis en prison est nommé surintendant des Finances par Louis XIV. Progressivement, il va cumuler tous les ministères sauf celui de la Guerre, Colbert aurait été en ce domaine, trop économe…

Figure 6-3 : Nicolas Fouquet par Édouard Lacretelle.

LE SAVIEZ-VOUS ?

Colbert et le commerce

Poursuivant la politique économique amorcée par Laffemas (1545 – 1612), ministre du Commerce au temps d'Henri IV, Colbert désire exporter beaucoup et importer peu. Pour ce faire, il recrute à l'étranger et à prix d'or les meilleurs spécialistes et utilise leur savoir-faire en France dans les manufactures qu'il crée et soutient financièrement. Ainsi, des produits manufacturés d'excellente qualité sont fabriqués dans le royaume, destinés au commerce intérieur ou à l'exportation. Pour développer le commerce par la mer – et concurrencer les Hollandais et les Anglais – Colbert crée les compagnies maritimes de la Baltique, des Indes orientales. Mais leur financement par actions est un échec : les investisseurs français préfèrent engloutir leur argent dans l'achat des terres.

Louis en batailles

Louis XIV n'a qu'une idée en tête : agrandir son royaume pour que sa gloire de Roi-Soleil illumine les siècles des siècles... Il commence dès 1667.

La guerre de Dévolution : gagnée !

La guerre ! Avec les femmes, voilà la grande passion de Louis XIV. Il l'avouera lui-même sur son lit de mort à son arrière-petit-fils, le futur Louis XV : « J'ai trop aimé la guerre, ne m'imitez pas en cela ». En attendant, il commence la série de tous les conflits qu'il engagera par la guerre de Dévolution en 1667. Elle lui permet d'annexer le Brabant espagnol (une partie de la Belgique et des Pays-Bas), héritage de sa femme. Cette guerre se termine par le traité d'Aix-la-Chapelle.

La guerre de Hollande : gagnée ou perdue ?

Louis XIV et Colbert n'ont d'yeux que pour la Hollande qu'ils voudraient conquérir. Le Brabant espagnol vient de les en rapprocher. À la tête de cent vingt mille hommes, Louis XIV, Turenne et Condé franchissent le Rhin en 1672, se dirigent vers Amsterdam, mais leur avancée est stoppée net : les Hollandais ouvrent leurs écluses, brisent leurs digues, la mer reprend possession des terres qui ne sont plus à conquérir... Sept ans et bien des batailles plus tard, en 1679, le traité de Nimègue met fin à la guerre de Hollande. Louis XIV renonce aux Pays-Bas, mais annexe la Franche-Comté et consolide ses frontières au nord.

Viennoiseries

En Angleterre est votée, en 1679, la loi de l'*Habeas corpus* qui protège contre les arrestations arbitraires. En 1683, le grand vizir turc Kara-Mustapha et son armée de trois cent mille hommes font le siège de Vienne, en Autriche. Certains d'entre eux creusent de nuit des galeries afin de surprendre la garnison autrichienne dans la ville. Mais les ouvriers boulangers perçoivent les coups de pioche et donnent l'alerte. La défense s'organise et les Turcs sont définitivement battus à Kalhenberg. En souvenir de cette victoire, les boulangers confectionnent une pâtisserie imitant la forme du symbole se trouvant sur le drapeau turc : le croissant !

Louis XIV : Versailles au cœur

Des milliers de courtisans qui n'ont qu'une idée : approcher le roi ; des milliers de serviteurs qui n'ont qu'un souci : servir le roi ; des milliers de femmes qui n'ont qu'un rêve : être aimées du roi ! Voilà Versailles, tout repose sur un homme, monarque absolu à la devise étonnante : *Nec pluribus impar*, ce qui signifie (à peu près) : *À lui seul, il en vaut plusieurs*. S'il le dit, on peut être tenté de le croire... Voyons ce monarque en son palais.

Colbert fronce les sourcils

Les dépenses occasionnées par la guerre font froncer les sourcils de Colbert. Mais ce n'est rien par rapport à ce que coûte le château de Versailles où Louis XIV a décidé de transporter sa cour, loin d'un Paris trop sale et trop peu sûr. L'emménagement définitif a lieu en 1682, un an avant la mort de Colbert dont le roi ne supporte plus les remontrances. Les nobles y sont domestiqués, soumis à une étiquette – des règles de vie et de conduite – rigoureuse. Le roi leur accorde des pensions, sommes d'argent renouvelables chaque année, selon son bon vouloir. La servilité courtisane fait souvent perdre toute dignité aux comtes et ducs qui l'entourent, au point qu'ils se battent pour obtenir le suprême honneur d'aller vider son pot de chambre !

Figure 6-4 : *Vue du château de Versailles en 1668* par Pierre Patel.

GROS PLAN

Voici comment se déroule la journée de Louis XIV

Bienvenue à la cour du roi qui, à travers ses rideaux, vient de voir se lever son symbole : le soleil. Approchez, entrez dans la chambre du roi…

Les premières entrées

- 8 h 00 : trois personnes pénètrent dans la chambre du roi. Son premier médecin, son premier chirurgien, et son premier valet de chambre qui lui dit « Sire, voilà l'heure ! »
- 8 h 10 : le premier médecin et le premier chirurgien prodiguent au roi une sorte de massage doux et lui enlèvent sa chemise souvent mouillée de sueur.

- 8h15 : le grand chambellan ouvre la porte de la chambre du roi à ceux qui ont le privilège de ce qu'on appelle les grandes entrées. Ils sont peu nombreux. Ce sont le frère, les fils et petits-fils du royal éveillé sur les mains duquel le premier valet de chambre verse de l'alcool de vin. Puis, le grand chambelland présente à Louis son livre de prières et de l'eau bénite. Le roi prie dix minutes, dans son lit, puis il se lève, chausse ses mules.

Les secondes entrées

- 8h30 : Voici les secondes entrées, des seigneurs pénètrent dans la pièce; on voit aussi les porteurs de chaises d'affaires – ce sont les chaises percées, des espèces de toilettes ambulantes –; on voit le barbier qui rase le roi une fois tous les deux jours et lui passe une perruque légère. Molière, invité permanent jusqu'en 1673, ce qui est exceptionnel, est très souvent présent. Le roi parle de chasse, s'entretient avec tel ou tel, ce qui va déclencher la jalousie de tous ceux qui n'attendent que cet honneur suprême.
- 9h00 : Après les secondes entrées, le roi a demandé ce qu'il appelle sa chambre, métonymie désignant une foule de toutes sortes de gens au service du monarque et qui vont envahir ladite chambre : des conseillers d'État, des capitaines des gardes, des maîtres d'hôtel, des architectes, des aumôniers, des huissiers, des artistes, des tapissiers, des gardes du corps, un dentiste, un oculiste, un rebouteur, au cas où le roi se serait démis quelque membre...

Le déjeuner de sa majesté, avant la messe

- 9h15 : Sa majesté déjeune. Un bouillon lui suffit, trempé d'un peu de pain parfois. Lorsqu'il a terminé, c'est son fils le Dauphin qui lui tend la serviette dont il s'essuie les lèvres. Le roi quitte sa robe de chambre, sa chemise de nuit. Il ne lui reste plus rien à enlever! Le roi est nu! Vous tentez de voir...Vous ne verrez rien : deux valets ont tendu la robe pour faire écran! Ouf!

- 9h30 : Un valet donne au Dauphin la chemise royale. Le Dauphin la présente au roi qui l'enfile après avoir installé autour de son cou les reliques qu'il porte toujours sur lui. Il ceint ensuite son épée, revêt une petite veste, une veste plus longue, le justaucorps, noue sa cravate. On lui tend une soucoupe sur laquelle se trouve un mouchoir dont il se saisit. On lui tend aussi son chapeau, sa canne et son manteau. Le roi prie une dernière fois, puis, il passe dans son cabinet afin de discuter de l'avancement des travaux de son palais doré et adoré !
- 10h00 : la messe. Afin de se faire remarquer du roi – et peut-être être choisies pour la nuit, ou la vie, qui sait… – les femmes tournent souvent le dos à l'autel ! La messe terminée, cabinet de nouveau avec les ministres. Au programme : les affaires du pays.
- Midi : le roi passe sur sa chaise percée, l'ancêtre de nos toilettes, en compagnie de ceux qui ont obtenu l'honneur d'assister à la royale défécation ! Cette chaise, en aventurine du Japon, comporte, nous dit un témoin de l'époque, plusieurs tiroirs garnis de velours rouge… À Versailles, on compte seulement 274 chaises percées pour des milliers de courtisans et de serviteurs, ce qui explique la saleté du lieu…

GROS PLAN

À table Louis-Dieudonné !

Midi ! Le roi s'installe devant sa petite table carrée, dans sa chambre, face à la fenêtre. La foule des courtisans est accourue, elle n'a rien dans l'estomac, elle ! Elle va se nourrir du spectacle du monarque attrapant de ses mains prestes les viandes qui vont être portées à sa bouche avec une gourmandise gloutonne inégalable. Point de fourchette, ça se passe comme ça chez Louis XIV ! Et pourtant, ce n'est pas une restauration rapide : près de quatre cents personnes ont préparé le repas royal qui va être convoyé jusqu'à la table à grand renforts de fifres, de tambourins, de maîtres d'hôtel, de gentilshommes servants, de gentilshommes tranchants, d'écuyers, d'échansons…

Et que mange le roi ? Retenez un instant votre souffle… Devant vous, le roi va manger – en partie, mais quand même ! – du potage de tortue, de la bisque de pigeonneaux, du potage de mouton aux navets, de la queue de mouton aux figues, de la cuisse de chevreuil, du poulet d'Inde à la framboise, du cochon à la dombe, du poupeton – du ris de veau avec des crêtes de coq et de la viande hachée –, du héron, du faisan, de la gelinotte, du dos de sanglier, de faon, du héron ; voici les entremets, c'est-à-dire ce qui est servi entre les mets plus copieux : de la tétine de vache, de l'oreille de cerf, du foie de chevreuil, des beignets de moelle ! Attendez, ce n'est pas terminé, il reste le dessert ! On apporte des confitures au parfum, des tourtes au musc, de la crème à l'ambre, des pralines. Fin du repas du midi. Le roi mangera-t-il ce soir ? Bien sûr, à 22 h 00 : douze pigeons, trois chapons, six poulets, du veau, des poulardes, un faisan, des perdrix… Tout cela est arrosé des vins les plus fins ! Et presque tous les matins, Louis se plaint d'avoir fait des cauchemars dans la nuit !

Le roi danse

Après son repas, le roi va prendre l'air, toujours entouré d'une foule babillarde de courtisans et courtisanes. Cette promenade est salutaire pour tout le monde. En effet, en milieu clos, on reconnaît la présence du roi… à son odeur : non seulement il ne se lave pas souvent – comme ses contemporains, on accuse l'eau de donner des maladies – mais ses problèmes dentaires lui donnent une fort mauvaise haleine. Après la promenade, le roi va chasser. Vers 18 h 00, il rentre au château, tient conseil avec ses ministres, dîne à 22 h 00, puis joue au billard, danse – c'est un excellent danseur qui aime se produire devant ses courtisans.

Figure 6-5 : Louis XIV joue au billard.

Louis dort, enfin presque...

Ensuite vient le grand coucher. Le roi, dans sa chambre, nourrit ses chiens favoris, puis les courtisans entrent. Le roi a désigné celui qui va tenir son bougeoir. Un dernier séjour sur la chaise percée. Au lit, Louis XIV ! Tout le monde se retire. Mais le roi va entamer sa nuit secrète : conduit dans l'obscurité par son valet auquel il est attaché par un cordon de soie, il va retrouver, dans les chambres voisines, celles qui vont se laisser galamment entretenir par la robuste intelligence du monarque...

IMPORTANT, L'ÉVÉNEMENT !

La fin de l'édit de Nantes

Le 18 octobre 1685, afin de donner à la France une unité religieuse, Louis XIV décide de révoquer l'édit de Nantes que son grand-père Henri IV avait accordé aux protestants. Les dévots l'y ont encouragé. Le ministre de la Guerre, Louvois, a imaginé un procédé radical pour convertir les récalcitrants : les dragonnades. Ce sont des soldats qui pillent et violent jusqu'à ce que les conversions soient obtenues. Cette révocation est un drame immense pour la France qui perd en quelques années des centaines de milliers de commerçants, de banquiers, d'artisans, d'ouvriers, accueillis notamment par les Pays-Bas.

Versailles et les amours du roi

En 1682, le roi Louis XIV et sa cour emménagent au château de Versailles, en travaux d'agrandissement et de rénovation depuis 1661 au grand désespoir de Colbert qui doit financer l'entreprise démesurée par rapport au budget dont il dispose. Le roi aime y donner des fêtes afin de divertir les nobles qu'il a connus si prompts à la révolte lors de la Fronde.

Louis la douceur, bourreau des cœurs…

GROS PLAN

Quel séducteur ce Louis XIV ! Il faut dire que la fonction qu'il occupe fascine bien des demoiselles et bien des dames qui se sentent toutes tourneboulées dès que le regard du Roi-Soleil se pose sur elles. Certaines d'entre elles deviennent des maîtresses officielles dont la reine Marie-Thérèse, épouse officielle, doit supporter la présence. Louis accordera son cœur successivement à :

- la douce et blonde Louise de la Vallière dès 1661 ;
- l'intelligente et vive marquise de Montespan à partir de 1667 ;
- la duchesse de Fontanges « belle comme un ange, mais sotte comme un panier », selon la princesse palatine, belle-sœur

du roi. (La duchesse meurt à 20 ans en 1681, des suites d'un accouchement.) ;

- Françoise d'Aubigné, à qui Louis XIV confie ses jours et ses nuits après la mort de la reine Marie-Thérèse en 1683.

Figure 6-6 : La marquise de Montespan.

Les dernières guerres du vieux roi

La guerre de la Ligue d'Augsbourg, la guerre de Succession d'Espagne… Louis XIV aura tenu tête au reste de l'Europe jusqu'à la fin de sa vie.

Pour son petit-fils…

De 1689 à 1697, une ligue, la ligue d'Augsbourg, rassemble plusieurs pays d'Europe contre la France. Au traité de Ryswick qui met fin à cette guerre, Louis XIV doit restituer toutes les conquêtes qu'il avait faites au détriment des pays voisins – Hollande et Espagne notamment. En novembre 1700, Louis XIV accepte que son petit-fils, le duc d'Anjou – Philippe V – devienne le successeur du roi d'Espagne Charles II ; l'Europe n'approuve pas ce projet et se coalise de nouveau contre la France.

Adieu l'Acadie, adieu Terre-Neuve...

La guerre de Succession d'Espagne, ultime conflit auquel participe Louis XIV va durer de 1701 à 1713, année de la signature des traités d'Utrecht en Hollande, le 11 avril, puis de Rastadt en Allemagne.

- Philippe V conserve le trône d'Espagne et les colonies américaines.
- Les Pays-Bas, le Milanais, la Sardaigne et Naples deviennent des possessions autrichiennes.
- L'Angleterre conserve Minorque et Gibraltar.
- La France renonce à l'Acadie et à Terre-Neuve.

Le temps des deuils

Le 25 août 1715, une gangrène se déclare dans la jambe gauche du roi. Elle évolue si rapidement que le 1er septembre 1715, Louis XIV rend son dernier soupir, après un règne sans partage de cinquante-quatre ans. Dans les dernières années de sa vie, il a perdu son fils – le Grand Dauphin – en 1711, son petit-fils – le duc de Bourgogne – et son arrière-petit-fils, le duc de Bretagne en 1712. Le frère de celui-ci, le petit duc d'Anjou, est éloigné de la cour – et des médecins trop zélés qui multiplient les saignées, ponctions de sang jugé mauvais, affaiblissant le malade qui meurt alors rapidement. En septembre 1715, à 5 ans, il succède à son arrière-grand-père sous le nom de Louis XV. La régence est assurée par Philippe d'Orléans, le neveu du feu roi.

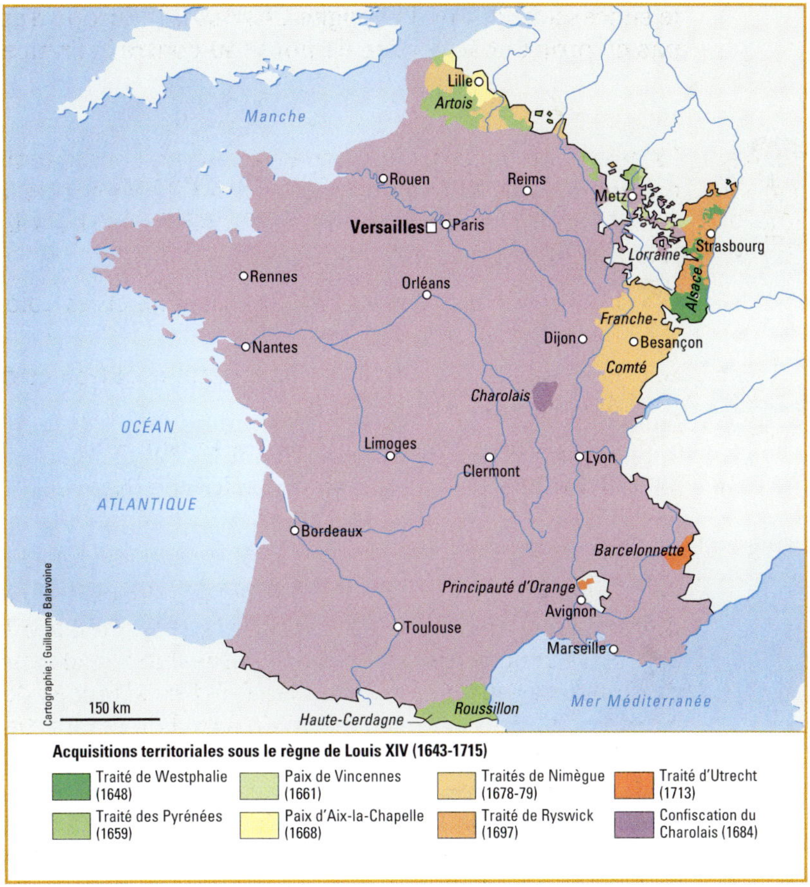

Figure 6-7 : La France à la mort de Louis XIV.

Louis XV en ses terres

Louis XV, roi à 5 ans, en 1715, quitte le pouvoir à sa mort en 1774. Cinquante-neuf ans de présence dans une France qui ne va connaître aucun conflit intérieur. Louis XV, malgré son horreur de la guerre, va devoir se mêler aux différends européens, tout en adoucissant son sort auprès des femmes qu'il aime autant, sinon davantage que son arrière-grand-père.

Les remous de Law, Marie et Louis au lit

L'astucieux, le hardi banquier Law (on prononce Law *lo* comme l'eau) chahute les épargnants, remet les finances à flots avant que le jeune Louis XV et Marie se marient pour le meilleur et pour… vous allez le découvrir !

Intelligent, le régent

Petit Louis est trop jeune, c'est le Régent, neveu de Louis XIV, qui gouverne… Le Régent, qui est un homme fort cultivé, intelligent, n'a rien à voir avec le paillard aviné qu'une certaine littérature ou filmographie a voulu faire de lui. En politique, il se montre conciliant avec le Parlement auquel il donne de nouveau le droit de remontrance supprimé par Louis XIV. Les parlementaires vont de nouveau pouvoir contester toute décision royale qui ne leur convient pas.

Sur le flanc, les épargnants !

Sur le plan économique, face aux caisses de l'État complètement vides, le régent fait confiance, en 1716, à John Law, un banquier écossais qui propose d'échanger l'or des particuliers contre du papier monnaie garanti par l'État. Ainsi naît en France le billet de banque. L'opération remporte un immense succès. Mais la spéculation rampante devient galopante en 1720, les épargnants, pris de panique, veulent récupérer leur or. Hélas, trop de billets ont été émis… C'est la ruine pour les épargnants – mais pour l'État, c'est une bonne affaire qui lui a permis de rembourser ses dettes, de relancer le commerce et l'industrie.

Impatients, les deux amants

Trois ans plus tard, en 1723, le Régent et le cardinal Dubois, son principal ministre qui a réussi à ramener la paix dans le royaume, meurent tous deux ; celui-ci le 10 août d'un abcès à la vessie, celui-là le 2 décembre, d'une crise d'apoplexie. Aussitôt, l'entourage du jeune Louis XV dont la santé est fragile décide de le marier. Deux ans plus tard, en 1725, Louis XV, apprend que sa future épouse s'appelle Marie Lecszinska ; c'est la fille du roi de Pologne qui entretient une petite cour à Nancy depuis qu'il a été détrôné.

Une honnête moyenne

Marie a 22 ans. Louis a 15 ans. Le mariage a lieu le 5 septembre 1725. La cérémonie est magnifique. Un grand festin est donné ensuite, au cours duquel on joue *Le Médecin malgré lui* de Molière. Vers 22 h 00, le couple se retire. Le lendemain matin, le jeune roi confie à Louis-Henri IV de Bourbon-Condé, son premier ministre, qu'il a donné à son épouse toute neuve sept preuves d'amour. Une honnête moyenne…

Louis XV et les guerres

Guerre de Succession de Pologne, guerre de Succession d'Autriche, guerre de Sept Ans… La France, hélas, sort vaincue de ces trois conflits.

La guerre de Succession de Pologne : perdue

Avec l'aide du cardinal de Fleury et du contrôleur général des Finances que celui-ci choisit, Philibert Orry, Louis XV assure la paix et la prospérité de la France dont le budget se trouve équilibré en 1738 – ce qui n'était pas arrivé depuis 1671… Louis XV se rappelle-t-il le conseil que lui donna son arrière-grand-père à la veille de sa mort ? Peut-être, peut-être pas… En 1738, la guerre de Succession de Pologne qui dure depuis cinq ans trouve son épilogue lors du traité de Vienne. Le roi Stanislas ne retrouve pas son trône, mais hérite de la Lorraine qui, par la reine Marie, reviendra à la France.

Figure 6-8 : Louis XV par Quentin de La Tour.

La guerre de Succession d'Autriche : perdue

Puis vient la guerre de Succession d'Autriche, de 1740 à 1748. Alliée au roi de Prusse, la France, qui a caracolé sur les champs de bataille européens, envahit les Provinces Unies avec le maréchal de Saxe – peut-être arrière-grand-père de… George Sand – et ne conserve, au traité d'Aix-la-Chapelle en 1748, aucun de ses avantages acquis. Elle a travaillé pour le roi de Prusse!

La guerre de Sept Ans : perdue

Voici maintenant la guerre de Sept Ans qui occupe les Français contre les Anglais et les Prussiens en Europe, pendant que ses colonies sont démantelées! Commencée en 1756, cette guerre se termine par le traité de Paris en 1763 :

- La France perd une grande partie de son empire colonial.
- Les Anglais entrent en possession du Canada, de la vallée de l'Ohio, de la rive gauche du Mississipi, de la Dominique, de Grenade et les îles Grenadines, de l'île de Minorque.
- L'Ouest de la Louisiane est donné à l'Espagne.

- Cinq comptoirs demeurent français en Inde : Pondichéry, Karikal, Yanaon, Chandernagor, Mahé.

LE SAVIEZ-VOUS ?

Tous les Acadiens…

L'Acadie – aujourd'hui la Nouvelle-Écosse, au nord-est du Canada – était devenue une possession anglaise par le traité d'Utrecht en 1713. La présence des Français – des Tourangeaux qui l'avaient colonisée cent ans plus tôt – était tolérée par les Anglais. Lorsque se déclare la guerre de Sept Ans, ceux-ci décident de déporter les Acadiens. Alors commence le Grand Dérangement : les Acadiens sont dépossédés de tout ce qu'ils ont, poursuivis, traqués, massacrés. Les 15000 survivants sont conduits dans les pires conditions vers les colonies anglaises d'Amérique. Certains s'enfuient vers la Louisiane où ils forment la communauté des Cajuns (déformation d'Acadiens). D'autres sont emmenés à Belle-Île. Au fil des années, beaucoup mourront de misère et de chagrin.

1768 : Bonjour, la Corse !

IMPORTANT, L'ÉVÉNEMENT !

Il est temps maintenant d'aborder la petite histoire d'une grande île : occupée par les Génois depuis le XIIIe siècle, la Corse est divisée en de multiples clans qui s'unissent de temps en temps pour lutter contre cet occupant qu'ils ne parviennent pas à chasser. En 1729, ne pouvant plus entretenir des forces d'occupation en Corse, la république de Gênes demande à Louis XV d'y envoyer des troupes. Les troupes s'installent à Bastia, Ajaccio, Calvi, Bonifacio. Elles y demeurent des années, jusqu'en 1768 où Choiseul va demander à la république de Gênes de payer l'aide qu'elle a reçue. Elle paie cette aide… en livrant l'île à la France. Un an plus tard, le 15 août, à Ajaccio, l'un des garçons nés ce jour-là reçoit, de sa mère Laetitia Ramolino, le prénom de Napoléon…

GROS PLAN

Louis XV et ses femmes

Comme son arrière-grand-père Louis XIV – et comme tous les Bourbons – Louis XV est très attiré par la gent féminine. D'abord fidèle à la reine Marie, il va collectionner les favorites officielles et bien plus encore les clandestines. Les officielles ont parfois beaucoup influé sur les décisions du roi. Ainsi Jeanne Poisson qui deviendra la marquise de Pompadour, se montre une farouche adversaire des parlementaires – elle envisage même de faire supprimer les Parlements. Amoureuse des arts, elle fait jouer en 1752 l'opéra *Le Devin du village* d'un certain… Jean-Jacques Rousseau (le futur auteur du *Contrat social*) ; elle passe des commandes aux peintres, aux architectes, aux graveurs. Elle fait même nommer Voltaire historiographe du roi ! Peu après sa mort en 1764, elle est remplacée par une autre Jeanne : Jeanne Bécu, la comtesse du Barry, qui périra en 1793 sur l'échafaud !

Le Bien-aimé

Au retour de la bataille de Fontenoy, victoire remportée par le maréchal de Saxe, le 11 mai 1745 contre une coalition de l'Angleterre, de l'Autriche et des Pays-Bas, Louis XV traverse Reims sur le chemin du retour vers Paris. Partout, on l'acclame, partout on crie « Vive le roi » à celui qu'on surnomme « le Bien-aimé ». Et, tout ému, le Bien-aimé fait arrêter sa voiture dans la ville de Reims, se lève, et s'écrie : « Vive mon peuple ! ». Le Bien-aimé ne l'est pas sans raison : il a tout fait pour instaurer une imposition égalitaire, évidemment repoussée par les riches parlementaires. Dans une époque où la France presque entière est paysanne, Louis XV croit en l'avenir de l'agriculture, il aime de temps en temps pousser la charrue…

QUELLE HISTOIRE !

Damiens veut tuer le roi

Le 5 janvier 1757, le roi est venu de Trianon à Versailles pour rendre visite à Victoire, sa fille malade. Au moment où il repart, un inconnu surgit de l'ombre et tente de le poignarder. La lame de huit centimètres atteint Louis XV à la poitrine, il perd beaucoup de sang, on pense qu'il va mourir. Mais la blessure n'est pas profonde, le roi va s'en remettre en quelques jours. L'assassin, le régicide s'appelle Robert-François Damiens. Louis XV recommande qu'on ne lui fasse pas de mal. Mais la justice est en route : Damiens va subir un horrible supplice qui se termine par l'écartèlement du corps, un cheval étant attelé à chaque membre du supplicié. Damiens meurt dans d'atroces souffrances le 28 mars 1757, sur la place de Grève à Paris, située face à l'actuel Hôtel de Ville.

Cinquante et un ans de règne personnel

Louis XV le Bien-aimé n'est pas aimé de tout le monde : le Parlement s'oppose souvent à ses décisions, en vertu du droit de remontrance qu'il avait retrouvé sous la régence de Philippe d'Orléans.

Voltaire le thuriféraire...

Passionné par la physiocratie (doctrine économique qui privilégie l'agriculture au détriment de l'industrie), il crée les chambres d'agriculture chargées de diffuser dans le royaume les nouvelles techniques de culture, il crée les écoles vétérinaires. Il développe une industrialisation à la française. Son règne personnel dure cinquante et un ans, sans troubles ni guerre intérieure. Voltaire, le révolutionnaire avant la lettre (et thuriféraire : flatteur), qui aimait beaucoup Louis XV a écrit ceci : « Si Dieu envoyait sur terre un ministre de sa volonté céleste pour réprimer nos abus, il commencerait par faire ce qu'a fait Louis XV. »

Le coup de majesté

Oui, mais, derrière les belles envolées lyriques d'un Voltaire flatteur se cache une force qui ne cesse de s'opposer au roi : le Parlement. Il est composé des riches propriétaires fonciers qui voient d'un très mauvais œil les réformes que veut conduire Louis XV et qui visent à réduire les inégalités de toute sorte, et en particulier devant l'impôt. Chaque fois que Louis XV prend une décision en ce sens, le Parlement s'y oppose, si bien qu'un jour de 1771, Louis XV prend une décision radicale, ce qu'on appelle un coup de majesté : il le supprime !

Louis XVI : « Nous régnons trop jeunes… »

Hélas, le roi n'a pas le temps de mener à bien ses réformes : il meurt de la petite vérole – la variole – le 4 mai 1774. Son fils, le Dauphin Louis, étant mort en 1765, c'est son petit-fils qui a épousé en 1770 Marie-Antoinette d'Autriche qui lui succède sous le nom de Louis XVI. Dès qu'on leur annonce la mort du roi, Louis XVI, 20 ans, et Marie-Antoinette, 19 ans, tombent à genoux : « Nous régnons trop jeunes » murmure le trop jeune monarque… Qui écouter ? Quels conseils prendre ? Le premier qu'il écoute et qu'il suit aboutit au retour du Parlement qui va de nouveau bloquer toute tentative de réforme, et préparer contre lui-même, la Révolution !

Figure 6-9 : Marie-Antoinette par Elisabeth Vigée-Lebrun.

Nos voisins américains

À Philadelphie, en 1774, les représentants des treize colonies révoltées contre l'Angleterre rédigent la Déclaration des Droits. L'année suivante, commence la guerre des Insurgents – les révoltés, commandés par George Washington – contre les Anglais. Le 4 juillet 1776, à Boston, ils adoptent la déclaration d'Indépendance des treize états unis d'Amérique. L'aide militaire des Français La Fayette et Rochambeau leur permet de remporter la victoire décisive de Yorktown le 19 octobre 1781. En 1783, par le traité de Paris, le Royaume-Uni reconnaît l'indépendance des États-Unis d'Amérique. En 1787, la Constitution américaine est votée. George Washington devient le premier président des États-Unis en 1789 – il meurt en 1799.

Turgot : renvoyé

1776 : Louis XVI renvoie son ministre Turgot qui avait tenté d'instaurer le libre-échange dans le commerce des grains notamment par la suppression des taxes, espérant ainsi faire monter les prix, créer la richesse et augmenter la production. Mais les fermiers généraux – chargés du recouvrement des impôts et taxes de toutes sortes dont ils perçoivent une partie – le font chasser.

Necker : renvoyé

1781 : Necker qui a remplacé Turgot et applique la politique inverse de son prédécesseur – il envisage un strict contrôle du commerce – est à son tour renvoyé. Il voulait une répartition plus équitable de l'impôt, la réduction des pensions des privilégiés, et l'autorisation d'effectuer de nouveaux emprunts pour soutenir l'économie.

Calonne : renvoyé

1787 : le successeur de Necker, Calonne est… renvoyé : les nouveaux emprunts qu'il a pu obtenir des banquiers ont transformé le gouffre financier en abîme. De plus, il voudrait créer un impôt sur le revenu…

Necker rappelé

1788 : Loménie de Brienne à qui ont été confiées les finances en piteux état, conseille lui aussi la création d'un impôt sur tous les revenus. Il conseille également d'avoir recours à un emprunt, au montant colossal. Le Parlement déclare n'accepter la proposition de l'emprunt qu'à la condition que les états généraux soient convoqués. Brienne démissionne. Le 26 août, Necker est rappelé. Les états généraux sont convoqués pour 1789.

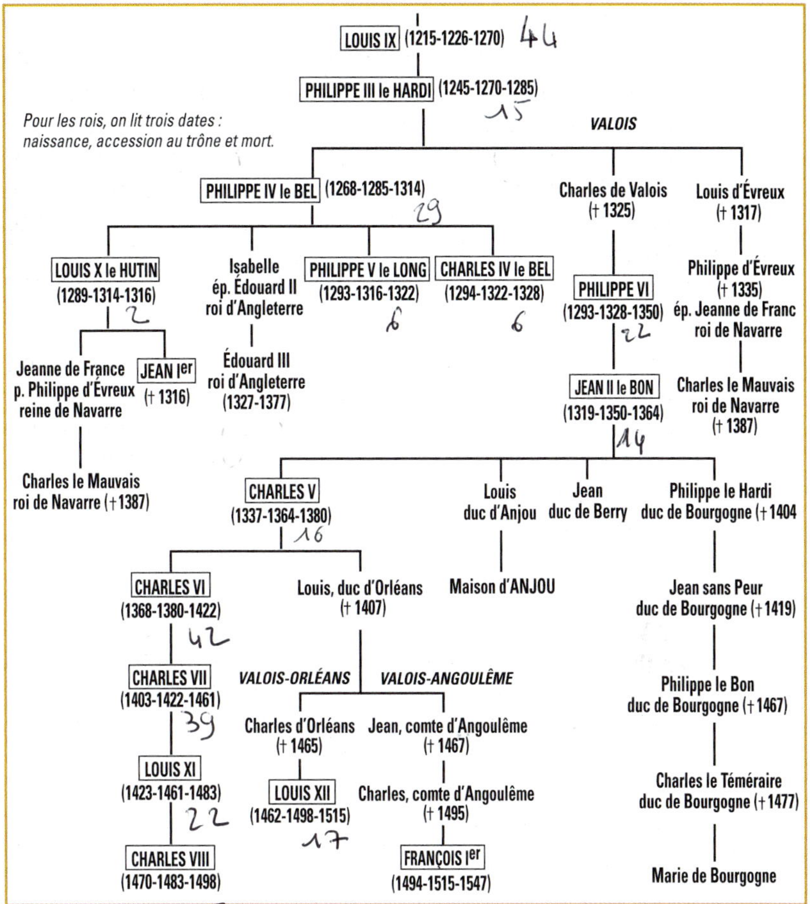

Figure 6-10 : De Louis IX à François 1er.

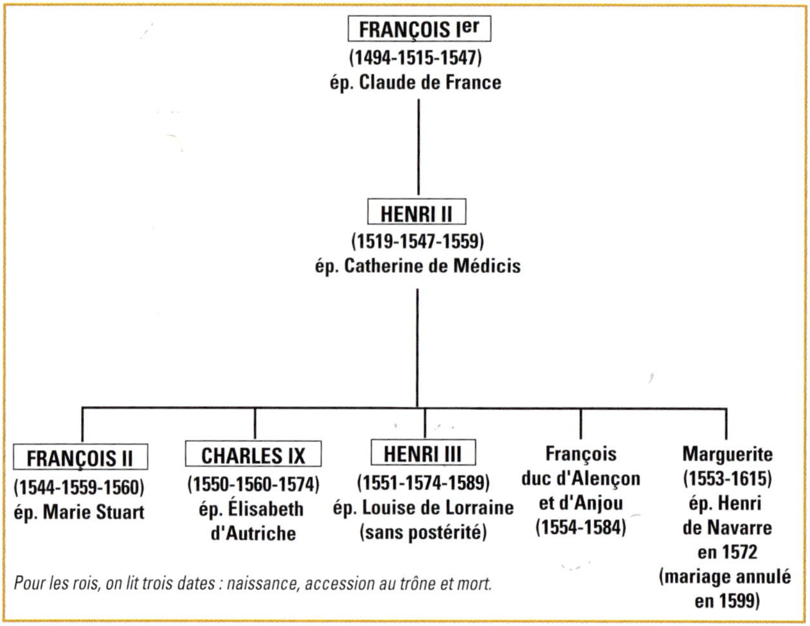

Figure 6-11 : Les Valois-Angoulême.

Enfoncez-vous bien ça dans la tête !

- **1515 :** victoire de Marignan
- **10 juillet 1559 :** Henri II meurt à la suite d'un tournoi.
- **24 août 1572 :** massacre de la Saint-Barthélemy
- **1er août 1589 :** Henri III est assassiné.
- **1598 :** l'édit de Nantes établit la paix religieuse.
- **1610 :** Ravaillac assassine Henri IV
- **14 mai 1643 :** mort de Louis XIII
- **1661 :** début du règne personnel de Louis XIV
- **1685 :** révocation de l'édit de Nantes
- **1715 :** mort de Louis XIV
- **11 mai 1745 :** victoire de Fontenoy
- **1774 :** mort de Louis XV le Bien-aimé

Tout le monde a bien compris ?

1 Qui est la belle-mère de François 1er ?
a - Claude de France. b - Anne de Bretagne.
c - Anne de Pherdu.

2 Sur quel champ de bataille Bayard arme-t-il François 1er chevalier ?
a - Pavie. b - Castillon. c - Marignan.

3 Quel est le nom de la favorite du roi Henri II ?
a - Diane de Poitiers. b - Fernande Kangevois. c - Agnès Sorel.

4 Catherine de Médicis n'a qu'un rêve :
a - que les protestants tuent les catholiques. b - que les catholiques et les protestants vivent en paix. c - que les catholiques tuent les protestants.

5 Comment s'appelle le surintendant principal d'Henri IV ?
a - Barthélémy de Laffemas. b - Maximilien de Béthune. c - le duc de Sully.

6 Après la mort d'Henri IV, Marie de Médicis prend pour conseiller principal l'Italien :
a - Concino Concini. b - Marcel Zanini. c - Concetto Concetti.

7 À la bataille de Rocroi qui a lieu le 19 mai 1643, les Français commandés par Condé :
a - battent les Espagnols. b - sont battus par les Espagnols. c - fraternisent avec les Espagnols.

8 On appelle la Fronde (1648 – 1652)
a - l'armée de Louis XIV. b - la révolte des parlementaires et des princes.
c - la première favorite de Louis XIV.

9 En 1720, qu'introduit en France dans le domaine des finances le banquier Law choisi par le régent ?
a - le chèque. b - le billet de banque. c - le lingogot d'or, ou faux lingot, alliage de cuivre et d'argent.

10 Qui fut la plus influente des maîtresses de Louis XV ?
a - madame de Pompadour. b - la comtesse du Barry. c - la duchesse de Langeais.

Réponses :
1b – 2c – 3a – 4b – 5b et c – 6a – 7a – 8b – 9b – 10a

Quatrième partie

De 1789 à 1815 : Louis XVI, Robespierre, Napoléon

Dans cette partie…

Suivons Louis XVI qui tente de contenter tous les mécontents en son royaume : les riches qui veulent être encore plus riches et les pauvres qui veulent être beaucoup moins pauvres ! Vaincu, il va décider de s'enfuir… avant d'être rattrapé. Suivons Robespierre qui rêve aussi de rendre tout le monde heureux. Vaincu, lui aussi, va mal finir. Suivons Bonaparte qui rêve de fortune, en Italie, en Égypte, et puis… en France où il devient Napoléon 1er, conquiert l'Europe à Austerlitz, la perd à Waterloo, et finit… comme vous le savez !

Chapitre 7

Quel chahut !

Dans ce chapitre :

- Louis XVI et ses erreurs
- Robespierre et la Terreur
- Le directoire et ses directeurs

Bien embarrassé, le grand Louis XVI (1,90 m) : il possède comme ses ancêtres le pouvoir absolu, mais tout le monde veut le lui prendre ! Les nobles veulent gouverner, la bourgeoisie veut gouverner, le peuple veut gouverner… Qui va gagner ? À vous de désigner les vainqueurs après avoir été les témoins de la chute du roi le 10 août 1792, la bataille entre les députés montagnards et girondins en 1793, la dictature de Robespierre en 1794, et l'avènement du Directoire en 1795…

1789 – 1792 : Le roi gagne et perd

À la fin du XVIIIe siècle, le royaume de France est malade ! Il a la fièvre : partout des échauffourées, partout des émeutes. Que faire ? En 1789, Louis XVI décide de réunir tous les députés de France à Versailles pour examiner la situation. Mais à cette époque, la France est divisée en trois grands groupes, trois ordres : le clergé très riche, la noblesse méprisante et le tiers état seul à travailler ! Face à cette situation, l'esprit de révolte va souffler si fort qu'il va devenir une révolution qui va progressivement priver le roi de tous ses pouvoirs et, en 1792, le faire prisonnier !

Les députés dépités

Déçu, le peuple de France en 1789 ! Déçu de tout, et surtout du prix du pain, exorbitant après de mauvaises récoltes. Déçus aussi, les députés, dépités que la France aille si mal, et décidés à tout obtenir du roi, comme si c'était le père Noël !

Des réclamations ?

Rien ne va plus dans le royaume : partout des pillages, partout des révoltes de la misère. À Paris, au Faubourg Saint-Antoine, une violente manifestation fait deux cents morts et trois cents blessés, les 27 et 28 avril ! À Versailles, le roi attend tranquillement les presque 1 200 députés qui doivent défendre les intérêts de tous les Français :

- Ceux du clergé vont soigneusement préserver, entre autres privilèges, la redevance que paient chaque année les paysans, une redevance qui nourrit abbayes, monastères, séminaires… puisqu'il s'agit de la dixième partie des récoltes : la dîme.
- Ceux de la noblesse vont réclamer une augmentation de la pension déjà exorbitante que leur donne le roi, alors qu'ils ne font rien de leurs dix doigts. Évidemment il n'est pas question qu'ils paient des impôts.
- Ceux du peuple vont exiger que les nobles et les curés paient l'impôt, comme tout le monde ! Que les privilèges féodaux soient abolis, que tout le monde ait le droit de chasser, de pêcher… Bref, comme tout le monde, ils veulent un peu de bonheur !

LE SAVIEZ-VOUS ?

Vous n'êtes pas contents ?

Qu'est-ce qui ne va pas ? Vous n'êtes pas contents ? À partir du 30 mars 1789, dans toutes les villes et villages, écrivez tout ce qui vous fâche, tout ce que vous aimeriez voir changer, c'est-à-dire toutes vos doléances dans de petits cahiers qui porteront ce nom : les cahiers de doléances. Et votre député je le convoque pour les états généraux qui se réuniront à Versailles le 5 mai 1789 – il est bien temps, ils n'ont pas été réunis depuis 1615 ! Voilà, en gros, ce que le roi Louis XVI a demandé à ses sujets qu'il sentait les nerfs à vif depuis déjà des mois, voire des années… Voilà pourquoi les presque 1 200 députés convoqués à Versailles pour les états généraux arrivent plein d'espoirs dans le cœur et leur petit cahier sous le bras !

Les trois ordres en procession

Pendant que Louis XVI attend les députés qui vont tenter d'obtenir les améliorations que contiennent leurs petits cahiers, laissons la parole à chacun des trois ordres qui composent la France…

Des abbés, des curés… : le clergé

Des abbés, des curés, des évêques, des archevêques, des chanoines… avec nos grandes soutanes, vous ne pouvez vous tromper : nous sommes le clergé ! Nous devrions plutôt dire « les » clergés. En effet, les titres les plus prestigieux, les plus riches abbayes, les plus gros revenus sont réservés aux fils de la noblesse. Et tout le reste, les paroisses pauvres, la tenue des registres des naissances, l'humble train-train quotidien, c'est pour le bas clergé presque sans le sou, issu du peuple.

Des marquis et des comtesses… : la noblesse

Des barons, des comtes et vicomtes, des marquis, des ducs, des princes… Oh là, manants, laissez-nous passer dans nos carrosses dorés ! Diantre ! Faites-nous place ! Nous sommes des aristocrates, ce qui signifie « les meilleurs au pouvoir » ! Chez nous aussi, il existe deux aristocraties : les nobles d'épée, les seuls, les vrais, descendants de ceux qui ont défendu le royaume au prix de leur sang; et les nobles de robe, ceux qui ont acheté très cher leur titre au roi de France. La noblesse d'épée méprise la noblesse de robe issue de la bourgeoisie riche…

Ceux qui n'ont que leurs bras : le tiers état

Des paysans, des artisans, des ouvriers, des avocats, des médecins, des commerçants pauvres ou riches, des notaires, des apothicaires ou des écrivains, mille métiers, mille misères ou mille fortunes, nous voilà, nous, le tiers état! Nous sommes seuls à payer des impôts, seuls à travailler. Savez-vous que les nobles ne travaillent jamais, qu'ils profitent de tout, de nous? C'est inadmissible, ça va changer…

Le feu aux poudres

On peut mieux encore définir le tiers état. N'est-ce pas, Emmanuel-Joseph Sieyès (1746 – 1836), vous qui êtes député… du tiers état pour la ville de Paris? Rappelez-nous les trois célèbres questions que vous avez posées dans votre brochure publiée en janvier 1789, et qui ont mis le feu aux poudres, excitant les foules de pauvres et les bourgeois frustrés d'être privés d'honneur et de pouvoir…

- Première question : « Qu'est-ce que le tiers état? – Tout! »
- Deuxième question : « Qu'a-t-il été jusqu'à présent dans l'ordre politique? – Rien! »
- Troisième question : « Que demande-t-il? – À y devenir quelque chose! »

Ils sont venus, ils sont tous là !

4 mai 1789. Ils sont venus, ils sont tous là, les 1 200 députés, leur petit cahier sous le bras! Ils sont arrivés en grand carrosse, à cheval, en coche d'eau, ou bien en turgotine – cette diligence de quatre ou huit places tirée par six chevaux et mise à la mode par Turgot. Dans le vent coupant, ils défilent dans les rues de Versailles… Voici d'abord les 291 députés du clergé richement vêtus, les 270 députés de la noblesse chamarrés d'or,

et les quelque 600 députés du tiers état, en modeste habit de drap. . Toutes les cloches sonnent ! Partout des bannières, des tapisseries à fleurs de lys !

Gros plan sur les vedettes…

Tiens, voici le duc d'Orléans, descendant de Louis XIII et du régent – père du futur Louis-Philippe – ; voici les frères de Louis XVI – les futurs Louis XVIII et Charles X – ; voici Mirabeau, voici Danton, voici Camille Desmoulins. Et puis voici le roi Louis XVI qui s'avance, porté par l'immense ovation à laquelle il répond par des gestes de la main ; et puis voici la reine Marie-Antoinette qui vient de quitter le chevet de son fils de 7 ans, le petit Dauphin mourant. À sa vue, le silence est total. Plus un bruit. Rien que du mépris pour « l'Autrichienne » !

GROS PLAN

À qui, ces yeux bleu-vert ?… À Robespierre…

Tiens, qui est ce jeune homme à l'allure stricte, petit et maigre, aux cheveux blond-châtain, bien coiffé, bien poudré, et qui marche dans la foule des députés, en ce 4 mai 1789, un cierge à la main, comme tout le monde ? C'est un jeune noble qui a été élu député du tiers dans le baillage de l'Artois. Il a l'air impassible ; en réalité, il est très nerveux. Ses lèvres sont minces, ses yeux sont bleu-vert. Dans sa vie, pas de femme, pas d'amours. Le nom de ce jeune noble : Maximilien de Robespierre. Puis-je ajouter, moi, Maximilien, que je suis né le 6 mai 1758 à Arras. Pas de femmes dans ma vie ? Pas d'amours ? Et puis quoi encore ? J'ai aimé, oui… Elle s'appelait Anaïs, et je fus aimé d'elle. Mais je partis vivre à Paris, elle demeura à Arras, s'y maria… Et j'en fus triste pour bien longtemps. L'Histoire a retenu de moi, à partir de 1793, l'image d'un tyran sanguinaire alors que je rêvais d'une société idéale où tout le monde serait heureux. À vous de juger…

Étapes et dates…

Vous voici aux premières loges du grand spectacle de la Révolution française. Des tragédies se mêlent aux moments d'euphorie où la conquête de la liberté ne fait pas l'économie d'épisodes qui nous paraissent peu imaginables aujourd'hui.

5 mai 1789 : ouverture des états généraux

L'accueil que Louis XVI réserve aux députés part du cœur, et cela s'entend : « Messieurs, ce jour que mon cœur attendait depuis longtemps est enfin arrivé ». Voyons les faits…

Des bancs pour le tiers !

Les 1 200 députés ont pris place dans la salle des Menus Plaisirs à Versailles. Cette salle destinée aux accessoires de jeu ou de théâtre du château a été agrandie pour l'occasion. Regardez les députés du clergé et de la noblesse confortablement assis sur des sièges rembourrés. Et pour ceux du tiers état ? Des bancs, de simples bancs de bois !

17 juin 1789 : la naissance de l'Assemblée nationale

Puisque c'est comme ça, puisque le clergé et la noblesse semblent vouloir que rien ne change dans la société française, puisqu'ils semblent vouloir s'enrichir encore davantage, il ne reste qu'une solution pour obtenir ce qui fut écrit dans les cahiers de doléances, pour soulager la misère du peuple : prendre le pouvoir ! Et c'est ce qui est fait : le 15 juin, les députés du tiers état décident de se passer de la noblesse et du clergé ! Ils se proclament seuls représentants du peuple français. Deux jours plus tard, le 17 juin, Sieyès trouve un nom à ces élus généreux et hardis : Assemblée nationale !

20 juin 1789 : le serment du Jeu de paume

Le 19 juin 1789, alors qu'il pleut à verse, Louis XVI réagit en faisant fermer la salle des Menus Plaisirs. Qu'importe ! Les députés s'en vont à la recherche d'une autre salle. Après dix minutes de marche, ils s'installent dans une sorte d'immense salle de sport où l'on pratique l'ancêtre du tennis : le jeu de paume. Il est dix heures du matin. Les députés, tout mouillés mais ravis font le serment de ne jamais se séparer avant d'avoir donné une constitution à la France – serment qui porte le nom du lieu où il fut prononcé : le serment du Jeu de paume.

« Eh bien ! F... ! Qu'ils restent ! »

Le 23 juin est prévue une séance royale salle des Menus Plaisirs, réunissant tous les députés. Avec beaucoup d'égards, on fait entrer par la grande porte les députés de la noblesse et du clergé. Et les autres ? On les laisse volontairement dehors, sous des trombes d'eau – juin 1789 est très pluvieux... – dans la boue, avant de leur ouvrir une heure plus tard une petite porte ! Et qu'entendent-ils alors ? Le roi qui menace de dissoudre les états généraux !

« Allez dire à ceux qui vous envoient... »

La séance levée, les députés du tiers, et presque tous ceux du clergé ne bougent pas ! Le marquis de Dreux-Brézé s'approche : « Le roi a levé la séance, il vous ordonne de partir ». Des répliques devenues historiques s'envolent alors :

- C'est Bailly, président de l'Assemblée, qui répond à Dreux-Brézé : « La Nation assemblée ne peut recevoir d'ordres ! »
- C'est Mirabeau, appelé « l'orateur du peuple », qui tonne à l'oreille des générations futures : « Allez dire à ceux qui vous envoient que nous sommes ici par la volonté de la Nation, et que nous n'en sortirons que par la force des baïonnettes ! » Non mais !
- Tout penaud, le marquis s'en va porter intacte la phrase au roi qui répond : « Ils veulent rester ? Eh bien ! F... ! Qu'ils restent ! »

« La famille est complète ! »

Dès le 24 juin 1789, le vote par tête – et non plus par ordre – est décidé. Les élus sont 1 139 au total. Le vote par tête garantit la majorité au tiers état. Le 27 juin, tout Paris et tout Versailles sont illuminés : le roi a donné l'ordre au reste de la noblesse, au reste du clergé, de se rallier à l'Assemblée nationale. Bailly peut alors dire : « Et voilà ! La famille est complète ! »

14 juillet 1789 : la prise de la Bastille

IMPORTANT, L'ÉVÉNEMENT !

Le pouvoir royal a peur, il se sent menacé par le peuple. Louis XVI décide alors de masser des troupes aux portes de Paris. Pour se défendre, les Parisiens cherchent des armes. Ils vont en trouver, à la Bastille…

Figure 7-1 : La prise de la Bastille.

Trente mille hommes armés encerclent Paris

Des mercenaires suisses et allemands cernent la ville ! L'inquiétude progresse, devient angoisse dans les deux camps. Le 9 juillet, l'Assemblée nationale se proclame Assemblée constituante. C'est une décision lourde de sens : cela signifie qu'elle ne reconnaît plus le pouvoir du roi, et que ce pouvoir est aux mains des élus du peuple ! Le 9 juillet 1789, l'Ancien Régime n'est plus !

« Prenons tous des cocardes vertes ! »

QUELLE HISTOIRE !

Que faire ? se demande Louis XVI. Le 13 juillet, la foule en colère pille, saccage et incendie 40 barrières de l'octroi de Paris, portes d'entrée des marchandises où sont perçues des taxes jugées exorbitantes. À l'aube du 14 juillet 1789, un fourrier nommé Labarthe crie : « Il y a des armes à la Bastille ! »

GROS PLAN

Danton : « Quoi ? Ma tête ?... »

Quoi, ma tête ? Mais qu'est-ce qu'elle a ma tête ? Je m'appelle Georges-Jacques Danton. Je suis né à Arcis-sur-Aube, dans le département de l'Aube, le 26 octobre 1759. Vous voulez savoir pourquoi j'ai une grosse cicatrice sur la lèvre supérieure ? C'est un coup de corne de taureau ! Vous vous demandez pourquoi j'ai le nez enfoncé ? C'est parce que j'ai voulu me venger de lui en l'affrontant ! Vous êtes intrigué par les taches sur mon visage ? C'est parce que j'ai attrapé la variole après avoir failli me noyer en traversant l'Aube à la nage... Voilà, vous savez tout ou presque ! Oui, j'ai été avocat, oui tout le monde tremblait quand je prenais la parole à la Convention ! Oui, j'ai voulu que les horreurs de la Révolution cessent... Lisez plus loin ce qu'il m'en a coûté...

« À la Bastille ! »

IMPORTANT, L'ÉVÉNEMENT !

« À la Bastille ! À la Bastille ! » Près de mille Parisiens se dirigent vers cette construction vieille de plus de quatre cents ans, où le roi fait emprisonner des fils de famille. Peu utilisée, la

Bastille doit être détruite. Ce que les Parisiens désirent, ce sont des balles, des fusils et les cent vingt-cinq barils de poudres entreposés dans les sous-sols ! Quatre-vingt-deux invalides et trente-deux Suisses la défendent.

Trahison !

Au premier assaut, le gouverneur, le marquis Bernard de Launay fait tirer une décharge de mousquets. Les premiers rangs des assaillants tombent. C'est la stupeur ! Alors, un cri s'élève : « Trahison ! La Bastille tire sur ses Parisiens ! » L'assaut va reprendre dans l'après-midi. Mais les quatre-vingt-deux invalides et les Suisses refusent de poursuivre le combat. Launay accepte de se rendre à condition que tout le monde ait la vie sauve. Les portes sont ouvertes.

Quatre faussaires, deux fous…

Les assiégeants se ruent alors dans la cour, tuent et pendent des invalides et des Suisses. Ils s'emparent de Launay pour le conduire à l'Hôtel de Ville, mais en cours de route, ils l'assassinent et lui coupent la tête qu'ils installent au bout d'une pique. Toute la troupe arrive à l'Hôtel de Ville où le prévôt des marchands, Flesselles, subit le même sort que Launay. Dans la capitale, circulent librement les prisonniers de la Bastille qui ont été libérés : quatre faussaires, deux fous et un débauché !

QUELLE HISTOIRE !

« Non, sire, c'est une révolution ! »

14 juillet 1789. Il fait nuit à Versailles. Louis XVI s'est endormi après quelques heures de chasse. Comme à l'accoutumée, il a mis à jour le carnet où il note ce qu'il a rapporté. Ce jour-là, il est revenu bredouille. Il a écrit : « Rien ». Le grand-maître de la garde-robe, le duc de La Rochefoucauld-Liancourt, l'un des chefs de l'aristocratie libérale, apprend dans la nuit ce qui s'est passé à Paris. Il décide de réveiller le roi : « Sire, la Bastille a été prise ! » « La Bastille ? Prise ? Mais, c'est une révolte ! » s'écrie Louis XVI qui semble sortir d'un songe de mille ans. Et Liancourt de lui donner cette réplique fameuse qui lui était quand même servie sur un plateau royal : « Non, sire, c'est une révolution ! »

« Le peuple a reconquis son roi ! »

Trois jours plus tard, le 17 juillet, le peuple se réunit devant l'Hôtel de Ville. La Fayette, commandant de la garde nationale, a demandé à ses troupes de porter la cocarde tricolore qu'il vient d'imaginer : le bleu et le rouge, couleurs de Paris, entourant le blanc de la royauté. Soudain, voici le roi ! Aussitôt qu'il arrive, Bailly, maire de Paris, s'avance vers lui, une cocarde à la main. Le roi la prend volontiers et la met à son chapeau : « Sire, dit alors Bailly, Henri IV avait reconquis son peuple. Aujourd'hui, le peuple a reconquis son roi ! » Le peuple est en liesse, tout le monde se dit que la révolution est terminée !

GROS PLAN

La Fayette appelle son fils… George Washington

Je m'appelle Marie Joseph Paul Yves Roch Gilbert du Motier, et je suis marquis de La Fayette. Né en septembre 1757, en Haute-Loire, j'épouse le 11 avril 1774, à 16 ans et demi, à Paris, Marie-Adrienne de Noailles, 14 ans et demi. Trois ans plus tard, je participe à la guerre d'Indépendance en Amérique, aux côtés des insurgés. Je rentre en France en 1782, je deviens député de la noblesse en 1789. J'admire tellement George Washington, le premier président des États-Unis, que je donne pour prénom à mon fils… George Washington ! Ma popularité est immense mais le 17 juillet 1791, je fais tirer sur les Parisiens qui manifestaient au Champ de Mars. Traître à la Nation en 1792, réfugié à Liège, prisonnier des Prussiens, des Autrichiens, je retrouve un rôle en 1830 : je donne la cocarde tricolore à Louis-Philippe. Ma vie se termine le 20 mai 1834. Je suis enterré au cimetière de Picpus à Paris.

Juillet – août 1789 : la grande peur dans les campagnes

Dès le lendemain de cette scène de fraternisation autour de la cocarde tricolore, les aristocrates commencent à quitter la France. En province où personne n'est au courant de la réconciliation autour de la cocarde, c'est le début de la « Grande peur » : la rédaction des cahiers de doléances a excité les paysans contre les seigneurs. Dans les campagnes, on s'attaque aux châteaux, on pille les abbayes, on massacre. À Paris, les émeutes reprennent de plus belle le 23 juillet. Louis Bertier, intendant de Paris est massacré au couteau. Ses assassins arrachent son cœur et le lancent sur un bureau de l'Hôtel de Ville.

La nuit du 4 août 1789 : un rêve passe, et s'arrête…

Qui a le droit de chasser dans les bois et les champs ? Les aristocrates ! Qui a le droit de pêcher ? Les aristocrates ! Qui doit effectuer plusieurs jours de corvées gratuitement chaque année ? Les paysans ! Serait-il possible que ces privilèges féodaux, ces injustices disparaissent ? Voici la réponse…

Sur une idée du duc d'Aiguillon

La peur gagne Versailles, les députés eux-mêmes ! Les voici face aux conséquences de ce qu'ils ont déclenché. « Et si on abolissait les privilèges féodaux ? », entend-on sur les bancs de l'Assemblée. Aussitôt dit, aussitôt fait : dans la nuit du 4 août 1789, les députés votent :

- l'égalité devant l'impôt,
- l'abolition de tous les droits ressortissant au régime féodal,
- la suppression des servitudes et des corvées, des droits de chasse, de colombier, suppression des droits de mainmorte, des rentes foncières perpétuelles, des dîmes ecclésiastiques…

LE SAVIEZ-VOUS ?

De la Bastille à la Concorde…

Pendant ce temps, l'entrepreneur Palloy emploie de plus en plus d'ouvriers – jusqu'à deux mille – pour démolir la Bastille, en leur demandant de travailler le plus lentement possible ! Étrange ? Non : il faut que la démolition de la Bastille devienne le symbole visible et durable de la destruction du régime féodal, de la royauté, du pouvoir absolu ! Palloy fait même sculpter quatre-vingt-trois représentations de la forteresse qui seront envoyées aux quatre-vingt-trois départements tout neufs ! La plupart des pierres servent à construire le pont de la Concorde, d'autres à confectionner des encriers, des souvenirs, vendus par le patriote – et astucieux – Palloy, dans toute la France !

26 août 1789 : la Déclaration des droits de l'homme

À RETENIR

Les droits féodaux sont abolis. Que faire encore qui puisse donner au peuple la certitude que tout va changer, que tout a changé ? En 1778, aux États-Unis, la déclaration d'Indépendance était précédée d'un *Bill of the rights* – liste des droits – lui-même inspiré des écrits du philosophe anglais John Locke (1632 – 1704). On lit et relit tout cela, on rédige puis on adopte, le 26 août 1789, la « Déclaration des droits de l'homme et du citoyen » dont voici l'essentiel :

La Déclaration des droits de l'homme et du citoyen

Qu'est-ce que la liberté, la propriété ? La réponse dans ces extraits de la Déclaration des droits de l'homme et du citoyen :

- **Article premier** – Les hommes naissent et demeurent libres et égaux en droits. Les distinctions sociales ne peuvent être fondées que sur l'utilité commune.

- **Article 2** – Le but de toute association politique est la conservation des droits naturels et imprescriptibles de l'homme. Ces droits sont la liberté, la propriété, la sûreté et la résistance à l'oppression.
- **Article 3** – Le principe de toute souveraineté réside essentiellement dans la Nation. Nul corps, nul individu ne peut exercer d'autorité qui n'en émane expressément.
- **Article 4** – La liberté consiste à pouvoir faire tout ce qui ne nuit pas à autrui [...].
- **Article 6** – La loi est l'expression de la volonté générale. [...] Tous les citoyens, étant égaux à ces yeux [...].
- **Article 10** – Nul ne doit être inquiété pour ses opinions, mêmes religieuses, pourvu que leur manifestation ne trouble pas l'ordre public établi par la loi.
- **Article 11** – [...] Tout citoyen peut parler, écrire, imprimer librement, sauf à répondre de l'abus de cette liberté dans les cas déterminés par la loi.
- **Article 17** – La propriété étant un droit inviolable et sacré, nul ne peut en être privé, si ce n'est lorsque la nécessité publique, légalement constatée, l'exige évidemment, et sous la condition d'une juste et préalable indemnité.

Où sont les femmes, en 1789 ?

La liberté, l'égalité, la fraternité, réclament les hommes. Du pain ! crient les femmes... Elles vont aller chercher le boulanger... Et celui qu'elles appellent le « boulanger », c'est le roi Louis XVI, toujours à Versailles qui regorgerait de sacs de farine ! En réalité, tout le monde souhaite que le roi de France se tienne enfin au milieu de son peuple, à Paris. Plus de six mille Parisiennes partent le chercher sous la pluie du 5 octobre au matin, à pied jusqu'à Versailles. Et le 6 octobre, laissant derrière elles des gardes suisses décapités, elles installent au château des Tuileries, près du Louvre « le boulanger, la boulangère et le petit mitron », c'est-à-dire Louis XVI, Marie-Antoinette la reine, et le Dauphin, leur fils. Ils ne reverront jamais Versailles...

LE SAVIEZ-VOUS ?

Abbayes, monastères et leurs terres ? Confisqués !

L'Église de France, si riche, les caisses de l'État, si vides… Le 2 novembre 1789, tous les biens ecclésiastiques : les terres, les abbayes, les monastères, tout ce dont l'Église est propriétaire tombe dans l'escarcelle de la Nation qui en a grand besoin pour payer ses dettes ! D'un seul coup ! Mirabeau l'a proposé, l'Assemblée constituante l'a fait ! Le 27 novembre 1790, tous les prêtres sont contraints de prêter le serment de fidélité à la Nation qui les paiera, au roi et à la Constitution civile du clergé. Ceux qui acceptent vont être appelés jureurs, les autres deviennent les réfractaires.

L'assignat : de l'or pour l'État

Comment transformer les biens du clergé qui ont été confisqués en or et en argent qui permettront à l'État de rembourser ses dettes ? Les députés décident de créer un billet portant l'indication d'une valeur garantie sur les biens du clergé. Garantie, c'est-à-dire assignée. D'où le nom d'assignat donné au billet lui-même. Le procédé est simple : les particuliers peuvent échanger l'or qu'ils possèdent contre des billets en papier qui leur rapportent un intérêt de 5 %, et leur donnent la possibilité d'acquérir ensuite des biens d'église. Mais trop de billets sont émis, l'assignat perd rapidement de sa valeur. Et ceux qui en avaient acquis ont tout perdu…

Alors, heureuse, la France ?

Alors, la France, heureuse ? Heureuse depuis la prise de la Bastille ? Heureuse d'avoir aboli un pouvoir absolu vieux de plusieurs siècles ? Heureuse d'avoir donné une sévère leçon à la noblesse, au clergé ? Et vous, le roi Louis XVI, heureux ? Euh…

14 juillet 1790 : la fête de la Fédération

Histoire d'amour. Premier épisode : la lune de miel… À Paris, et plus précisément au Champ de Mars, face à l'École militaire, lors de la fête de la Fédération, organisée un an après la prise de la Bastille, le roi et la reine sont aux anges : on les acclame, on les ovationne. Marie-Antoinette sourit comme jamais, elle lève vers la foule le petit Dauphin, le futur Louis XVII… les ovations redoublent ! Le roi jure qu'il sera fidèle à la Nation et à la loi. On pourrait croire, ce jour-là, la Révolution terminée.

20 juin 1791 : le roi s'enfuit en famille

Histoire d'amour. Deuxième épisode : la rupture. Dans la nuit du 20 juin 1791, à Paris, deux mystérieuses voitures franchissent la porte Saint-Martin. Paris dort. Il est deux heures du matin. Qui somnole dans l'une d'elles, une grosse berline verte ? La famille royale ! Oui, chut… Le roi s'enfuit…Tous les douze kilomètres, il faut changer les chevaux tant la berline est lourde et chargée.

« Le roi s'est enfui ! »

21 juin, 8 h 00. Paris. Un cri : « Le roi s'est enfui ! » La Fayette envoie dans toutes les directions des soldats pour l'arrêter ! Où est-il parti ? À 12 h 00, la grosse berline est à Fromentières (dans l'actuel département de la Marne) ! Tout le monde descend malgré les deux heures de retard sur l'horaire prévu ! On se dégourdit les jambes, on repart. À mesure que le temps passe, Louis XVI se rassure : il sait qu'au Pont de la Somme-Vesle, le jeune Choiseul l'attend avec soixante cavaliers armés.

Marie-Antoinette tente de lire la carte routière…

Le Pont de la Somme-Vesle est atteint à 18 h 00. Personne ! Les cavaliers, jugeant que la berline ne viendrait plus, sont partis depuis deux heures. À 23 h 00, la famille royale atteint Varennes en Argonne. La voiture s'arrête près de l'église. C'est Marie-Antoinette qui tente de lire la carte routière : ils sont perdus ! Reconnus, ils passent la nuit sur place. L'aventure est finie : le 22 juin, la berline repart pour Paris avec ses occupants. Le 25 juin, elle atteint la capitale, dans un silence de mort.

17 juillet 1791 : La Fayette fait tirer sur le peuple

Mais où donc voulait-il aller, le roi Louis XVI, s'enfuyant ainsi vers l'est ? Tout le monde le sait : il voulait rejoindre aux frontières l'armée des nobles émigrés, en prendre le commandement, marcher sur Paris et reconquérir son trône ! Quoi ? Le roi se serait battu contre des Français ? Qu'en pense-t-on dans les clubs où circulent les idées révolutionnaires, clubs comparables aux partis politiques d'aujourd'hui ?

Proclamons la république !

Au Club des cordeliers (nommé ainsi parce qu'il s'est installé dans l'ancien couvent des Cordeliers à Paris), on souhaite que le roi soit déchu et que la république soit immédiatement proclamée afin d'appliquer la devise proclamée au Club le 29 mai 1791 : liberté, égalité, fraternité.

GROS PLAN

Les cordeliers : des violents !

Le Club des cordeliers est un club populaire où on souhaite appliquer les solutions les plus radicales, même si elles sont violentes. L'un de ses membres les plus engagés – et même enragés – s'appelle Jacques Hébert, un ancien domestique qui porte le surnom d'« Homère de l'ordure » tant ses propos peuvent être extrêmes dans le journal qu'il publie *Le Père Duchesne*. Chez les cordeliers, on rencontre aussi Danton, Camille Desmoulins, Marat…

Non…

Au Club des jacobins (nommé ainsi parce qu'il s'est installé dans l'ancien couvent des Jacobins à Paris, tout simplement…), on n'aime pas trop les débordements, les actions violentes. Punir le roi ? Robespierre, Bailly et tous les membres du Club préfèrent pour l'instant envisager d'inscrire son pouvoir dans la constitution.

GROS PLAN

Les jacobins : le Club des petites fortunes...

Au Club des jacobins auquel on adhère en payant 25 000 francs – une petite fortune à l'époque – on rencontre Robespierre, Saint-Just. Ce club compte 10 000 adhérents dans toute la France répartis en 800 filiales. Son influence sur les décisions prises par l'Assemblée est importante.

« Tirez, chargez, sabrez ! »

Le 17 mars, les cordeliers rassemblent plus de cinq mille personnes sur le Champ de Mars. Elles viennent signer une pétition demandant que le roi soit jugé et déchu de tous ses pouvoirs. Sur place, elles trouvent la garde nationale, aux ordres de La Fayette. La foule lui lance des pierres. La garde nationale tire. Le peuple laisse plus de cinquante morts ! Les agitateurs du peuple, Marat, Danton, Hébert, sont activement recherchés et doivent se cacher. Au Club des jacobins où l'on souhaite encore conserver le roi, Robespierre ne désapprouve pas la fusillade...

La Constituante : de fiers services rendus à la France

À RETENIR

Elle avait été commencée le 9 juillet 1789, elle vient d'être votée en ce 14 septembre 1791 : la Constitution de la France, œuvre de l'Assemblée constituante ! Quels changements en deux ans !

- La France est divisée en départements, districts cantons et communes.
- Les privilèges féodaux sont abolis.
- L'égalité devant l'impôt devient effective. Celui-ci comporte trois volets : la contribution foncière sur le revenu des terres, la contribution mobilière calculée sur la valeur locative des habitations, et la patente perçue sur les revenus de l'industrie et du commerce.
- La presse est libre.
- Les droits du citoyen sont accordés aux Juifs, aux protestants.

- Les progrès en matière de justice sont considérables : l'accusé qui paraît devant ses juges dans les vingt-quatre heures bénéficie de l'assistance d'un avocat, il ne subira plus la torture, sa peine sera décidée par un jury populaire composé de citoyens tirés au sort.
- Une Cour de cassation est créée afin de vérifier l'application des lois.
- Un Code pénal est rédigé, sur le modèle de l'ancien code romain.
- Le roi ? Il ne lui reste plus qu'un droit de veto suspensif, c'est-à-dire un seul mot s'il n'est pas d'accord avec ce que décide, seule, l'assemblée : « non ! »

Bref, la Constituante a bien mérité de la patrie, elle peut entrer dans l'Histoire, on parlera longtemps d'elle, du grand ménage qu'elle a fait, toujours en bien !

IMPORTANT, L'ÉVÉNEMENT !

L'abbé Grégoire : « Il faut donner aux Juifs des droits économiques et politiques ! »

La peine de mort ? Il faut la supprimer ! La république ? Il faut la proclamer ! Voici en quelques mots ce que défend l'abbé Henri Grégoire (1750 – 1831), député du clergé aux états généraux. Il n'a qu'une idée : la tolérance. Grâce à son action, le décret accordant la citoyenneté aux membres des communautés juives est promulgué le 27 septembre 1791. Le 15 mai 1791, il avait obtenu que les gens de couleur, nés de père et de mère libres, bénéficient des doits politiques accordés à tout citoyen. Hélas, cette dernière décision demeura lettre morte pour longtemps.

De la Législative à la chute de la royauté

Le massacre du Champ de Mars est déjà loin. La Révolution est en marche et doit poursuivre son œuvre !

L'espoir de Louis et des girondins : la guerre !

L'Assemblée législative, qui remplace la Constituante et se réunit le 1er octobre 1791, est composée de nouveaux députés. Parmi eux, quatre cents avocats. Aux frontières, des troupes ennemies sont massées qui pourraient entrer en France et rétablir la royauté dans ses droits. C'est ce que Louis XVI espère en secret. Les girondins, eux aussi, désirent la guerre au dehors des frontières afin de libérer les peuples de leurs « tyrans », et de créer une immense république !

Girondins et montagnards : deux mondes

GROS PLAN

À l'Assemblée vont s'affronter à mort les montagnards (installés sur les bancs les plus hauts, la « montagne ») et les girondins (ainsi appelés car plusieurs d'entre eux viennent de Gironde). Les girondins représentent la bourgeoisie fortunée, possédante, industrielle et commerçante.

- Leur grand projet est de décentraliser le pouvoir.
- Ils l'ont ébauché en créant les quatre-vingt-trois départements et ils voudraient que Paris ne représente qu'un quatre-vingt-troisième d'influence, comme chacun des autres départements.
- Le commerce et les prix doivent être libres.

Les montagnards représentent la bourgeoise moyenne et les classes populaires. Cette bourgeoisie moyenne va se servir des sans-culottes comme d'une main armée. Les idées montagnardes sont exactement inverses :

- Paris est le centre de la France.
- Pour les députés de la Montagne, la plupart élus parisiens, tout doit converger vers la capitale.
- Le gouvernement doit ajouter à la centralisation une autorité sans faille, y compris dans le commerce qui est rigoureusement surveillé et organisé !

Pour eux, la Révolution doit être sauvée par tous les moyens, même les plus impopulaires.

Aux armes !

Le 20 avril 1792, le roi propose à l'Assemblée un vote pour décider si la guerre doit être déclarée : le résultat est à la hauteur de ses espérances et de celles des girondins : l'unanimité moins une voix! La guerre est donc déclarée au « roi de Bohème et de Hongrie », c'est-à-dire à l'Autriche seule dont l'empereur, François II, est le neveu de Marie-Antoinette. Cinq jours plus tard, le 25 avril 1792, Rouget de Lisle compose à Strasbourg un chant de guerre pour l'armée du Rhin qui connaîtra une grande célébrité...

20 juin 1792 : la journée des Tuileries

La guerre commence fort mal. Aux défaites militaires s'ajoutent, dans l'Ouest, des troubles suscités par les prêtres réfractaires. L'Assemblée vote alors trois décrets auxquels le roi oppose le seul droit qui lui soit accordé : le droit de veto.

« À bas le veto ! »

Comment ? Le roi ose s'opposer aux décrets votés par l'Assemblée ? La réaction du peuple ne tarde pas : le 20 juin 1792, plus de six mille personnes conduites par le brasseur Santerre – à la fortune confortable – se ruent à l'Assemblée. Les hommes sont armés de couteaux, de tranchets, de piques, de doloires. Sur des pancartes, on peut lire : « À bas le veto ». Puis, Santerre ordonne à sa troupe d'envahir le château des Tuileries. Il est quatre heures, les grilles sont enfoncées. Le roi est entouré par la foule menaçante. On lui fait coiffer le bonnet rouge, boire du vin à la bouteille, comme un vrai sans-culotte. Mais il maintient son veto. Courageusement.

QUELLE HISTOIRE !

« J'étais heureuse quand vous m'aimiez ! »

Les femmes aussi ont défilé devant le roi le 20 juin 1792. Et devant la reine, l'une d'elles l'insulte. Marie-Antoinette l'interpelle : quel mal lui a-t-elle fait ? La femme lui répond et l'accuse de vouloir tromper la Nation. Très digne, Marie-Antoinette répond alors : « C'est vous qu'on a trompée. J'ai épousé le roi de France, je suis la mère du Dauphin, je suis Française, je ne reverrai jamais mon pays. Je ne puis être heureuse ou malheureuse qu'en France. J'étais heureuse quand vous m'aimiez... » La femme alors fond en larmes : « Ah ! Madame, pardonnez-moi, je ne vous connaissais pas, je vois que vous êtes bonne ».

La patrie en danger !

Malgré la détermination du roi, les soldats fédérés sont en route pour Paris, ils arrivent de toute la province afin de célébrer l'anniversaire de la prise de la Bastille. Soudain, au début de juillet 1792, la Prusse entre en guerre. Les Prussiens avancent rapidement vers la France, vers la patrie qui, le 11 juillet, est déclarée en danger. Aussitôt, près de vingt mille volontaires sans-culotte s'enrôlent pour partir vers les frontières.
De Marseille arrivent des volontaires qui entonnent « Le Chant de guerre pour l'armée du Rhin » que Rouget de Lisle a composé à Strasbourg, et qui est aussitôt baptisé « La Marseillaise » par les Parisiens !

Le sans-culotte Gilbert

Pauvre poète, très pauvre, le poète Gilbert, en 1769, vingt ans avant la Révolution. Il est si démuni qu'il porte, au lieu de la culotte des gens de bonne société, le pantalon. Certains philosophes mondains attablés aux terrasses se moquent de lui et l'appellent « le sans-culotte ». Gilbert meurt en 1780, mais le nom de sans-culotte est repris dans un journal contre-révolutionnaire en 1791 pour désigner ironiquement ceux qui agitent les rues de Paris. À quoi reconnaît-on le sans-culotte ? Il porte un pantalon rayé de grosse étoffe, il est chaussé de sabots remplis de paille, porte sur la tête le bonnet phrygien rouge rappelant l'affranchissement des esclaves. En main, le sans-culotte tient une pique. Son drapeau est le drapeau rouge. Son idéal ? L'égalité qu'il pratique en tutoyant tous ceux qu'il rencontre, et qui sont pour lui des citoyens et des citoyennes, un point c'est tout.

10 août 1792 : la chute de la royauté

Bien difficile, la position de Louis XVI depuis sa tentative de fuite à l'étranger ! Les suppositions le concernant vont bon train…

Toutes les cloches se mettent à sonner

La rumeur d'un complot aristocratique ne cesse de s'amplifier dans la capitale : le roi serait complice de tous ces ennemis qui se sont massés aux frontières et qui veulent envahir la France pour le rétablir sur son trône ! Au petit matin, le roi est emmené dans les locaux de l'Assemblée. Pendant le court trajet qui l'y conduit, traversant le jardin des Tuileries, il remarque des tas de feuilles amassées par les jardiniers. Alors, tristement résigné, il murmure : « Les feuilles tombent bien tôt, cette année ! »

Figure 7-2 : La prise du Palais des Tuileries par Jacques Bertaux.

Qui est-ce, là-bas ?

Petite parenthèse dans le récit de l'attaque du château des Tuileries : regardez, là-bas, légèrement en retrait, ce militaire de petite taille, anodin, qui observe la scène, et qui a failli tout à l'heure être traversé par une balle perdue ! Voulez-vous connaître son nom ? Il s'appelle Napoléon Bonaparte… Fermons la parenthèse.

Tous les Louis…

Puis, les sans-culottes attaquent les Tuileries. Les gardes du palais sont tués sur place, détroussés, dénudés, et pour beaucoup décapités. Alors, Robespierre, Marat et Danton demandent que le roi soit définitivement suspendu de ses fonctions. Ce qui est fait. La famille royale va être conduite à la prison du Temple. Clovis, Charlemagne, Hugues Capet, tous les Charles, tous les Henri, tous les François, et tous les Louis, c'est fini ! Ou presque…

Place à la république

Il en faut de la ténacité à tous les acteurs de ces temps troublés pour installer leur rêve : la république ! Beaucoup de ceux qui contribuent à sa naissance vont laisser leur vie sur l'échafaud, même Robespierre, celui qui se voulait irréprochable et qu'on appelait « l'incorruptible »...

Les massacres de septembre 1792

Les craintes qui s'amplifient au cœur de la Révolution vont provoquer de terribles conséquences.

« L'ami du peuple »...

Plus de roi, mais la guerre continue. Brunswick le Prussien est en Champagne, il avance lentement mais sûrement vers Paris. Les bruits du complot des aristocrates contre la France se renforcent. Marat, l'enragé sort de ses gonds. Dans son journal, *L'Ami du peuple*, il appelle les citoyens, tous les patriotes, à l'action directe. Il faut, écrit-il, tuer les riches, sans tarder. Ainsi, les biens pourront être redistribués équitablement...

LE SAVIEZ-VOUS ?

« De l'audace, encore de l'audace, toujours de l'audace »

Danton, le 2 septembre 1792, termine son discours à l'Assemblée par cette phrase demeurée célèbre : « Pour vaincre les ennemis de la patrie, il nous faut de l'audace, encore de l'audace, toujours de l'audace ». Il invitait le peuple français à se mobiliser contre tous ceux qui pourraient menacer l'œuvre de la Révolution en marche. Des rumeurs de complot circulaient partout en France. Les massacres venaient de commencer...

« À la Force ! »

L'ordre de Marat va être suivi au pied de la lettre : des exécuteurs sont recrutés dans les faubourgs, les 31 août et 1er septembre 1792. Ivres dès le petit matin, ils se ruent sur les prisons. Un tribunal sommaire est mis en place. Les prisonniers sont dirigés vers la sortie et précipités sur une quinzaine de tueurs qui les transpercent de leur sabre, de leur baïonnette, de leur couteau ou bien leur brisent le crâne avec des haches. Les massacres durent trois jours, les 2, 3 et 4 septembre. Ils font mille quatre cents victimes à Paris, beaucoup moins en province.

20 septembre 1792 : la victoire de Valmy

Où sont donc passés les sans-culottes venus s'engager en juillet pour défendre la patrie en danger ? Les voici, face aux Prussiens, le 20 septembre 1792 à Valmy, dans la Marne. Le Prussien Brunswick, avec ses quatre-vingt mille hommes, dont cinq mille émigrés seulement, s'apprête à ne faire qu'une bouchée de l'armée française placée sous les ordres de Dumouriez et de Kellermann – cinquante mille combattants ! Mais, curieusement, c'est l'armée française qui remporte la victoire après quelques coups de feu seulement… Cette étrange victoire couronne de gloire les révolutionnaires. Le 21 septembre, la royauté est abolie, et le lendemain, 22 septembre 1792, naît la Première République française !

Figure 7-3 : *La Bataille de Valmy*, Jean-Baptiste Mauzaisse.

Bienvenue à la Convention !

Le roi ayant été déchu de ses pouvoirs au soir de la journée des Tuileries, une nouvelle assemblée va être élue afin d'élaborer une constitution adaptée à la situation. Cette assemblée plutôt agitée en ses débuts prend le nom de Convention nationale.

Girondins et montagnards, les frères ennemis…

Au soir du 10 août 1792, l'Assemblée législative estime sa mission achevée. Elle laisse la place à la Convention qui se réunit pour la première fois le 21 septembre 1792. Girondins et montagnards vont s'y affronter jusqu'à la mort !

Halte-là ! Les montagnards sont là…

Deux hommes dominent la Montagne : Danton, dit l'Aboyeur – ou le Corrompu – et Robespierre. Sans tarder, les girondins attaquent Danton : ils l'accusent d'avoir détourné des fonds lorsqu'il était ministre. Ils attaquent Robespierre : il n'a cessé de tyranniser l'assemblée. Ils attaquent Marat : il a excité les massacreurs de septembre ! Halte-là ! Les montagnards sont là : en réponse à ces accusations, et surtout après la découverte le 20 novembre 1792 d'une armoire de fer contenant la correspondance de Louis XVI avec l'étranger, Robespierre va exiger que se tienne le procès du roi. Et demander sa mort !

« Guerre aux châteaux, paix aux chaumières ! »

Le 11 décembre 1792, Louis XVI comparaît à la barre de la Convention pour la première fois. Les réponses qu'il fournit aux questions posées sont embarrassées. Il sait trop bien quelle sera l'issue de son procès. Le 25 décembre, il rédige son testament. Le lendemain, il comparaît pour la deuxième fois à la Convention : son procès s'ouvre enfin. Les girondins vont tenter de sauver le roi. L'Assemblée passe au vote le 18 janvier :

- 361 députés se prononcent pour la peine de mort, dont Philippe d'Orléans, devenu, dans le style sans-culotte, Philippe Égalité. Philippe Égalité est le cousin du roi, le descendant du frère de Louis XIV, le père du futur Louis-Philippe.
- 360 députés votent contre la peine de mort ou pour une peine différente.

IMPORTANT, L'ÉVÉNEMENT !

Louis XVI : « Je meurs innocent… »

21 janvier 1793, tour du Temple à Paris. Louis XVI y est emprisonné avec la famille royale depuis septembre 1792. Il s'est levé à 6 h 00, s'est préparé à partir pour le lieu de son exécution qui doit se dérouler sur la place de la Révolution, aujourd'hui place de la Concorde. À 8 h 00, Louis XVI monte dans une grosse berline noire entourée de 1 500 soldats. Le trajet dure près de deux heures. Sur la place, noire de monde, hérissée de baïonnettes, on attend depuis des heures. « Nous voilà arrivés, si je ne me trompe » dit Louis XVI qui descend calmement de la berline. Il gravit sans émotion l'escalier raide qui le conduit sur l'échafaud, il a le temps de lancer à la foule : « Je meurs innocent des crimes dont on m'accuse, je pardonne aux auteurs de ma mort, je prie Dieu que mon sang ne retombe pas sur la France… ». Le couperet de la guillotine tombe à 10 h 22.

Figure 7-4 : L'exécution de Louis XVI d'après une gravure allemande.

La guerre de Vendée

La mort du roi ne résout rien. Elle provoque même le déchaînement des monarchies européennes contre la France ! Les troupes françaises subissent de sérieux revers.

Contre la Révolution

La Convention décide alors la levée en masse de trois cent mille hommes. Des administrateurs sont envoyés dans tous les départements, dans les villes, les villages pour tirer au sort des hommes parmi les célibataires. En Vendée, ces administrateurs sont molestés, et bientôt, c'est une armée de Vendéens qui se constitue, contre la Révolution ! Cathelineau, un ancien colporteur, et Stofflet, l'officier royaliste lorrain, en prennent le commandement, en même temps que les nobles d'Elbée, Charette, La Rochejaquelin.

La déroute de Savenay

Ces Vendéens qu'on appelle les Blancs vont se battre contre les Bleus – les soldats de la République. Les Blancs espèrent être secourus par les Anglais auxquels se joindrait l'armée des émigrés. Après une série de victoires, les Vendéens sont mis en déroute et massacrés à Savenay en Loire-Inférieure (Loire-Atlantique) le 23 décembre 1793. Des colonnes infernales envoyées par la Convention en Vendée vont brûler, détruire, piller, assassiner les populations dans des conditions atroces.

GROS PLAN

Bilan des guerres de Vendée

En février 1795, une paix temporaire est signée avec Charette. Mais, dès l'été, le 27 juin 1795, des nobles émigrés et des Anglais débarquent à Quiberon. Ils se joignent aux chouans de George Cadoudal. Les chouans sont les combattants du nord de la Loire, initialement sous les ordres de Jean Cottereau dont le grand-père, contrebandier du sel, imitait le cri du chat-huant, cri repris comme signe de ralliement. Les 16 et 17 juillet 1795, les chouans et leurs alliés anglais et émigrés sont battus. Les sept cent cinquante et un prisonniers sont condamnés à mort et exécutés. Stofflet et Charette sont arrêtés et fusillés. Les guerres de Vendée ont fait cent cinquante mille morts.

La Révolution à tout prix

Que faire pour que la Révolution n'échoue pas ? Instaurer la terreur ? Décapiter la reine Marie-Antoinette ? Exécuter les girondins ? Et Robespierre… ? Oui, tout cela…

2 juin 1793 : la fin des girondins

L'armée révolutionnaire accumule les défaites. Pour les expliquer, à Paris, circule le bruit d'un complot royaliste ! Et qui seraient les complices de ce complot ? Les girondins… Dans la capitale, il n'y a plus de pain. Des émeutes éclatent partout ! La solution est trouvée par Marat et Robespierre : au début d'avril 1793, ils demandent l'arrestation des députés girondins ! Le 2 juin 1793, cinquante députés girondins sont arrêtés. Certains vont réussir à s'enfuir en province. Les récits de ceux qui arrivent à Caen impressionnent tant une jeune fille de 25 ans – Marie-Anne Charlotte de Corday d'Armont – qu'elle décide de monter à Paris. Son objectif : tuer Marat.

IMPORTANT, L'ÉVÉNEMENT !

« J'ai bien le droit d'être curieuse, je n'en ai jamais vu ! »

Partie de Caen, Charlotte Corday arrive à Paris le 11 juillet 1793. Le 13 juillet, vers 8 h 00, elle se rend au Palais-Royal où, dans une boutique, elle achète un couteau de table. Elle se rend le soir chez Marat qui soigne son eczéma chronique dans sa baignoire. Prétextant qu'elle va lui livrer le nom de traîtres, elle est conduite près de lui, commence à lui dicter des noms… Il se penche pour écrire, elle lui plante alors son couteau dans la poitrine sous la clavicule droite, sectionnant l'artère sous-clavière ; Marat meurt aussitôt. Arrêtée, Charlotte Corday est condamnée à mort. Le 17 juillet, sous un violent orage, la charrette de la condamnée débouche place de la Révolution où se trouve la guillotine. Charles-Henri Sanson, le bourreau, se place devant Charlotte Corday afin de lui éviter la vue de l'instrument du supplice. Elle l'écarte en lui disant : « J'ai bien le droit d'être curieuse, je n'en ai jamais vu ! ». Le couperet tombe à 17 h 00.

1793-794 : Robespierre et la dictature de la vertu…

Les girondins, qui se sont réfugiés en province, ont réussi à soulever la moitié des départements contre la Révolution. Robespierre décide alors d'organiser la dictature ! Mais une dictature à sa façon. Il l'appelle la « dictature de la vertu ».

Les noyades de Carrier

GROS PLAN

La dictature de Robespierre comprend un Comité de salut public, un Comité de sûreté générale qui arrête, sur dénonciation, des supposés traîtres, et un tribunal révolutionnaire que préside le fils d'un riche propriétaire picard : Fouquier-Tinville. Peu à peu, la terreur s'installe, à Paris et en province. À Nantes, le sinistre Carrier fait noyer des milliers de prisonniers. Parfois, il s'installe à la fenêtre de son appartement sous lequel se trouve la guillotine. En prenant son café, ivre, il fait un signe d'adieu aux condamnés. Rappelé à Paris, Carrier sera guillotiné le 16 décembre 1794.

La Terreur !

La situation aux frontières, dans le sud et dans l'ouest, devient plus que préoccupante. Robespierre met la terreur à l'ordre du jour le 5 septembre 1793. Tous les ennemis de la République sont visés. Le 17 septembre, la loi des suspects est adoptée : toute personne soupçonnée d'être contre la Révolution risque d'être condamnée à mort et exécutée le lendemain !

Figure 7-5 : Le procès de Marie-Antoinette.

16 octobre 1793 : Marie-Antoinette guillotinée

C'est dans ce contexte de terreur que le procès de Marie-Antoinette, reine de France, va se dérouler les 14 et 15 octobre 1793. Hébert lance contre elle d'immondes accusations, elle se défend avec dignité, émeut l'auditoire, mais Fouquier-Thinville obtient sa condamnation à mort. Le mercredi 16 octobre, elle gravit sans faillir l'escalier de l'échafaud. Le bourreau l'entend dire : « Ma fille, mes enfants ! Adieu ! Je vais rejoindre votre père ». Le couperet tombe. Marie-Antoinette avait 39 ans.

31 octobre 1793 : les girondins guillotinés

Après Marie-Antoinette, les girondins vont passer devant le tribunal révolutionnaire. Condamnés à mort, ils sont conduits à l'échafaud le 31 octobre 1793. Le 6 novembre, c'est Philippe d'Orléans, dit Philippe Égalité, qui est guillotiné. Il avait pourtant voté la mort de son cousin, le roi Louis XVI… Pendant ce temps, les armées révolutionnaires commencent à remporter des victoires aux frontières. Puisque la République n'est plus menacée, la Terreur n'a plus de raison d'être, c'est ce que pense Danton. Il tente d'en persuader Robespierre. En vain !

Robespierre, attention…

Robespierre envoie Danton à la guillotine le 5 avril 1794. Guillotiné aussi Hébert accusé, lui, de vouloir accentuer la Terreur ! Guillotinés aussi Camille Desmoulins, Lucile Desmoulins, sa femme, Fabre d'Églantine… Guillotiné aussi le poète André Chénier ! Robespierre s'acharne à vouloir faire tomber encore des têtes, mais un complot se forme bientôt. Robespierre sent le danger. Trop tard : il est arrêté le 9 thermidor, gravement blessé au visage par un tir de pistolet. Après une nuit de souffrances atroces, il est exécuté le lendemain 10 thermidor – 28 juillet 1794.

Des temps nouveaux

Pendant un an, à partir du 22 septembre 1792, les mathématiciens Romme et Monge, et le poète Fabre d'Églantine vont mettre au point le calendrier républicain. Ils y suppriment toute référence à la religion. L'année commence à l'équinoxe d'automne, le 22 septembre. Le calendrier compte 12 mois de 30 jours, ce qui fait en tout 360 jours. Et les cinq jours restants ? Ce sont des jours de fêtes appelés les sans-culottides ! Les jours portent des noms d'animaux domestiques, de plantes ou d'outils. Les mois sont regroupés par trois et riment en fonction de la saison. Voici, par exemple, les mois d'hiver : Nivôse, mois de la neige (21 décembre - 19 janvier) ; Pluviôse, mois de la pluie (20 janvier - 18 février) ; Ventôse, mois du vent (19 février - 20 mars).

Qui furent les 16 594 guillotinés dans toute la France ?

« Les aristocrates à la lanterne », chantaient les révolutionnaires ! Les aristocrates ne furent pas pendus, mais guillotinés, comme tout le monde. Cependant, contrairement à ce qu'on pourrait penser, ils ne représentent qu'un faible pourcentage de ceux qui passèrent entre les mains du bourreau Charles-Henri Sanson. Ceux qui ont payé le plus lourd tribut à la guillotine sont les ouvriers et les paysans.

- 31 % d'ouvriers
- 28 % de paysans
- 25 % de bourgeois
- 8,5 % d'aristocrates
- 6,5 % de prêtres
- 1 % n'entre pas dans ce classement.

La réaction thermidorienne

La réaction à la dictature de Robespierre ne se fait pas attendre. Ceux qui en prennent la tête, les thermidoriens – ceux qui ont fait tomber le dictateur le 9 thermidor – sont réalistes : ils poursuivent la guerre. Le peuple tente de reprendre la main, en vain. Désormais, les attroupements menaçants sont punis de prison ou de mort. Pendant ce temps, une jeunesse insouciante s'en prend aux jacobins auxquels elle fait la chasse, permettant le retour des royalistes dont la révolte va être mâtée le 5 octobre 1795 – 13 vendémiaire de l'an IV – par un petit général sans le sou : Bonaparte…

26 octobre 1795 : le début du Directoire

La dictature, c'est fini ! Robespierre en a perdu la tête sous le couperet de la guillotine, et il n'est pas question que le pouvoir retombe aux mains d'un seul homme. Voilà pourquoi la Constitution de l'an III, votée par la Convention, prévoit que désormais, la France sera gouvernée par cinq « directeurs ». Ainsi, le 26 octobre 1795, naît le Directoire qui se maintient en place jusqu'au coup d'État des 18 et 19 brumaire de l'an VIII – 9 et 10 novembre 1799. Les députés vont composer deux assemblées au lieu d'une :

- le Conseil des Cinq-Cents qui discute et vote les résolutions ;
- le Conseil des Anciens – 250 membres – qui transforme ou non les résolutions votées en loi. Pour siéger au Conseil des Anciens il faut avoir plus de 40 ans.

Ces députés sont élus au suffrage censitaire, c'est-à-dire que seuls les électeurs disposant d'une petite fortune votent.

LE SAVIEZ-VOUS ?

Ce que nous devons à la Convention

Voici l'« héritage », les créations de la Convention avant qu'elle ne disparaisse le 26 octobre 1795, pour laisser place au Directoire :

- l'École polytechnique
- le Conservatoire national des arts et métiers
- l'École normale supérieure
- le système métrique
- le Conservatoire national de musique
- le Muséum d'histoire naturelle
- l'École spéciale des Langues orientales (30 mars 1795)
- l'institution de la propriété littéraire
- l'obligation de déposer à la Bibliothèque nationale deux exemplaires de chaque livre publié

Chapitre 8

Bonaparte en général

Dans ce chapitre :

- Bonaparte vainqueur en Italie et en Égypte
- Soyez les témoins du coup d'État du 18 brumaire de l'an VIII
- L'ascension du consul Bonaparte

Le petit général sans le sou qui mâte la révolte royaliste en 1795 va chausser ses bottes de sept lieues et tenter de faire l'Europe par le feu et par le sang ! Ce petit général que ses soldats appellent familièrement « le Petit Caporal », vous l'avez reconnu, c'est Napoléon Bonaparte. Victorieux sur les champs de bataille d'Italie et d'Égypte de 1796 à 1800, il s'empare du pouvoir, devient consul à vie…

Le « petit caporal » en campagnes

En Italie, contre les Autrichiens, le pauvre général Vendémiaire et ses soldats se couvrent de gloire ! En Égypte, les victoires se succèdent. Bonaparte, triomphant, revient en France et s'empare du pouvoir à la suite du coup d'État, les 18 et 19 brumaire de l'an VIII – 9 et 10 novembre 1799. Quelques batailles en Italie encore et Bonaparte organise et réforme la France en profondeur, y installe des codes et des structures qui nous gouvernent encore…

1796 – 1797 : l'Italie, Arcole et Rivoli…

L'Italie n'avait pas réussi à Charles VIII, ni à Louis XII, ni à François 1er, finalement, qui échoua à Pavie. Napoléon Bonaparte ne prend pas, comme ces trois rois, la tête d'une ruée de chevaliers engoncés dans leurs armures incommodes, il se met à la tête d'une troupe de va-nu-pieds à qui il s'adresse ainsi :

> *Soldats vous êtes nus, mal nourris* […]. *Je vais vous conduire dans les plus fertiles plaines du monde…Vous y trouverez bonheur, gloire et richesse. Partons !*

Et ils partent, derrière Bonaparte, vers Milan, Mantoue… déloger les Autrichiens qui dominent les princes italiens et menacent une France qui n'a plus un sou dans ses caisses !

Figure 8-1 : Bonaparte au pont d'Arcole par Antoine-Jean Gros.

15 mai 1796 : Bonaparte entre à Milan

Le Directoire avait envoyé vers Vienne deux autres généraux, Jourdan et Moreau, qui avaient pour mission de vaincre l'Autriche. Mais ils reviennent vaincus. Et Bonaparte ? Vainqueur partout ! Vainqueur à Montenotte, en Italie du Nord, le 12 avril 1796, à Dego le 13, vainqueur à Mondovi le 21 ! Le 28 avril, l'armistice est signé avec les Sardes et le roi de Sardaigne, suivi du traité de Paris, le 15 mai : la France gagne Nice et la Savoie !

À cent kilomètres de Vienne !

Et ce n'est qu'un début… Vainqueur à Lodi, le 10 mai 1796, Bonaparte, contre les Autrichiens ! Vainqueur à Arcole, le 15 novembre ! Vainqueur à Rivoli, le 14 janvier 1797. Le 2 février, il entre dans la ville de Mantoue. Et ce n'est pas terminé : contre l'avis du Directoire, il s'en va vers Vienne ! Il n'en est qu'à cent kilomètres lorsque les Autrichiens décident de signer un traité de paix à Campoformio le 18 octobre 1797.

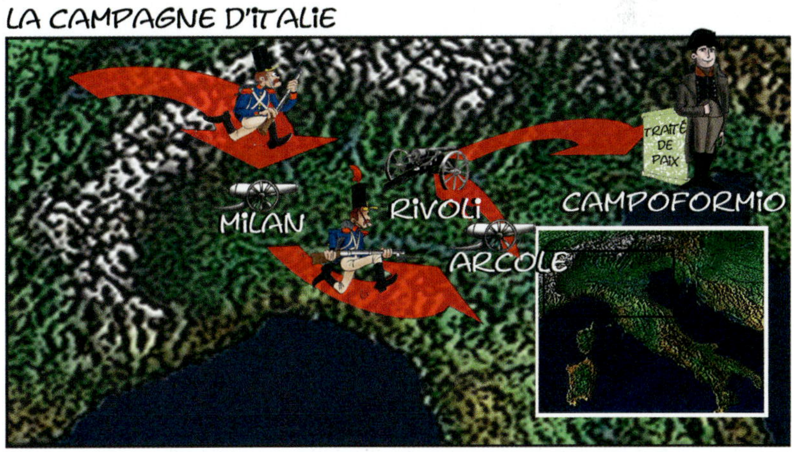

Figure 8-2 : La campagne d'Italie.

LE SAVIEZ-VOUS ?

Des sommes astronomiques…

Bonaparte exige des Autrichiens vaincus des sommes astronomiques dont il verse une grande partie dans les caisses du Directoire qui en est absolument ravi ! Et l'autre partie ? Elle va dans la poche de Bonaparte le Corse, qui en distribue à ses frères, ses sœurs, sa mère… L'ancien pauvre est résolument décidé à s'inscrire dans la liste des plus grandes fortunes de l'Histoire !

Au diable, Bonaparte !

Malgré les flots d'or qui arrivent dans ses caisses, le Directoire commence à se poser des questions sur ce petit général qui se permet d'ignorer les ordres, qui inonde de ses triomphants *Courriers d'Italie* la France ébahie par tant de bravoure et de gloire. Il est grand temps de l'éloigner… Bonaparte reçoit l'ordre de partir conquérir l'Égypte qui appartient aux Turcs, première étape avant l'Inde d'où il faudrait chasser les Anglais …

Du haut de ces pyramides…

GROS PLAN

Le 1er juillet 1798, l'expédition arrive à Alexandrie, après avoir réussi à échapper à Nelson, l'amiral anglais lancé aux trousses de Bonaparte. La ville d'Alexandrie est prise en une journée, le 2 juillet. L'armée marche sur Le Caire. Le 21 juillet, la cavalerie turque des Mamelouks lui barre la route. Napoléon dope alors ses troupes avec cette phrase : « Soldats, du haut de ces pyramides, quarante siècles vous contemplent ! »

Figure 8-3 : La campagne d'Égypte.

La flotte en sandwich !

Quelques heures plus tard, les Mamelouks sont écrasés. La voie est libre vers Le Caire où les troupes françaises entrent le 23 juillet 1798. Bonaparte établit dans la ville son quartier général. Une semaine passe, et c'est la catastrophe : Nelson prend habilement en sandwich la flotte française dans la rade d'Aboukir, les 1er et 2 août 1798, et la détruit. Napoléon est coupé de l'Europe, prisonnier de sa conquête !

Février-mars 1799 : prise de Gaza et de Jaffa

Pas de panique ! Il faut s'organiser : il s'installe en Égypte. Il y fonde un institut où vont travailler les savants qui l'ont accompagné : Monge et Berthollet qui lèvent des cartes du pays, étudient les monuments, le naturaliste Geoffroy Saint-Hilaire. Desaix va s'efforcer de pacifier le pays. Mais les Turcs veulent reprendre leurs possessions. Bonaparte devance leur attaque en marchant sur la Syrie en février 1799. Il s'empare de Gaza le 24 février 1799, puis de Jaffa le 7 mars.

Figure 8-4 : *Bonaparte visitant les pestiférés de Jaffa* par Antoine-Jean Gros.

Le général en consul

On a beau devenir une légende après ces coups de main magistraux contre un ennemi un peu lent à réagir, on n'en prévoit pas moins l'avenir. C'est ce qu'il fait, Napoléon Bonaparte, en décidant que le Directoire, dont il remplit les caisses, ne disposera pas comme il l'entend de la manne austro-italienne. La solution ? Un coup d'État, puis, tout le pouvoir, ou rien !

Le coup d'État du 18 brumaire, an VIII

IMPORTANT, L'ÉVÉNEMENT !

C'est un gros chahut qui accompagne le coup d'État du 18 Brumaire. On s'agite, on se bat, et pour régler l'affaire, Murat fait mettre tout le monde dehors…

« À bas le dictateur ! »

Rentré d'urgence à Paris après avoir appris que la situation était explosive au sein du Directoire corrompu, Bonaparte s'empare du pouvoir en deux temps : le 18 brumaire de l'an VIII, 9 novembre 1799, il se débarrasse des cinq directeurs en les payant ou en les faisant mettre en prison. Le lendemain 19 brumaire, il est accueilli aux cris de « À bas le dictateur ! » par les membres du Conseil des Cinq-Cents dont il espère l'approbation. Une bagarre générale éclate ! Il est sur le point d'étouffer quand son frère le dégage de la mêlée.

« F..tez-moi tous ces bougres-là dehors ! »

C'est Joachim Murat, l'audacieux vainqueur de tant de batailles, le brillant Murat, l'ami de Bonaparte qui sauve la situation le 19 brumaire. Lucien Bonaparte va lui dire que l'assemblée en veut à la vie de son général – ce qui n'est pas faux ! Murat fait alors battre les tambours. Ses soldats chargent les conseillers dans un brouhaha indescriptible pendant qu'il leur crie : « F..tez-moi tous ces bougres-là dehors ! ». Ce qui est fait. C'en est fini du Directoire !

Bonaparte Premier consul, Bonaparte consul à vie

Au lendemain du coup d'État du 18 brumaire, la nouvelle Constitution est proclamée le 13 décembre 1799 – 22 frimaire an VIII. Elle donne les pleins pouvoirs à… Bonaparte. De l'ordre ! De l'ordre partout ! Voilà l'obsession de Bonaparte car, dit-il, « sans l'ordre, l'administration n'est qu'un chaos, point de finances, point de crédit public ». De l'ordre et de la concorde ! Les Vendéens, les émigrés, tous sont invités à prendre part au grand projet de réconciliation nationale.

IMPORTANT, L'ÉVÉNEMENT !

De la concorde dans le Concordat

Jureurs et réfractaires ! Pendant la Révolution, le prêtre jureur est fidèle à la Nation mais infidèle au pape, le prêtre réfractaire est fidèle au pape, mais en infraction par rapport à la Constitution civile du clergé. Bonaparte va ramener la paix dans les églises. Le 16 juillet 1801, il signe le Concordat avec le pape Pie VII : le catholicisme y est reconnu comme la religion pratiquée par la majorité des Français. Bonaparte nomme les évêques, mais le pape leur donne l'investiture. Un salaire convenable est accordé aux évêques et aux curés.

1800 : Campagne d'Italie II, le retour !

La France du Premier consul a besoin de stabilité. Voilà pourquoi Bonaparte adresse des offres de paix à l'Angleterre, à l'Autriche, offres rejetées. Il va falloir garantir les frontières par la guerre !

Mars 1800... Les Autrichiens attaquent !

Alerte ! Les Autrichiens se préparent – encore ! – à attaquer la France par le sud. Bonaparte chausse ses grandes bottes et se met à la tête de l'armée d'Italie qui retrouve son chef adoré... Pour surprendre les Autrichiens dans la plaine du Pô, il n'hésite pas à faire franchir à ses troupes le col du Grand Saint-Bernard, du 14 au 23 mai, et le 8 juin, les 8000 Français de Lannes battent 18000 Autrichiens à Montebello ! Le 14 juin, près du village de Marengo, la charge du général Desaix – qui y trouve la mort d'une balle en plein cœur – transforme la presque défaite des Français en victoire éclatante.

À RETENIR

13 février 1800 : création de la banque privée de France…

Le 13 février 1800, une association de banquiers fonde ce qui s'est appelé la Banque de France, mais qui n'était encore qu'une société privée par actions. Le 28 mars 1803 – 7 germinal an XI – est créée une monnaie qui va rester stable jusqu'à la Première Guerre mondiale : le franc germinal.

25 mars 1802 : la paix d'Amiens

Battus les Autrichiens ! La paix est ensuite signée à Lunéville le 9 février 1801, une paix qui renforce le traité de Campoformio, accordant à la France la rive gauche du Rhin, les territoires belges. Bonne nouvelle aussi du côté des Anglais qui signent le 25 mars 1802 la paix d'Amiens : l'Égypte est restituée à la Turquie, la France récupère ses colonies. Cette paix est accueillie avec enthousiasme, mais rien n'est réglé en profondeur : la France et l'Angleterre demeurent de farouches rivales sur les plans commercial et industriel. Un semblant de paix s'installe cependant.

Bonaparte organise la France

Bonaparte possède un génie de l'organisation qui fait merveille pour remettre en ordre une France qui va acquérir des structures dont beaucoup nous servent encore aujourd'hui, quotidiennement.

- Il crée les lycées à la discipline militaire.
- Il fait achever le Code civil entrepris en 1789.
- Il crée les préfets, les conseillers généraux, les conseillers d'arrondissement, les maires, les conseillers municipaux, le Conseil d'État.
- Le suffrage universel est rétabli, mais les citoyens ne disposent que du droit de désigner des candidats parmi lesquels le gouvernement a déjà fait son choix…

LE SAVIEZ-VOUS ?

Hochets de la vanité

Créée par décret du Corps législatif le 29 floréal an X – le 19 mai 1802 – la Légion d'honneur, est destinée à récompenser les meilleurs serviteurs de l'État. La première distribution des étoiles d'or ou d'argent a lieu le 26 messidor de l'an XII, le 15 juillet 1804. Des milliers de ces distinctions ont depuis été attribuées à ceux qui en ont été jugés dignes. Napoléon, dès qu'il les a créées, les a appelées des « hochets de la vanité ». Hochet qu'il porta en permanence sur le revers de sa veste…

Août 1802 : « Bonaparte sera-t-il consul à vie ? »

Bonaparte est proclamé consul à vie en août 1802. L'année suivante, un complot le visant est déjoué. Qui donc devait devenir roi pour remplacer le consul si le complot avait réussi ? Le duc d'Enghien, petit-fils du prince de Condé, chef de l'armée des émigrés ! Bonaparte le fait fusiller le 21 mars 1804, dans les fossés de Vincennes. Le 25 juin suivant, Cadoudal, le chef de la chouannerie, et ses complices qui avaient organisé le complot sont guillotinés.

Chapitre 9

Napoléon 1er, l'empereur…

Dans ce chapitre :

- L'empereur à Notre-Dame
- L'empereur à Austerlitz
- L'empereur à Moscou
- L'empereur à Waterloo

Le 2 décembre 1804, Bonaparte entre dans la cathédrale Notre-Dame de Paris. Lorsqu'il en sort, il est devenu Napoléon 1er. La Prusse, l'Autriche, la Russie, l'Angleterre ne vont cesser de combattre, jusqu'en 1815, cet empereur jugé trop gourmand qui va finir au pain sec et à l'eau, ou presque, sur l'île de Sainte-Hélène, prisonnier des Anglais.

Austerlitz : gare aux Austro-Russes !

À peine sacré empereur, Napoléon n'a qu'une idée en tête : envahir l'Angleterre pour qu'elle ne le harcèle plus. Mais après la défaite de Trafalgar, il renonce à ce projet et conduit son armée au-delà de Vienne, à la rencontre des Austro-Russes…

Sacré, Napoléon…

2 décembre 1804 : « Joseph, si notre père nous voyait… ». Ces paroles, Napoléon Bonaparte les prononce alors qu'il vient tout juste de devenir… Napoléon 1er. Le peuple a été consulté : 3 500 000 voix ont approuvé la transformation du statut de consul à vie à celui d'empereur – on compte seulement 2 569

« non » ! Au cours de la cérémonie religieuse dans la cathédrale Notre-Dame de Paris, Napoléon se lève, enlève sa couronne de laurier et place lui-même sur sa tête sa couronne d'empereur ! Ensuite, l'impérial couronné tourne le dos à Pie VII et couronne Joséphine, son épouse depuis huit ans – elle a 41 ans, il en a 35.

Figure 9-1 : Le Sacre de Napoléon, Jacques-Louis David.

LE SAVIEZ-VOUS ?

La France, première puissance d'Occident !

En 1804, la France est la première puissance d'Occident ! La France, c'est Paris, Bruxelles, Amsterdam, Aix-la-Chapelle, Genève, Mayence, Turin, c'est le Sénégal, les Antilles, l'île de la Réunion. 130 départements au total et près de 50 millions d'habitants.

L'Angleterre sauvée à Trafalgar

Il faut en finir avec les Anglais ! Et pour cela, Napoléon décide d'envahir leur île ! Les préparatifs vont bon train à partir de Boulogne, de 1803 à 1805, mais l'amiral anglais Nelson veille… Le 21 octobre 1805, il attaque près du cap Trafalgar au sud de l'Espagne la flotte française commandée par l'amiral Villeneuve. C'est un désastre… pour les Français dont la flotte est détruite.

Le coup de Trafalgar

Le 21 octobre 1805, au large du cap Trafalgar, Nelson, qui a préparé son plan d'attaque plusieurs jours à l'avance, ordonne à ses navires de composer deux lignes qui vont attaquer perpendiculairement la file de Villeneuve au lieu de les affronter en parallèle ; la surprise de celui-ci est totale. En très peu de temps, la ligne des trente-trois navires français est coupée en trois groupes qui sont en même temps bombardés par les Anglais, et presque tous coulés – il n'en rentre que neuf à Cadix ! C'est ce qu'on appelle le « coup de Trafalgar », stratégie totalement imprévue par l'adversaire. Atteint d'une balle dans les reins, Nelson perd la vie pendant la bataille.

En route pour Austerlitz !

Villeneuve battu, les espoirs de débarquement en Angleterre anéantis, Napoléon veut frapper un grand coup. Frapper qui ? Les Autrichiens et leurs alliés, les Russes qui menacent de s'avancer dangereusement vers la France. Cent mille soldats partent le 28 août 1805 vers l'Autriche. Le 20 octobre 1805, la ville allemande d'Ulm tombe aux mains de Napoléon. Le 13 novembre, sans combattre, les troupes françaises entrent dans Vienne abandonnée par son empereur et ses soldats. En un peu plus de soixante jours, les Français ont parcouru mille deux cents kilomètres !

Le plateau de Pratzen laissé à l'ennemi !

Une semaine plus tard, l'empereur et ses troupes atteignent au nord de Vienne le village d'Austerlitz près duquel stationnent les troupes ennemies. Napoléon, à la surprise de tous, laisse aux Austro-Russes la position la plus avantageuse : le plateau de Pratzen ! Des éclaireurs ennemis rapportent à leurs chefs cette nouvelle étonnante. François II, l'empereur autrichien, et Alexandre 1er, l'empereur russe, sont alors persuadés que Napoléon, se sentant en situation d'infériorité numérique se prépare à rentrer en France.

« Venez, installez-vous… »

En réalité, Napoléon est en train de dicter ses volontés à ses ennemis qui les accomplissent à leur insu. Son départ d'Austerlitz et du plateau de Pratzen était comme une invitation aux Austro-Russes : « Venez, installez-vous confortablement sur ce site qui domine la plaine, étirez vos troupes sur toute la longueur du plateau de sorte que leur épaisseur diminue, dinimue… ! Et puis regardez mon aile droite, elle est bien faible, et si vous parvenez à l'écraser, vous me coupez la route de Vienne, vous m'encerclez par le sud, je suis fait comme un rat ! »

Le soleil d'Austerlitz…

Le 2 décembre, à 7 h 30, la bataille commence. Comme l'avait prévu Napoléon, les Austro-Russes qui se sont installés sur le plateau de Pratzen attaquent son aile droite. Soudain, le soleil apparaît vers 8 h 00, dissipant un instant la brume, le temps pour Napoléon, de constater que le centre austro-russe s'est bien dégarni, comme il l'avait prévu. Les hommes de Soult, massés au pied du plateau, s'impatientent.

La victoire sur un plateau

Finalement, l'ordre d'assaut est donné. Les régiments de Soult escaladent le plateau de Pratzen, émergent du brouillard et surgissent au centre dégarni de l'armée austro-russe dont les deux ailes ne se rejoindront plus ! Après une contre-attaque héroïque des Austro-Russes et une charge légendaire des cavaliers de Murat, la victoire de Napoléon est totale !

- À 16 h 00, la bataille d'Austerlitz est terminée !
- Elle a duré neuf heures.
- On l'a appelée la bataille des trois empereurs – Napoléon, François II d'Autriche et Alexandre 1er de Russie.
- Elle s'est étendue sur un front de près de vingt kilomètres.
- Soixante-quinze mille Français ont battu cent mille Austro-Russes.
- Les Français se sont emparés de cent quatre-vingt-cinq canons sur deux cent soixante dix-huit – le bronze des canons d'Austerlitz servira à l'érection de la première colonne Vendôme.
- Quarante-cinq drapeaux ont été pris à l'ennemi – un seul drapeau français a disparu.
- Du côté des Autrichiens et des Russes : douze mille morts ou blessés.
- Du côté français, six mille morts ou blessés.

IMPORTANT, L'ÉVÉNEMENT !

« Voilà un brave ! »

Au soir de la bataille, Napoléon fait cette proclamation : « Soldats, je suis content de vous. Vous avez, à la journée d'Austerlitz, justifié tout ce que j'attendais de votre intrépidité. Vous avez décoré vos aigles d'une immortelle gloire... Il vous suffira de dire : "J'étais à la bataille d'Austerlitz", pour qu'on vous réponde : "Voilà un brave !" »

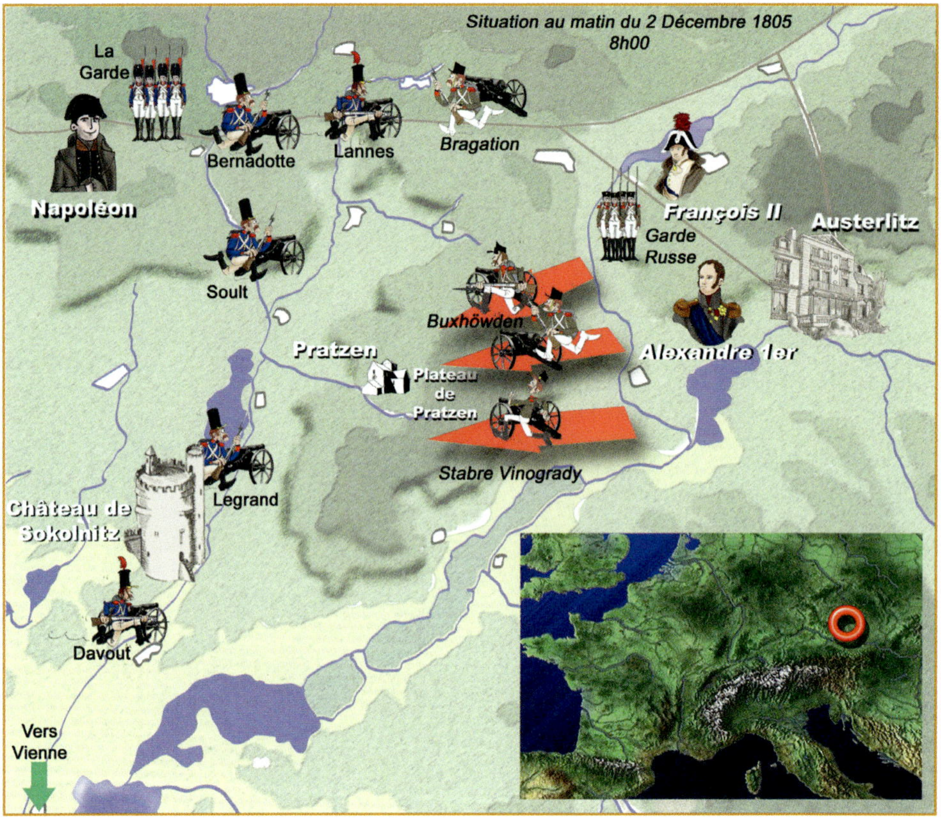

Figure 9-2 : Le déroulement de la bataille d'Austerlitz.

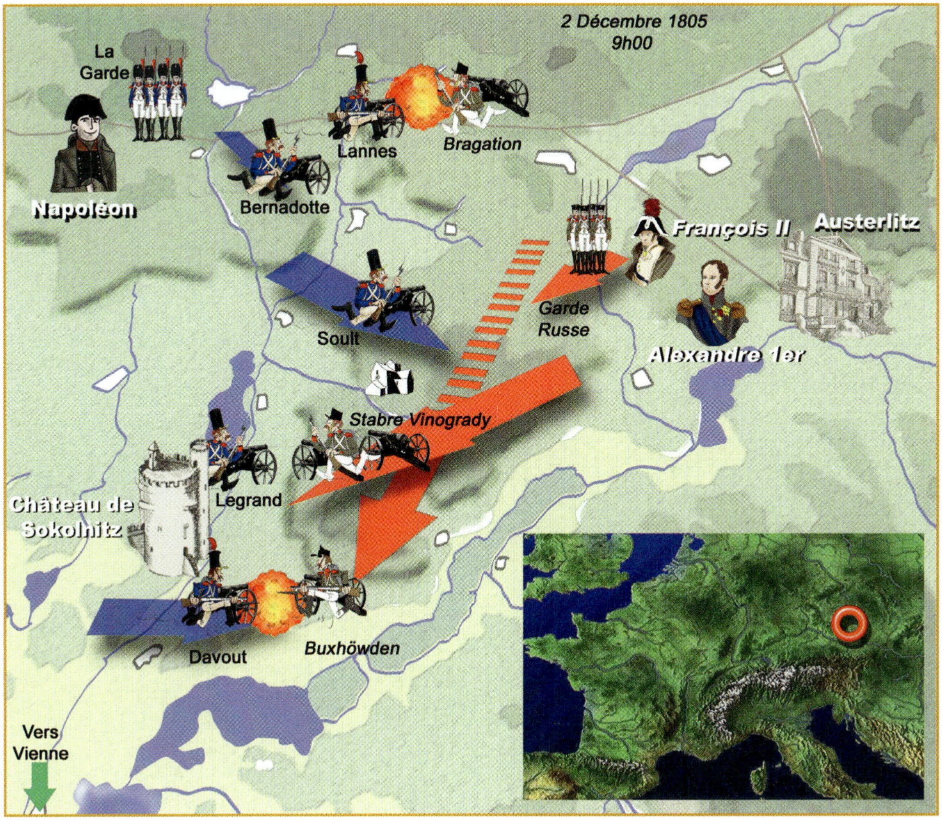

2 Décembre 1805
9h00
La Garde
Napoléon
Bernadotte
Lannes
Bragation
François II
Austerlitz
Garde Russe
Alexandre 1er
Soult
Stabre Vinogrady
Legrand
Château de Sokolnitz
Davout
Buxhöwden
Vers Vienne

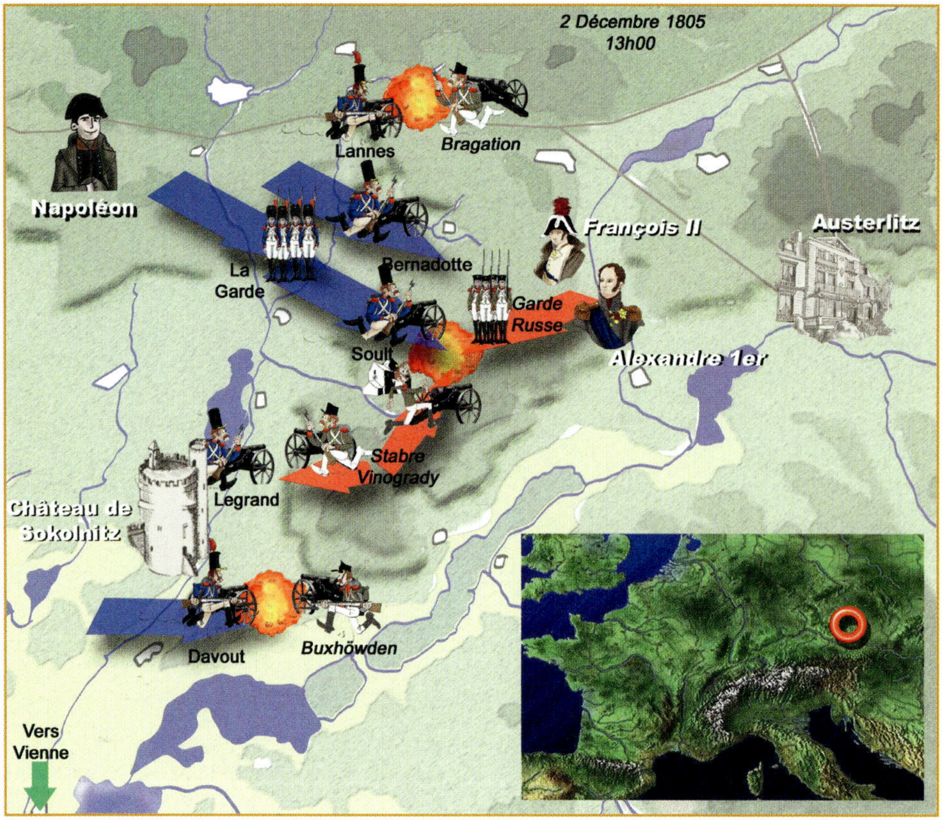
2 Décembre 1805
13h00
Lannes
Bragation
Napoléon
François II
Austerlitz
La
Garde
Bernadotte
Garde
Russe
Soult
Alexandre 1er
Stabre
Vinogrady
Legrand
Château de
Sokolnitz
Davout
Buxhöwden
Vers
Vienne

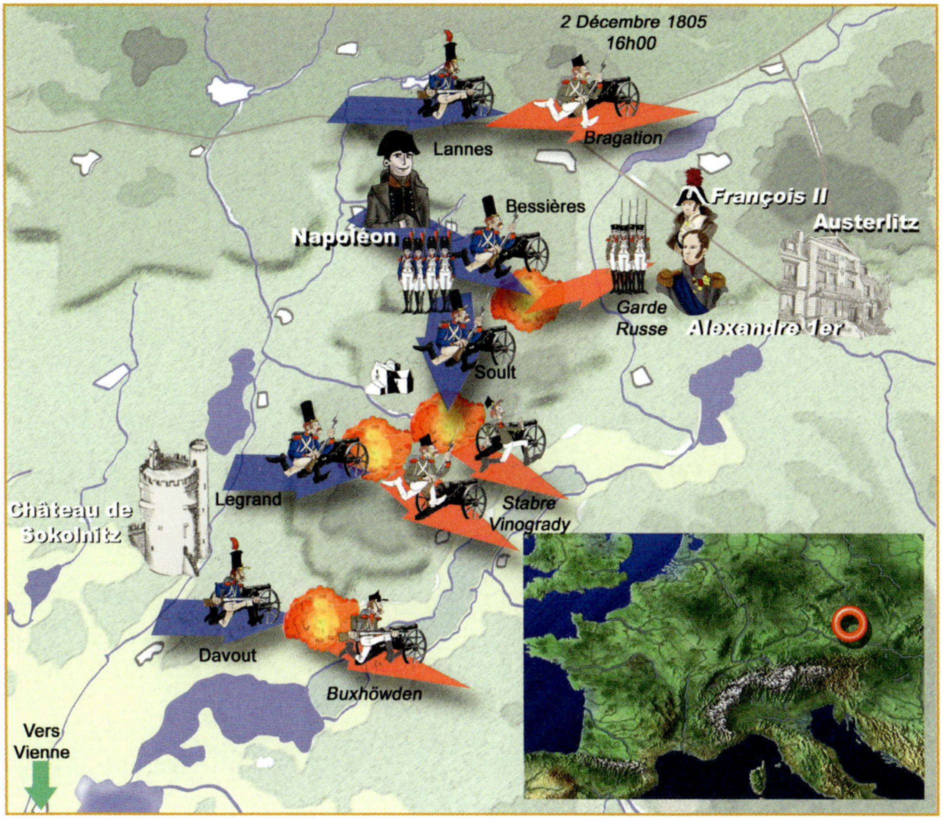
2 Décembre 1805
16h00
Lannes
Bragation
François II
Austerlitz
Bessières
Napoléon
Garde
Russe
Alexandre 1er
Soult
Legrand
Château de
Sokolnitz
Stabre
Vinogrady
Davout
Buxhöwden
Vers
Vienne

Le Saint-Empire : c'est la fin…

La paix est signée à Presbourg, le 26 décembre 1805.

- L'Autriche perd ce que le traité de Campoformio lui avait accordé ; ainsi, les routes du Rhin et des Alpes lui sont fermées. Plus de Habsbourg en Allemagne ! De plus, l'Autriche doit payer à la France – et à Napoléon – des indemnités astronomiques !
- Les Bourbons de Naples, qui faisaient partie de la coalition, sont chassés. Napoléon offre leur royaume à son frère Joseph.
- Au nord de la France, il transforme la République batave en royaume de Hollande, et il l'offre à un autre de ses frères : Louis !
- Il crée un nouvel État sur la rive droite du Rhin, le grand-duché de Berg, et le donne à son beau-frère : Joachim Murat.
- Puis, en juillet 1806, il crée, avec les princes d'Allemagne du Sud et de l'Ouest, la confédération du Rhin, fondant ainsi une certaine grande Allemagne qui allait faire parler d'elle…

Ainsi prenait fin le Saint-Empire romain germanique bâti tout au long des huit siècles précédents !

Figure 9-3 : *La Bataille d'Austerlitz,* François Gérard.

Le temps des victoires

Après la victoire d'Austerlitz, les adversaires de Napoléon ne lui laissent aucun répit. Il va les vaincre à Iéna, à Auerstadt en 1806, à Eylau et Friedland en 1807, en Espagne en 1808, à Wagram en 1809. En 1810, il épouse Marie-Louise d'Autriche. En 1811, naît leur fils, le roi de Rome…

1806-1807 : la quatrième coalition échoue contre Napoléon

La puissance de la France est à son zénith. Ce pourrait être la paix définitive. Non! Une quatrième coalition se prépare. Elle va rassembler la Russie, l'Angleterre – toujours là! – et la Prusse… battue à Iéna, le 14 octobre 1806. Battus aussi à Auerstadt, par Davout! En une semaine, l'armée prussienne est détruite. Napoléon fait son entrée à Berlin le 27 octobre 1806.

Protéger Königsberg, la ville de la Raison pure

Au tour des Russes ! Ils se sont enfoncés dans les plaines immenses et gelées de la Prusse orientale. À leur tête, Bennigsen dispose de soixante-douze mille hommes dont dix mille Prussiens, et de quatre cents canons. Napoléon l'attaque près du village d'Eylau, avec cinquante-trois mille hommes et deux cents canons. Le 8 février 1807, en pleine tempête de neige, la bataille va faire rage jusqu'à sept heures du soir ! La victoire est indécise. Les Français ont perdu plus de dix mille hommes, les Russes presque vingt mille…

Figure 9-4 : *Vive l'Empereur*, Édouard Détaille.

25 juin 1807 : la rencontre de Tilsitt

Victoire incertaine à Eylau ? Le 14 juin 1807, à Friedland, au sud de Königsberg : le général russe Bennigsen est battu. C'est bien Napoléon le plus fort, se dit alors le tsar de Russie qui décide de signer la paix avec l'empereur français. Le 25 juin 1807, les deux empereurs se rencontrent sur un radeau aménagé au milieu du fleuve Niémen, à Tilsit. Leurs premiers mots ont fait le tour du monde et de l'Histoire : « Je hais les Anglais autant que vous ! » dit Alexandre. Et Napoléon de répondre : « Alors, la paix est faite ! »

Contre l'Angleterre : le blocus continental

Comment abattre l'Angleterre ? En ruinant son commerce ! Quel moyen utiliser pour y parvenir ? Le blocus continental ! En quoi consiste-t-il ? Aucun navire anglais n'entrera plus dans les ports de l'Empire français. Ce blocus continental répond au blocus maritime que pratique l'Angleterre depuis mai 1806. Outre-Manche, il aboutit, ainsi que Napoléon l'avait souhaité, au chômage, à la famine, au soulèvement des ouvriers qui vont briser les machines des industriels endettés.

1808-1809 : de l'Espagne à Wagram

Après l'application du blocus continental, les ports qui, en France, commerçaient avec les Anglais sont ruinés. On remplace le sucre de canne par du sucre de betterave, et le café par de la chicorée, ce qui permet au Nord de la France de prendre son essor. Mais l'industrie et l'agriculture souffrent considérablement ! De plus, si en France le blocus est respecté, ce n'est pas forcément le cas ailleurs : le Portugal, par exemple, qui ne vivait que de son commerce avec l'Angleterre, ignore les ordres de Napoléon.

Murat en Espagne

Napoléon punit alors le Portugal par une invasion des troupes françaises aux ordres de Junot, en novembre 1807. La famille royale portugaise s'enfuit au Brésil. En 1808, Napoléon décide d'envoyer des renforts à Junot que les Anglais prévoient d'attaquer. Ainsi, Murat peut entrer en Espagne où la famille royale se déchire. Napoléon écarte alors cette famille du pouvoir qu'il donne immédiatement à son frère Joseph – Murat devenant roi de Naples.

Figure 9-5 : Portrait de Joachim Murat par François Gérard.

Dos de Mayo…

Les Espagnols refusent leur nouveau roi. Le 2 mai 1808 – le *Dos de Mayo* – le peuple de Madrid se révolte contre les Français. La répression menée par les mamelouks de Murat est atroce. Atroce également la guérilla qu'organisent les Espagnols ! Lorsque, en 1813, les troupes françaises en déroute, chassées d'Espagne par les Anglais, arriveront à Bayonne, elles laisseront derrière elles, morts au combat ou en embuscades au cours de cinq années de luttes cruelles et féroces, plus de trois cents mille soldats !

31 mai 1809 : la mort de Jean Lannes à Essling

Alors que l'Espagne continue de se rebeller contre les Français, l'Autriche décide d'envahir la Bavière en avril 1809 ! L'empereur y lance ses troupes qui sont mises en difficulté à Essling, le 22 mai 1809. Le maréchal Lannes y reçoit un boulet sur les jambes. Il doit être amputé et meurt quelques jours plus tard. Les 5 et 6 juillet 1809, près de Vienne, la bataille de Wagram fait plus de quatre-vingt mille morts ou blessés.

LE SAVIEZ-VOUS ?

Napoléon blessé…

Du 19 au 23 avril 1809, en quatre jours, les troupes françaises qui comprennent aussi celles de la confédération du Rhin, remportent cinq victoires dans les boucles du Danube : Tengen, Abensberg, Landshut, Eckmül et enfin, Ratisbonne où Napoléon, le 23 avril, en lançant l'assaut, reçoit l'unique blessure de toute sa carrière militaire : une estafilade au pied droit.

1810 : Napoléon épouse Marie-Louise d'Autriche

Joséphine ne parvient pas à donner à Napoléon le successeur qu'il espère tant. La solution ? Le divorce.

Marie-Louise, 18 ans…

Le 30 novembre 1809, il l'annonce à l'impératrice désespérée. Napoléon décide alors d'épouser Marie-Louise de Habsbourg-Lorraine, dite Marie-Louise d'Autriche, née le 12 décembre 1791. Marie-Louise n'a pas encore 18 ans quand elle découvre, en mars 1810, celui qu'elle a longtemps appelé, comme tout le monde à la cour de Vienne, « le monstre » ! À défaut de passion amoureuse, la raison d'État unit la jeune Marie-Louise à son époux de 40 ans, pour le meilleur d'abord…

20 mars 1811 : il est né, le roi de Rome !

Dix-neuf. Vingt ? Vingt et un… Vingt-deux ! Si le premier enfant de Marie-Louise avait été une fille, les Parisiens savaient qu'ils n'entendraient que vingt et un coups de canon. Au vingt-deuxième, ils savent que c'est un garçon, un héritier impérial – l'Aiglon ! Cent coups de canon sont tirés ce 20 mars 1811. Napoléon est fou de joie ! L'enfant nouveau-né est prénommé : Napoléon-François-Joseph Charles. Il est dès sa naissance, roi de Rome !

De Moscou à Waterloo

Quoi ? Le tsar Alexandre 1er, l'ami de Tilsit, l'ennemi prétendu des Anglais… le tsar, oui, le tsar continue de commercer avec l'Angleterre, il ne respecte pas le blocus ordonné par Napoléon ! Une seule solution pour l'empereur : envahir la Russie, prendre Moscou, entreprise à haut risque…

1812 : la Grande Armée fond dans la neige

Six cent mille hommes, peut-être sept cent mille ! Quinze nationalités ! C'est la Grande Armée, celle qui s'ébranle en juin 1812 vers la Russie. Le premier choc contre les Russes est terrible. Il a lieu le 7 septembre 1812 à Borodino : pendant les douze heures que dure la bataille, cent trente coups de canon sont tirés à la minute, en moyenne. Plus de cent mille soldats y laissent la vie ! Borodino apparaît sous le nom de la bataille de la Moskova dans *Le Bulletin de la Grande Armée*, organe de propagande napoléonienne ; car Borodino n'évoque rien en France, mais la Moskova, c'est l'écho de Moscou, la ville mythique bientôt prise…

15 septembre 1812 : Moscou brûle !

Le 14 septembre, l'empereur entre dans Moscou sans rencontrer de résistance : la ville a été désertée ! Le lendemain, elle est en flammes. Elle va brûler pendant trois jours. Napoléon attend. Il attend un signe du tsar, qui ne viendra pas. La Grande Armée va commencer sa retraite le 18 octobre. Aux deux ennemis terribles qu'elle va affronter, la neige et le froid, s'ajoute le harcèlement des cosaques. Bientôt, c'est la débâcle : aucun vêtement d'hiver n'a été prévu, aucune fourrure : on éventre les chevaux pour trouver un peu de chaleur par les -30 °C ou -40 °C nocturnes, puis on les mange. Les blessés sont abandonnés.

La Bérézina !

Le 25 novembre, l'empereur et sa troupe arrivent au bord de la rivière, la Bérézina. Plus de cent mille Russes les attendent. Napoléon ne dispose que de vingt-cinq mille hommes valides. C'en est fait, se disent les Russes, la Grande Armée a vécu ! Mais, en amont de leur position, les Français réussissent à construire des ponts ! Du 26 au 28 novembre 1812, ce qui reste de l'armée franchit ces ponts par -20 °C.

ou -30 °C. Parmi eux, un commissaire aux approvisionnements, nommé Henri Beyle, connu en littérature sous le pseudonyme de Stendhal…

Figure 9-6 : *La Retraite de Moscou*, peint par Adolf Northem.

Murat s'enfuit à Naples !

Le 5 décembre, Napoléon confie le commandement de ce qui reste de son armée à Murat qui, considérant la partie perdue, s'enfuit le 12 dans son royaume de Naples ! Le 13 décembre, les soldats repassent le Niémen. Le 18 décembre, l'empereur est à Paris. Il laisse derrière lui 380 000 tués ou blessés, 180 000 prisonniers ; seuls quelques milliers de soldats en armes atteindront le lieu d'où, six mois auparavant, étaient partis 700 000 hommes !

Murat crie : « Feu ! »

Murat, né en 1767, fils de Jeanne Loubières et de Pierre Murat, aubergistes à Labastide-Fortunière – depuis, Labastide-Murat – dans le Lot. Murat l'intrépide ! Murat d'Austerlitz, d'Eylau, de Wagram, Murat de la Moskova, mais pas de Waterloo... Murat, le beau-frère de Napoléon qui l'a fait roi de Naples. Après la défaite de Leipzig en 1813, il quitte la Grande Armée, rentre dans son royaume italien, mais il est arrêté en Calabre, le 8 octobre 1815. L'Espagne et l'Angleterre obtiennent sa condamnation à mort. Le 13 octobre 1815 au matin, Joachim Murat, 48 ans, va commander lui-même le peloton d'exécution qui le fusille. Dans ses mains, il serre un médaillon où figure le portrait de sa femme, la reine Caroline. Les yeux ouverts, il crie « Feu ! »

1813 : la campagne d'Allemagne

Rien ne va plus ! En mars 1813, la confédération du Rhin qui, depuis 1806, permettait de gonfler la Grande Armée, est dissoute.

Les « Marie-Louise »

En Prusse, des milliers de volontaires affluent pour aller combattre l'oppresseur Napoléon. La sixième coalition est en route ! Elle rassemble l'Angleterre, la Russie, la Suède, l'Autriche et la Prusse. La campagne d'Allemagne commence le 2 mai par la bataille de Lützen au cours de laquelle les jeunes recrues – appelés les « Marie-Louise » – se comportent avec autant de bravoure que des vétérans. Russes et Prussiens sont battus !

Leipzig : la bataille des Nations

Battus encore, les Russo-Prussiens, le 20 mai 1813 à Bautzen, près de Dresde. Un armistice est signé le 4 juin. Mais, du 16 au 19 octobre, à Leipzig, des centaines de milliers de coalisés vont écraser l'armée napoléonienne. Les Français se battent à un contre trois. Prussiens, Autrichiens, Russes, Suédois, et Français laissent plus de cent mille morts sur le champ d'une bataille qui est restée dans l'Histoire sous le nom de « bataille des Nations ».

1814 : la campagne de France

Napoléon est à peine revenu à Paris que les alliés annoncent qu'ils vont poursuivre la guerre.

Champaubert, Montmirail, Montereau…

La campagne de France va commencer dès janvier 1814! Trois cent mille coalisés commandés par Blücher, Schwartzenberg, Bernadotte, vont affronter les soldats de Napoléon qui tente d'arrêter leur progression vers Paris. Mais les actes de bravoure et d'héroïsme qui conduisent les Français aux victoires de Champaubert, Montmirail et Montereau, n'empêchent pas Blücher d'occuper les hauteurs de Montmartre le 30 mars, et de faire bombarder la capitale qui capitule. Dès le lendemain, la troupe bigarrée des coalisés nomades campe sur les Champs-Élysées…

« Adieu, mes enfants… »

Le tsar Alexandre et le roi de Prusse entrent dans Paris.
Le 2 avril, Napoléon et sa famille sont déchus du trône. Après bien des hésitations, Napoléon accepte le 5 avril 1814, de signer son abdication. Le 11 avril, il apprend qu'il conserve son titre impérial et reçoit l'île d'Elbe. Le 12 avril, à Fontainebleau, il tente de se suicider. Le 20, il fait ses adieux à sa vieille Garde : « Adieu, mes enfants, je voudrais vous serrer tous sur mon cœur »… Puis il part pour son île où il va régner sur treize mille huit cents habitants. En France, on respire! La paix va enfin revenir.

Figure 9-7 : Campagne de France (Napoléon) de Jean-Louis Meisonnier.

Le congrès de Vienne : affaiblir la France

Vienne, en Autriche. De novembre 1814 à juin 1815 va se tenir un congrès auquel participent les grandes puissances européennes. Leur objectif : se partager les dépouilles de l'Empire napoléonien, ramener la France à ses frontières de 1789, et surtout l'affaiblir de façon durable, sinon définitive, sur le plan politique et économique. Metternich pour l'Autriche, Nesselrode pour la Russie, Castelreagh, puis Wellington pour l'Angleterre, le baron Humboldt et le prince de Harenberg pour la Prusse – Talleyrand est l'observateur français – décident que la confédération du Rhin créée par Napoléon en 1806 est transformée en Confédération germanique de trente-neuf États autonomes englobant la Prusse et l'Autriche.

Louis XVIII sur le trône

La première Restauration de la monarchie va succéder à l'Empire : le frère de Louis XVI prend le nom de Louis XVIII – le jeune Louis XVII étant mort à la prison du Temple en 1795. Le tsar de Russie Alexandre 1er est tout heureux de l'accueillir à Paris. Pas pour longtemps… Lors de la réception donnée à Compiègne le 30 avril 1814, Louis XVIII regarde avec mépris ce tsar de Russie qui, humilié, fait demander sa voiture, vert de rage, et regagne Paris, puis Moscou.

Le pouvoir au roi !

La Restauration commence. Le 2 mai 1814, la « Charte » constitutionnelle est présentée – Louis XVIII a préféré le terme *charte* à celui de *constitution*, trop révolutionnaire à son goût. Cette Charte comporte soixante-quatorze articles. En voici l'essentiel :

- Les conquêtes de la Révolution et du Consulat y sont sauvegardées ; la liberté de culte est confirmée, et le Code civil continue d'être utilisé.
- Le pouvoir exécutif va être exclusivement réservé au roi qui tient à affirmer le caractère « inviolable et sacré » de sa personne.
- Le roi peut approuver ou suspendre les lois, dissoudre la Chambre des députés.
- Le droit de vote n'est accordé qu'aux Français bénéficiant de confortables revenus fonciers.

Mars 1815 : Napoléon, le retour !

La France ne peut se séparer de son héros. Il le sait, il le sent, il revient ! Il quitte son île pour cent jours – cette période, du 20 mars au 22 juin 1815 (date de son abdication), qu'on appelle… les Cent-Jours – avant de faire connaissance avec un exil définitif, sur une autre île, dans un autre hémisphère, un autre monde…

Les Cent-Jours

La Charte de Louis XVIII coupe la France en deux : d'un côté les royalistes, de l'autre les républicains. La lutte qui s'engage va être interrompue en mars 1815 par une arrivée surprise, celle de ... Napoléon ! Le 26 février 1815, une petite flottille de sept bâtiments de commerce quitte l'île d'Elbe. À leur bord, peu de commerçants, mais sept cents soldats et l'empereur ! Ils trompent la vigilance des navires anglais en patrouille et débarquent le 1er mars à Golfe-Juan.

« Si l'un d'entre vous veut tuer son empereur... »

Napoléon se dirige vers Grenoble par la route des Alpes afin d'éviter les populations royalistes de la vallée du Rhône. Le 7 mars, à Laffrey, au nord de Grenoble, le 5e régiment d'infanterie, envoyé par Louis XVIII tombe nez à nez avec la petite troupe de l'empereur ! Que va-t-il se passer ? Napoléon demande à ses hommes de mettre l'arme au pied. Il s'avance seul vers les soldats chargés de l'arrêter. Il ouvre sa redingote, montre sa poitrine et dit : « Soldats du 5e ! Si l'un d'entre vous veut tuer son empereur, qu'il le fasse ! » Le responsable du détachement crie : « Feu ! » Aucun coup ne part. Les soldats baissent leurs armes et crient « Vive l'empereur ! », s'embrassent et passent derrière lui pour grossir ses rangs !

Ney tombe dans les bras de Napoléon

À Paris, le maréchal Ney qui a rallié le camp de Louis XVIII est chargé d'arrêter le vol de l'Aigle – l'aigle étant l'un des symboles du Premier empire, le « vol de l'aigle » désignait le retour de l'île d'Elbe. Mais, le 17 mars, à Auxerre, Ney tombe dans les bras de son empereur en déclarant à ses soldats : « La cause des Bourbons est à jamais perdue ! » Le 19 mars, Napoléon est à Fontainebleau. Louis XVIII s'enfuit à Gand, en Belgique ! Le lendemain, 20 mars, l'empereur fait son entrée à Paris où une foule en délire l'acclame ! En peu de temps, Napoléon va organiser une armée afin d'aller combattre l'ultime coalition qui s'est formée contre lui.

18 juin 1815 : Waterloo, morne plaine...

À RETENIR

Les souverains européens veulent en finir avec « l'Ogre corse ». Ils disposent de sept cent mille hommes qui peuvent envahir la France à tout moment. Napoléon compte en réunir beaucoup plus pour la fin de l'année 1815. Mais les forces ennemies se sont concentrées en Belgique. Il faut les attaquer ! C'est près de Bruxelles que va avoir lieu la dernière bataille de l'empereur.

Les Français se battent à un contre deux

La nouvelle campagne se prépare. Soult, Ney et Grouchy sont aux commandes de l'armée française avec un peu plus de cent mille hommes. Ils vont à la rencontre des troupes de l'Anglais Wellington. Ils auront aussi à combattre les cent vingt mille soldats de Blücher, le Prussien, régulièrement vaincu depuis 1806. Les Français vont donc se battre à un contre deux !

Grouchy arrivera-t-il ?

Le 18 juin 1815, à Waterloo, sur un terrain détrempé, Napoléon attaque les troupes de Wellington à 11 h 30. Il a envoyé Grouchy poursuivre Blücher et ses Prussiens jusqu'à Wavre. Des attaques et contre-attaques se succèdent en vain. Vers 19 h 00, si Grouchy arrive à temps de Wavre, la victoire est française ! Mais Grouchy n'arrivera pas. C'est Blücher le Prussien qui s'approche au point de faire la jonction avec Wellington à la tombée de la nuit, vers 21 h 00.

Cent mille tués ou blessés

La panique s'est emparée des rangs français, des groupes de soldats sont alignés par les ennemis et fusillés. C'est fini ! Près de cent mille tués ou blessés jonchent le champ de bataille ! Le 21 juin 1815, Napoléon s'installe à l'Élysée. Deux jours plus tard, le 23, il signe sa seconde abdication. Louis XVIII prépare déjà sa rentrée ! Napoléon a un dernier sursaut : il propose de combattre encore les Prussiens. Mais une commission gouvernementale exige alors son départ pour Rochefort.

Napoléon est mort à Sainte-Hélène

Napoléon quitte Paris le 29 juin 1815. Il arrive à Rochefort où il attend un sauf-conduit qui va lui permettre – du moins l'espère-t-il – de gagner les États-Unis. De Rochefort, il se rend à l'île d'Aix. Le sauf-conduit n'arrive pas. Napoléon est alors livré aux Anglais qui le conduisent sur l'île Sainte-Hélène dans l'Atlantique sud. Là-bas, il dicte, au comte de Las Cases qui l'a suivi, ses mémoires qui seront publiées en 1823. C'est sur cette île qu'il meurt le 5 mai 1821, de la maladie dont sont morts son père et sa sœur : un cancer de l'estomac.

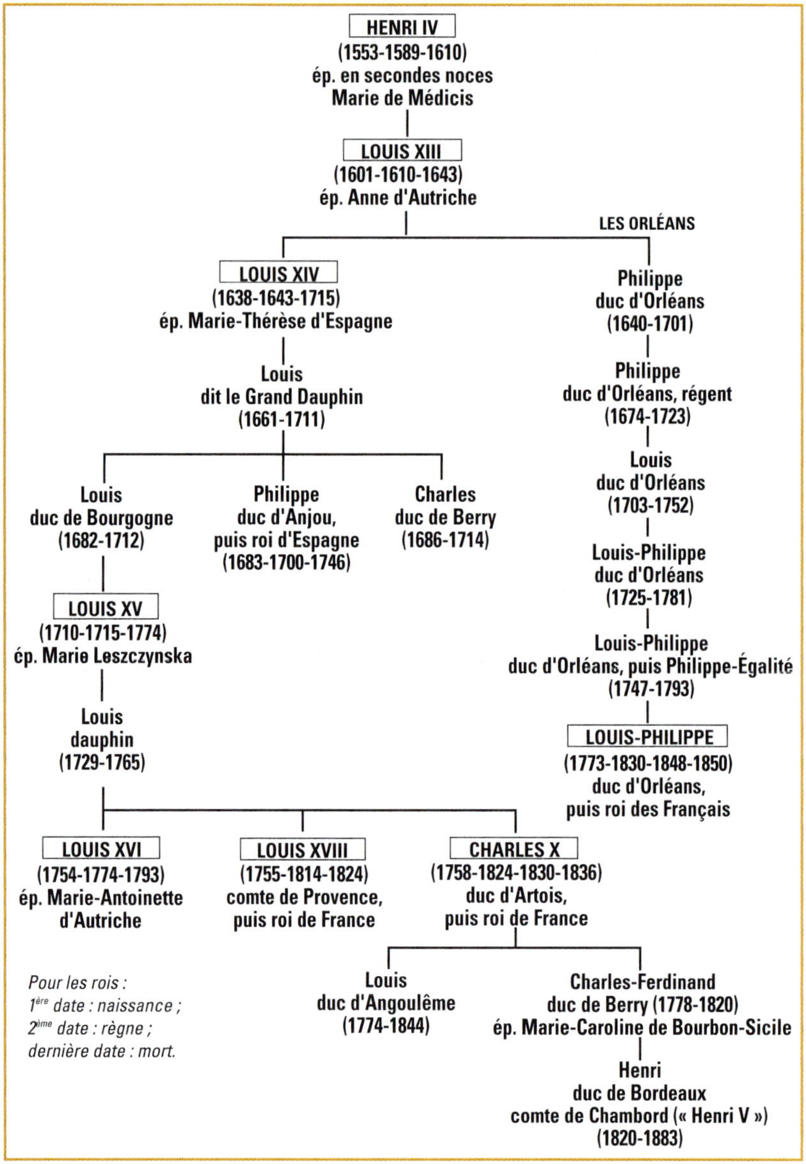

Figure 9-8 : Les Bourbons.

Figure 9-9 : L'Empire français en 1813.

Enfoncez-vous bien ça dans la tête !

- **14 juillet 1789 :** prise de la Bastille
- **22 septembre 1792 :** la Ire République est proclamée
- **21 janvier 1793 :** le roi Louis XVI est guillotiné
- **28 juillet 1794 :** Robespierre, qui avait instauré la Terreur en 1793, est guillotiné
- **1795 à 1799 :** le Directoire
- **18 brumaire an VIII (9 novembre 1799) :** coup d'État de Bonaparte
- **2 décembre 1804 :** couronnement de Napoléon 1er
- **2 décembre 1805 :** victoire d'Austerlitz
- **1812 :** retraite de Russie
- **1815 :** défaite de Waterloo

Tout le monde a bien compris ?

1 Le tiers état, ce sont :
a - les nobles. b - les religieuses (le tiers état sœurs).
c - les paysans, artisans, bourgeois…

2 Le roi s'enfuit avec sa famille…
a - le 20 juin 1790. b - le 20 juin 1791. c - à vélo.

3 Le 22 septembre 1792, c'est…
a - la victoire de Valmy. b - la naissance de la Première République.
c - la mort du petit cheval de Louis XVI.

4 Que se passe-t-il à Paris le 13 juillet 1793 ?
a - Marat assassine Charlotte Corday. b - Charlotte Corday assassine Marat.
c - Marat tatouille dans sa baignoire, et se noie !

5 Un intrus s'est glissé dans l'héritage de la Convention…
a - le système du troc. b - l'École polytechnique. c - le système métrique.

6 Le 18 brumaire, Bonaparte est accueilli au Conseil des Cinq-Cents par ces paroles :
a - « Vive le dictateur ! » b - « À bas le dictateur ! » c - « Mort aux dictées ! »

7 Où Bonaparte devient-il l'empereur Napoléon 1er ?
a - en la basilique Sassine-lès-Latran, à Rome. b - à Reims. c - en la cathédrale Notre-Dame de Paris.

8 En 1810, Napoléon quitte Joséphine de Beauharnais pour épouser :
a - la princesse de Clèves. b - Marie-Loulou de Poméranie. c - Marie-Louise d'Autriche.

9 Le 20 mars 1811, Napoléon devient papa. Son fils est surnommé :
a - le petit colonul. b - l'aiglon. c - l'autruchon.

10 De quoi Napoléon est-il mort, le 5 mai 1821, à Sainte-Hélène ?
a - d'un cancer à l'estomac, comme son père. b - d'un empoisonnement au haggish. c - son fils Léon lui a crevé l'bidon (selon la chanson, mais rien n'est moins sûr).

Réponses :
1c – 2b – 3b – 4b – 5c – 6b – 7c – 8c – 9b – 10a

Cinquième partie

De 1815 à 1914 : La France monte en puissance

Dans cette partie…

Les Bourbons sont de retour : Louis XVIII et Charles X vont tenter, de rétablir un semblant d'Ancien Régime bientôt remplacé, en 1830, par la monarchie de Juillet. La révolution de 1848 sonne le retour de la République avec Louis-Napoléon Bonaparte qui devient l'empereur Napoléon III. C'est l'époque où la France cherche à accroître sa puissance face à une grande Allemagne naissante et menaçante. À la France prospère du Second Empire, vaincue en 1870 par les Prussiens, succède une période politique incertaine, avec des épisodes sanglants – celui de la Commune en 1871 – ou décisifs – l'instauration de la IIIe République en 1875. La fin du siècle est marquée par la montée de l'antisémitisme, dramatiquement illustrée par l'affaire Dreyfus. Les tensions entre la France et l'Allemagne se multiplient, la revanche de 1870 se prépare : il faut reprendre l'Alsace et la Lorraine. En 1914, l'Europe explose.

Chapitre 10

Les rois : le retour !

Dans ce chapitre :

- Louis XVIII et Charles X : l'Ancien Régime bis
- Louis-Philippe, les pauvres et les riches

L'empereur, sa femme et le petit prince disparus du paysage politique français, les rois, leurs femmes et les grands princes vont revenir à grands pas s'installer sur le trône de Louis XVI : Louis XVIII, Charles X et enfin Louis-Philippe, un Orléans, descendant du frère de Louis XIV.

Les deux frères : Louis XVIII et Charles X

C'est d'abord le frère de Louis XVI, Louis XVIII qui reprend le sceptre. Modéré, il tente d'apaiser l'opposition entre ceux qui veulent un retour au pouvoir monarchique absolu, les ultraroyalistes, et ceux qui veulent s'en passer en revendiquant le maximum de libertés dans le domaine politique, économique, individuel : les libéraux.

La revanche des royalistes

Les royalistes n'ont qu'une hâte après les dix années de l'Empire : prendre leur revanche, ce qui ne s'accorde guère avec la volonté d'un Louis XVIII qui, avec son ministre Decazes, ne cultive pas l'extrémisme.

Une Chambre introuvable…

Vingt jours après la défaite de Waterloo, le 8 juillet 1815, le roi Louis XVIII s'installe de nouveau au château des Tuileries. Du 14 au 22 août, les élections aboutissent à la mise en place d'une Chambre des députés qualifiée d'*introuvable*, selon le terme de Louis XVIII, qui ne pouvait espérer une Chambre plus ultraroyaliste, née de la réaction à l'Empire. Cette chambre exige de retrouver tous les privilèges parlementaires de l'Ancien Régime. Elle en fait trop : Louis XVIII, son ministre de la Police, Élie Decazes, et son ministre des Affaires étrangères, le modéré Armand de Richelieu – le descendant du Grand Richelieu – décident de la dissoudre le 5 septembre 1816.

Soldats, droit au cœur !

Pendant les Cent-Jours, nombreux sont ceux qui ont cru au retour durable de Napoléon, un retour qui n'a duré que… cent jours, mettant dans l'embarras les partisans de l'empereur. Après son abdication définitive, les royalistes se vengent. Dans le Midi, se répand ce qu'on a appelé « la Terreur blanche » : des bonapartistes, des jacobins sont massacrés. Le maréchal Ney, celui que Napoléon appelait « le brave des braves » est traduit devant le Conseil de guerre, condamné à mort et exécuté près de l'Observatoire à Paris, le 7 décembre 1815. Il refuse qu'on lui bande les yeux. Ses dernières paroles sont pour le peloton qu'il commande lui-même.

Élie 1er…

Après la dissolution de la Chambre introuvable, on en élit une nouvelle en 1816. Decazes devient président du Conseil. Il pratique une politique libérale, fait voter des lois en faveur de la presse. Le vieux roi Louis XVIII, bien seul aux Tuileries, s'est fait de Decazes plus qu'un ami : il le considère comme le fils qu'il n'a jamais pu avoir. Toujours, avant de prendre quelque décision que ce soit, Élie est consulté, de sorte que certains commencent à parler d'Élie 1er…

14 février 1820 : le duc de Berry assassiné

Hélas ! Mille fois hélas ! Dans la nuit du 13 au 14 février 1820, le duc de Berry, neveu de Louis XVIII, héritier du trône, fils du futur Charles X, est assassiné en sortant de l'opéra au bras de sa femme Marie-Caroline. C'est un fanatique, Louis-Pierre Louvel, qui a porté le coup au cœur, à l'aide d'une alène de cordonnier. Évidemment, les ultraroyalistes en profitent pour accuser Decazes de complicité, ce qui est invraisemblable, mais il doit démissionner. Que devient Decazes ? D'abord nommé ambassadeur à Londres, il revient dans l'Aveyron et y crée les forges de… Decazeville, où il meurt le 24 octobre 1860.

Les marches arrière de Charles X

L'autre frère de Louis XVI, le comte d'Artois, devient le roi Charles X à la mort de Louis XVIII. Son obsession : le retour à la monarchie absolue…

Louis XVIII, fatigué…

Les ultraroyalistes triomphent aux élections de 1821. Joseph de Villèle, un partisan du retour à l'Ancien Régime devient Premier ministre en 1822. Il le reste jusqu'en 1828. Louis XVIII assiste aux débuts de ce ministre plus royaliste que le roi. Puis, fatigué, malade de diabète depuis son enfance, atteint d'une gangrène, il meurt après plusieurs jours d'agonie, dans la nuit du 16 septembre 1824. Son frère Charles X le remplace. Il est sacré à Reims le 29 mai 1825.

La crainte d'un complot

L'ultraroyalisme se développe d'autant plus rapidement pendant le règne de Charles X que la Révolution de 1789 a traumatisé le nouveau roi : il craint en permanence qu'un complot se prépare contre sa personne. Des décisions sont prises par son parti, qui ne sont pas forcément les meilleures pour calmer l'opposition :

- L'université est confiée à un évêque, monseigneur de Frayssinous, qui organise lui-même son épuration.

- L'École normale supérieure est fermée. Guizot, le grand historien libéral est interdit de cours !
- La loi sur le milliard des émigrés est votée : elle vise à indemniser les aristocrates qui ont fui la France pendant la Révolution. Ils percevront vingt fois le revenu perçu sur leurs biens en 1789 !
- Des ecclésiastiques sont nommés à la tête des lycées, les instituteurs sont contrôlés par les curés.
- La liberté de la presse est de plus en plus réduite.

L'ultra Polignac

Que deviennent donc les libéraux ? Après la violente poussée d'ultraroyalisme, ils remportent les élections législatives en 1827, puis en 1830. Charles X craint-il que les libéraux s'emparent du pouvoir ? Il décide de placer Polignac, un ultra, à la tête du gouvernement, malgré la majorité libérale. Lors des 27, 28 et 29 juillet, ces trois journées connues sous le nom des Trois Glorieuses, une monarchie constitutionnelle est mise en place.

À RETENIR

Les Trois Glorieuses

Les libéraux étant majoritaires à l'Assemblée, Charles X craint de perdre peu à peu son pouvoir. Il décide donc un coup de force en trois temps : le musellement de la presse, la dissolution de la Chambre des députés, la modification de la loi électorale afin que seuls les propriétaires fonciers aient le droit de voter. Le 27 juillet 1830, c'est l'explosion. Trois journées durant – les Trois Glorieuses – le peuple en révolte contraint Charles X à abdiquer. Exilé, l'ultime régnant Bourbon meurt en 1836. Louis-Philippe 1er, fils de Philippe-Égalité (qui a voté la mort de Louis XVI), descendant de Philippe d'Orléans (le frère de Louis XIV) monte sur le trône. Une monarchie constitutionnelle se met en place – la monarchie de Juillet – pour dix-huit années pendant lesquelles la bourgeoisie d'affaires est choyée au détriment des républicains acteurs principaux, mais non bénéficiaires des Trois Glorieuses.

Figure 10-1 : *La Liberté guidant le peuple,* Delacroix.

Le cousin : Louis-Philippe

De 1830 à 1848, pendant dix-huit ans, le roi Louis-Philippe va permettre l'essor de l'industrialisation en France : de nouvelles techniques de travail permettent une forte productivité dans des fabriques, des usines aux horaires fixes. L'artisanat et ses libertés d'implantation et de production vont rapidement décliner. Ce progrès apparaît lentement sur fond d'agitation politique et sociale : les banquiers s'enrichissent, le peuple travaille dans des conditions très difficiles, les affrontements sont inévitables et vont aboutir à la révolution de 1848.

Les républicains ont tiré les marrons du feu

Louis-Philippe, roi des Français ! Roi bourgeois qui porte un chapeau, et se promène partout avec son célèbre parapluie. Avec Marie-Amélie, la fille du roi de Naples dont il a eu dix enfants, ils forment un couple uni. Habile gestionnaire de sa propre fortune, il est immensément riche, et ne jure que par le système politique anglais ! La Chambre des députés lui a accordé sa confiance le 7 août 1830, par 219 voix sur 252. Ainsi naît ce qu'on appelle la « monarchie de Juillet », un régime qui s'installe au milieu de trois oppositions :

- Celle des républicains qui ne digèrent pas d'avoir tiré les marrons du feu lors des Trois Glorieuses (*Tirer les marrons du feu* signifie se brûler les doigts au bénéfice de celui qui regarde et va manger lesdits marrons lorsqu'ils seront froids. *Tirer les marrons du feu*, c'est donc se sacrifier pour le bénéfice de quelqu'un d'autre, et non, se réserver les avantages d'une entreprise, sens déformé qui est souvent attribué à l'expression).
- Celle des bonapartistes qui se sont mis dans la tête que le neveu de l'empereur, le prince Louis-Napoléon, pourrait bien faire parler de lui.
- Celle des royalistes, ou plutôt des légitimistes qui voient en Louis-Philippe une sorte d'usurpateur, surnommé le « roi des barricades ».

L'ultime espoir des Bourbons...

Qui est le dernier roi de France ? Charles X, car Louis-Philippe décide que son titre ne sera pas « roi de France », mais « roi des Français » ; il pense réconcilier le peuple avec une royauté qui semble ainsi plus proche des soucis du quotidien. Mais, dans l'ombre, ceux qui rêvent du retour d'un roi de France, se préparent à l'action...

Marie-Caroline, pour l'amour de son fils

La tragédie du 13 février 1820 a jeté dans l'ombre jusqu'en 1832 l'épouse du duc de Berry, la rayonnante, la radieuse – et un peu rêveuse – Marie-Caroline de Bourbon, duchesse de Berry. En septembre 1820, sept mois après l'assassinat de son époux, elle a donné naissance au comte de Chambord. Celui-ci va constituer le seul espoir des royalistes légitimistes, ceux qui estiment que seuls les Bourbons peuvent monter sur le trône de France, et surtout pas un Orléans ! Donc, en 1832, Marie-Caroline, persuadée que la France entière est demeurée fidèle aux Bourbons, tente de revenir sur la scène politique pour assurer l'avenir de son fils de 12 ans.

De château en ferme, de ferme en grange...

Après avoir débarqué dans des conditions difficiles à Marseille, elle rejoint la Vendée où elle espère rallier de nombreux partisans. Mais les temps ont changé : ils ne se manifestent guère ! Entrée dans la clandestinité, elle vit en nomade, de château en château, de ferme pauvre en grange à foin. Elle se réfugie enfin dans une soupente à Nantes où, trahie, elle est arrêtée puis conduite en détention à Blaye. Déshonorée parce que mère en 1833 d'une fille de père inconnu, elle est privée d'avenir politique. Elle meurt en 1870.

CHEZ NOS VOISINS

Que se passe-t-il ?

En 1827, la Grèce devient indépendante à la signature du traité de Londres entre la France, l'Angleterre et la Russie. En 1829, l'Angleterre annexe l'Australie. En 1830 – 1831, la Pologne se soulève pour obtenir son indépendance de la Russie. Le soulèvement est durement réprimé, ce qui provoque l'émigration vers la France de neuf mille Polonais, dont le poète Adam Mickiewicz. La reine Victoria monte sur le trône anglais en 1837. En 1848, le Mexique cède le Texas aux États-Unis. Le servage est aboli en Russie en 1861. Cette même année, le royaume d'Italie est proclamé avec pour souverain Victor-Emmanuel et pour capitale Turin – Florence à partir de 1865. En 1867, la Russie vend l'Alaska aux États-Unis ; les colonies anglaises du Nord s'unissent sous la forme d'un dominion : le Canada. En 1870, Rome devient la capitale de l'Italie.

Le triomphe des banquiers

Le roi Louis-Philippe aime les hommes d'affaires, ceux qui entreprennent, ceux qui préparent l'avenir, qui développent des projets à long terme, mais pour le peuple, les ouvriers, l'avenir, c'est le lendemain, c'est trouver un peu de pain et de quoi survivre. Riches et pauvres vont s'affronter.

2 novembre 1830 : le banquier Laffitte

Louis-Philippe s'entoure de plusieurs ministres banquiers, Jacques Laffitte, par exemple, qui devient président du Conseil le 2 novembre 1830 – fils d'un charpentier de Bayonne, immense fortune, gouverneur de la Banque de France en 1814, et qui a marié sa fille, en 1827, au fils du maréchal Ney. Laffitte ne parvient pas à calmer le mécontentement populaire qui prend la forme d'émeutes dans les grandes villes de France. Il démissionne le 11 mars 1831.

Le banquier Perier

Laffitte est remplacé par Casimir Perier, le 13 mars 1831 – Perier, banquier lui aussi… Son programme se résume en un mot : l'ordre. Les ouvriers de la soie, les canuts, se révoltent une première fois à Lyon en novembre 1831. Casimir Périer envoie à Lyon une armée de vingt-six mille hommes. La rébellion est matée au prix de six cents vies humaines !

Des nouvelles du peuple…

Le peuple ? Comme les canuts de Lyon, le peuple de France est mécontent : les prix montent, les salaires baissent, la misère s'accroît. Des émeutes éclatent. Le 5 juin 1832, par exemple, lors des obsèques du général Lamarque, un héros d'Austerlitz, un soulèvement républicain est durement réprimé par la troupe – huit cents morts. Cette année-là, une épidémie de choléra fait dix-huit mille morts dans la capitale. En avril 1834, les canuts de Lyon, se révoltent pour la deuxième fois : le quartier de la Croix Rousse est bombardé par la troupe. Il y aura plus de six cents victimes. À Paris, un détachement militaire se croyant attaqué, massacre tous les habitants de la rue Transnonain.

8 mai 1842 : la première catastrophe ferroviaire

Le chemin de fer commence à se développer, malgré les réticences des investisseurs bourgeois et de la population. La première ligne, entre Paris et Saint-Germain, est inaugurée le 24 août 1837 ; mais, le 8 mai 1842, la première catastrophe ferroviaire a lieu à Bellevue, sur la ligne Paris-Versailles : les wagons déraillent, le convoi prend feu. Les passagers cherchent à sortir mais ne le peuvent pas : les portières sont fermées à clé après le départ ! On dénombre cent cinquante morts, dont Dumont d'Urville, le découvreur de la Vénus de Milo (île grecque) en 1820 et de la Terre Adélie (du prénom de sa femme) en 1840.

Espérance de vie : trente ans !

Les enquêtes menées par les docteurs Villermé à Lyon, Guépin à Nantes, attestent d'une situation alarmante : les logements sont des taudis, l'état général de la santé physique est plus qu'alarmant. Plus de 50 % des jeunes ouvriers sont réformés pour déficience physique, l'espérance de vie ne dépasse pas trente ans ! Pendant ce temps, la haute bourgeoisie Louis-philipparde surveille chaque matin le cours de ses actions en dégustant sa brioche, s'enrichit sans scrupule et sans pitié !

LE SAVIEZ-VOUS ?

« Je suis tombé par terre… »

5 juin 1832. On se bat derrière la barricade de la rue de la Chanvrerie dans le quartier des Halles. Pendant que les balles sifflent, un petit garçon, passé devant la barricade, chante en allant, de mort en mort, vider les gibernes ou les cartouchières : « On est laid à Nanterre / C'est la faute à Voltaire / Et bête à Palaiseau / C'est la faute à Rousseau… » Soudain, une balle mieux ajustée que les autres atteint l'enfant feu follet. Il tombe, se redresse, s'assied sur son séant, un long filet de sang raie son visage. Il chante encore : « Je suis tombé par terre / C'est la faute à Voltaire / Le nez dans le ruisseau / C'est la faute à… ». Il n'achève pas. Une seconde balle l'arrête. Il s'abat, la face contre le pavé. Sa petite grande âme vient de s'envoler. Vous l'avez reconnu à travers les mots de l'imaginaire de Victor Hugo, dans son roman *Les Misérables* : Gavroche, le fils des Thénardier ! Non loin, se trouvent Jean Valjean, Marius, et Javert, encore vivant…

Les enfants de 5 ans à la mine

Thiers et Guizot qui occupent tour à tour le poste de président du Conseil (Premier ministre) ne s'inquiètent guère de la misère : l'industrialisation est en marche, voilà l'essentiel ! Pour eux, le problème social se réglera de lui-même lorsque l'enrichissement général aura atteint un niveau suffisant. Cette théorie singulièrement floue laisse le champ libre aux profiteurs, aux prédateurs de tout poil. Ni l'État, ni les élus – les riches en petit nombre – ne désirent faire quoi que ce soit pour améliorer le sort des ouvriers.

Chacun sait, dans les fabriques où les conditions de travail sont inhumaines, que seule la révolution permettra de diminuer les journées de quinze ou dix-huit heures, sans repos, sans vacances, sans protection sociale, d'augmenter les salaires dérisoires qui ne couvrent pas les besoins du ménage, et d'empêcher que les enfants de 5 ans travaillent et meurent dans les mines, ou sous les métiers à tisser ! Ce n'est que le 22 mars 1841 que la loi réglementant le travail des enfants est votée – mais appliquée sans hâte – : journées de huit heures pour les enfants de 8 à 12 ans, et de douze heures pour ceux de 12 à 16 ans.

Le remède Guizot : l'instruction !

Les doctrines révolutionnaires ! C'est, pour Guizot, le pire des dangers, c'est le ferment des soulèvements, le poison, la peste, le choléra, bref, comment éviter que les classes populaires se laissent gagner par des théories dangereuses pour la bourgeoisie riche ? Il n'y a qu'un remède : l'instruction ! Guizot y croit d'autant plus que les républicains ne cessent de réclamer l'alphabétisation des masses, et que, les créant avant eux, il va les battre sur leur propre terrain ! Ainsi sont crées les écoles primaires publiques – par la loi Guizot de 1833.

La naissance de deux écoles

Que faire alors des écoles des congrégations religieuses ? Thiers se méfie de ces établissements. Il ne verrait pas d'un mauvais œil leur suppression. Cependant, les cléricaux ne l'entendent pas ainsi. Il faut qu'une loi soit votée, la loi Falloux – qui ne le sera que le 15 mars 1850 – pour que naissent les deux écoles :

- d'une part, l'école publique, fondée et entretenue par les communes, les départements ou l'État ;
- d'autre part l'école libre, fondée et entretenue par des particuliers ou des associations.

Les intentions de Guizot ont d'heureuses conséquences : elles font reculer de façon considérable l'analphabétisme, et contribuent à donner son véritable envol à la langue française, dans le pays tout entier.

La révolution de 1848

Le sort des ouvriers ne s'améliore pas, le pouvoir demeure sourd à tous les appels lancés par la misère, l'épreuve de force est inévitable, une nouvelle révolution se prépare…

La France banquette…

Le peuple est bâillonné ! Que faire ? L'opposition décide alors de lancer une grande campagne de banquets ! L'idée peut paraître étrange, mais c'est le seul moyen de diffuser des idées de réforme dans une France tenue en laisse par le parti bourgeois qui surveille tout. Au cours de soixante-dix banquets est lancée l'idée que tout peut changer avec un peu de chance et d'audace ! Guizot et le roi informés de la situation ne veulent rien entendre. Il est alors décidé d'organiser à Paris un grand banquet qui sera suivi d'une manifestation. Les deux sont interdits.

Guizot renvoyé

Qu'importe l'interdiction ! Le jour prévu, le 22 février 1848, la foule se rassemble de La Madeleine au Palais-Bourbon. Des incidents éclatent et font un mort. Cela n'empêche pas Adolphe Thiers d'aller dormir en disant à qui veut l'entendre que les régiments de dragons ont ramené le calme et que tout est rentré dans l'ordre. Pour lui, tout est fini. En réalité, tout commence. La révolution est en marche. Guizot est renvoyé le 23 février.

Louis-Philippe, adieu !

Le lendemain, 24 février 1848, Louis-Philippe abdique en faveur de son petit-fils, le comte de Paris. Alors apparaît en pleine lumière celui qui est chéri dans le cœur de ces dames et dans l'esprit des hommes : le poète Alphonse de Lamartine. Depuis des années, il œuvre pour améliorer le sort des classes populaires. C'est lui qui va former le gouvernement provisoire.

Le grand soir !

La foule rassemblée sur la place de l'Hôtel de Ville ne quitte pas les lieux. Elle campe sur place, et au matin, elle est là, qui réclame la proclamation de la république et le drapeau rouge. Le 25 février 1848, la république est proclamée, mais Lamartine, prudent, conserve le drapeau tricolore. Tout va très vite alors :

- le principe du suffrage universel est adopté,
- le droit au travail est proclamé, sur la proposition du théoricien socialiste Louis Blanc ;
- l'esclavage est aboli dans les colonies– l'écrivain et ministre Victor Schœlcher fera appliquer cette décision ;

- la liberté de la presse est rétablie, celle de se réunir est de nouveau accordée, au grand bonheur de tous ceux qui créent et vont développer des clubs politiques ;
- la peine de mort pour délit politique est abolie, l'emprisonnement pour dettes est supprimé.

L'enthousiasme est considérable ! Lamartine orchestre ce vaste élan romantique où les bourgeois et les ouvriers, main dans la main, croient que le grand soir est arrivé !

Le cœur au château

La belle entente est de courte durée : de nouvelles élections se déroulent le 25 avril et donnent une forte majorité aux républicains modérés et aux monarchistes. Les socialistes de Blanqui sont battus. Ils tentent alors un coup de force et de colère le 15 mai 1848 : des flots d'hommes déguenillés – selon l'expression de Victor Hugo – envahissent le Palais-Bourbon. Lamartine essaie de les ramener à la raison. On lui répond : « Assez de guitare ! Ta lyre est cassée ! »

La peur des débordements

L'affaire tourne court, et les meneurs sont arrêtés : Blanqui, Raspail, Barbès et l'ouvrier Albert – ils sont condamnés, l'année suivante, à la détention perpétuelle. Ce 15 mai, la peur du peuple et de ses débordements naît à l'Assemblée. Les événements qui surviennent ensuite sont guidés par le souci de garantir l'ordre.

Le peuple au désespoir

Après deux mois de fonctionnement, les ateliers nationaux créés par Louis Blanc et qui ont donné du travail pour quelques jours à des milliers d'ouvriers au chômage, deviennent des foyers de révolte. Ils sont supprimés le 21 juin 1848. C'est le désespoir dans le peuple : le 23 juin, des centaines de barricades barrent les rues de la capitale. Le 24 juin, l'état de siège est proclamé, le général Cavaignac est chargé de rétablir l'ordre. Le 25, cinquante mille insurgés sont encerclés par les troupes de Cavaignac dans le faubourg Poissonnière, celui du Temple, de Saint-Jacques.

La victoire de Victor Schœlcher

Aux XVIIe et XVIIIe siècles, les Européens établissent un « commerce triangulaire », en trois étapes. Des navires négriers quittent l'Europe pour les côtes ouest de l'Afrique, où ils échangent des marchandises bon marché contre de jeunes captifs qu'ils revendront une fois parvenus aux Antilles ; avant de repartir les cales pleines de produits particulièrement prisés en Europe : sucre, tabac, épices, café, coton… Ces voyages firent la fortune de certains armateurs européens.

Dès le XVIIIe siècle, des voix s'élèvent un peu partout contre la traite des esclaves, notamment dans plusieurs articles de l'*Encyclopédie* de Diderot. À la veille de la Révolution, le député Brissot crée, en 1788, la Société des amis des Noirs ; il souhaite abolir ce trafic inhumain. Le 4 février 1794, la Convention abolit l'esclavage. Il est hélas rétabli par Bonaparte en 1802 en Martinique seulement, mais le flou de la loi à l'époque conduit à son rétablissement dans toutes les colonies. À son retour de l'île d'Elbe, Napoléon Ier fait publier un décret supprimant la traite des Noirs. Ce décret est transformé par une ordonnance signée de Louis XVIII en 1817. Mais une traite clandestine s'installe alors durablement. Il faut attendre 1848 et l'action déterminée de Victor Schœlcher, sous-secrétaire d'État à la Marine et aux Colonies, pour que soit définitivement adopté le décret sur l'abolition de l'esclavage dans les colonies. Signé le 27 avril par le ministre de la Marine, François Arago, il permet l'émancipation dans les deux mois qui suivent, de plus de 250 000 esclaves dans les colonies.

George Sand : « J'ai honte aujourd'hui d'être Française ! »

L'archevêque de Paris, Monseigneur Affre, est envoyé vers les insurgés, une croix à la main pour les convaincre de se rendre : il tombe une balle dans le cœur ! Des généraux venus parlementer sont massacrés. Le lendemain, le 26 juin 1848, les troupes donnent l'assaut qui fait des milliers de morts parmi les révoltés, et neuf cents chez les assaillants ! Des horreurs sont commises par la troupe, elles font dire à George Sand qui apprend à Nohant les événements parisiens – la province demeure tranquille – : « J'ai honte aujourd'hui d'être Française, je ne crois plus aujourd'hui en une république qui commence par tuer ses prolétaires ! »

Chapitre 11

Second Empire : Napoléon, comme tonton…

Dans ce chapitre :

- La Deuxième République
- Le Second Empire

Le prince-président Badinguet

Badinguet ! Quel drôle de nom ! Vous allez apprendre bientôt pourquoi ceux qui s'opposent au prince Louis-Napoléon Bonaparte lui ont donné ce surnom. Louis-Napoléon, sûr que son destin est d'entrer dans l'Histoire, va devenir président de la IIe République, puis, après un coup d'État, l'empereur Napoléon III. Tout au long du Second Empire, la France se modernise, s'industrialise, elle conduit aussi vers l'étranger des expéditions militaires qui n'obtiennent pas le succès espéré. Puis vient la guerre de 1870…

20 décembre 1848 : Badinguet prince-président

Le général Cavaignac, celui qui a ramené l'ordre dans Paris, a bien mérité de la République : il devient président du Conseil le 28 juin 1848. Les députés sont rassurés et peuvent travailler à la rédaction d'une constitution. Inspirée de celle des États-Unis, elle est adoptée le 4 novembre 1848 : une assemblée unique possède le pouvoir législatif, un président de la République sera élu pour quatre ans au suffrage universel, mais ne sera pas rééligible, afin d'éviter tout retour à des formes de dictature. Les élections ont lieu les 10 et 11 décembre 1848. Qui donc est élu avec plus de 74 % des voix ? Badinguet ! Qui donc ? Eh bien, Louis-Napoléon Bonaparte, le neveu de Napoléon le Grand…

GROS PLAN

Et voici Badinguet !

Qui est Badinguet ? C'est un ouvrier maçon qui, en réalité, s'appelle Pinguet. Mais ses compagnons l'appellent Badinguet. Badinguet travaille au fort de Ham. Et dans ce fort réside un prisonnier illustre ou qui se prend pour tel. En effet, ce prisonnier s'appelle Charles-Louis-Napoléon Bonaparte. Troisième fils de Louis Bonaparte – l'ancien roi de Hollande – et de Hortense de Beauharnais, donc neveu de Napoléon 1er le Grand, il est persuadé que, depuis la mort de Napoléon II, le duc de Reichstadt en 1832, son destin, c'est la France ! À deux reprises, en 1836 à Strasbourg, et en 1840 à Boulogne, il a tenté de prendre la place de Louis-Philippe, mais les deux tentatives ont sombré dans le ridicule, et lui, dans le fort de Ham. C'est là qu'il demeure prisonnier pendant six ans avant de s'en évader en revêtant les vêtements de Pinguet, dit Badinguet, ce qui lui vaudra, jusqu'à la fin de sa vie, le surnom de l'ouvrier maçon : Badinguet !

Comment rester au pouvoir ?

L'Assemblée législative élue en 1849 marque le triomphe des monarchistes qui vont dominer une minorité de républicains ! Louis-Napoléon, celui qu'on appelle « le prince-président » est tout heureux de sa nouvelle fonction ; il effectue de nombreux voyages en province où, partout, il est acclamé, rassurant à la fois le peuple et la bourgeoisie. Son seul désir ? Rester au pouvoir.

Réponse : par un coup d'État...

Mais comment faire puisque la constitution prévoit que son mandat se termine au bout de quatre ans ? Un seul moyen : s'emparer de force du pouvoir, autrement dit faire un coup d'État, ce qui est réalisé le 2 décembre 1851, au prix de plus de mille morts et de trente mille arrestations parmi ceux qui ont voulu résister. De nombreux opposants sont jugés, certains déportés à Cayenne, en Algérie. D'autres s'exilent. Victor Hugo, par exemple.

« Demain, dès l'aube... »

Né en 1802, Victor Hugo, poète, auteur dramatique, romancier, homme politique, est d'abord monarchiste sous Louis XVIII et Charles X. Puis il soutient Louis-Philippe. Le 4 septembre 1843, un drame atroce le frappe : sa fille Léopoldine se noie accidentellement. Chaque année, il écrira un poème en souvenir de cette disparition, le plus connu commence ainsi : « Demain, dès l'aube, à l'heure où blanchit la campagne / Je partirai ! Vois-tu, je sais que tu m'attends... ». La politique le rappelle cependant : le sort du peuple le préoccupe. En 1848, il est définitivement républicain. Il approuve d'abord Louis-Napoléon, mais à partir du 2 décembre 1851, il devient son adversaire le plus farouche, le qualifiant de Napoléon le Petit ! Hugo doit s'exiler en Belgique, puis au Luxembourg, à Jersey, et à Guernesey enfin où il écrit *Les Misérables*. Revenu en 1870, il jouera encore un rôle politique, puis, après de nombreux deuils familiaux, il cultive l'art d'être grand-père. Il meurt d'une congestion pulmonaire le 22 mai 1885. Ses obsèques sont suivies par deux millions de personnes ! Il est tout droit conduit au Panthéon, dans le corbillard qu'il a lui-même choisi : celui des pauvres !

1852 – 1870 : l'Empire prospère et perd

Décembre, serait-ce le mois des empires ? Celui de Charlemagne naît le 25 décembre de l'an 800 ; celui de Napoléon 1er voit le jour le 2 décembre 1804 ; et celui de Napoléon III commence officiellement le 2 décembre 1852. On le constate : décembre aime les empereurs… Mais où est donc passé Napoléon II ? Vous le trouverez près de papa Napoléon 1er, sous le dôme des Invalides. Trop jeune pour succéder à son père, celui que Victor Hugo a surnommé « l'Aiglon » est mort en 1832, à 21 ans, en Autriche. La prospérité et beaucoup de drames sont au rendez-vous du Second Empire…

2 décembre 1852 : Napoléon III, empereur des Français

Il est revenu, l'empire ! Il est revenu, l'empereur ! Vont-elles être de retour, les victoires à la Napoléon 1er, sur des champs de bataille où se sont bâties des légendes pour les siècles ? Rien n'est moins sûr…

Oui ou non ?

Les 21 et 22 décembre 1851, le prince-président Louis-Napoléon pose par référendum cette question au peuple : « Le peuple français veut le maintien de Louis-Napoléon Bonaparte, et lui délègue les pouvoirs nécessaires pour établir une constitution ». « Oui », ou « non » ? « Oui » : 7 500 000. « Non » : 650 000 !
Le 1er janvier 1852, Louis-Napoléon quitte l'Élysée pour les Tuileries – le château d'oncle Napoléon !

- Le 6 janvier, il fait supprimer la devise : « Liberté, égalité, fraternité ».
- Le 14 janvier, la constitution est proclamée : le président possède seul l'initiative des lois.
- Le 16 février, la Fête nationale est fixée au 15 août, anniversaire de la naissance de Napoléon le Grand.

- Le 17, des lois sont votées qui musellent la presse.
- Le 20 mars, un décret étonnant paraît : il est interdit aux professeurs de porter la barbe, car elle est considérée comme un symbole d'anarchie !

Figure 11-1 : Napoléon III par Winterhalter.

« L'Empire, c'est la paix ! »

Dans un discours qu'il prononce à Bordeaux, le 9 octobre 1852, le prince-président Napoléon affirme que, si l'Empire ce fut la guerre, pour lui, l'Empire, c'est la paix. Le 16 octobre, il fait une entrée triomphale à Paris où il peut lire, à l'entrée du jardin des Tuileries : « À Napoléon III, empereur, sauveur de la civilisation moderne», et c'est signé : «Les ouvriers reconnaissants»! Il ne reste plus qu'à passer à l'action : le vote des 21 et 22 novembre rétablit l'empire par 7900000 «oui», contre 250000 «non». Le 2 décembre 1852, un an après son coup d'État, le prince-président Louis-Napoléon devient officiellement l'empereur Napoléon III.

L'Empire, c'est... la guerre !

L'obsession de Napoléon III : faire de la France une grande puissance! Pour atteindre cet objectif :

- L'expansion coloniale est poursuivie en Afrique – Sénégal et Algérie.
- En Cochinchine, la ville de Saigon est occupée à partir du 17 février 1859.
- Plus tard, ce sera le Cambodge.

Afin de rompre la traditionnelle alliance des États chrétiens d'Europe contre l'Empire français, et de démontrer la validité de son assertion initiale «L'Empire, c'est la paix», Napoléon s'allie avec l'Angleterre afin de repousser l'avance russe en mer Noire, et de défendre les Turcs, afin de pouvoir s'installer peut-être dans ces zones fort convoitées... C'est la guerre de Crimée qui commence en 1854. Les Russes sont battus près de la rivière l'Alma – un pont parisien rappelle cette victoire. En 1855, le général Mac-Mahon s'empare du fort de Malakoff qui défend la route de Sébastopol, la ville se rend après onze mois de siège. Un an plus tard, en avril 1856, la paix est acquise au traité de Paris dont les Anglais sont les grands bénéficiaires.

L'Empire, ce sont les affaires !

Les petites rues où des barricades poussent en cinq minutes, ça suffit! Il faut transformer Paris, embellir la capitale, et surtout créer de larges et longues avenues où on puisse, en cas de besoin, transporter rapidement l'artillerie nécessaire à mater les révoltes! Mais ce n'est pas seulement cet objectif militaire qui commande la transformation de Paris. La ville du Moyen Âge est insalubre, beaucoup de maisons menacent de s'effondrer. Les rats pullulent dans les rues, dans les caves. Les égouts sont inefficaces. Tout cela va être transformé par Haussmann en dix-huit années de travaux gigantesques, de 1852 à 1870 :

- L'île de la Cité est transformée.
- Haussmann fait construire l'opéra par Garnier, le théâtre du Châtelet par Davioud, et les halles par Baltard.
- Des espaces verts apparaissent : le bois de Boulogne, le bois de Vincennes, les parcs Monceaux et Montsouris, les Buttes-Chaumont.
- 271 kilomètres d'aqueduc et 600 kilomètres d'égout sont réalisés.
- Un vaste réseau de canalisations apporte l'eau et le gaz à tous les étages.
- Les rues sont éclairées.

Haussmann est bien mal récompensé de ses efforts : un pamphlet intitulé *Les Comptes fantastiques d'Haussmann* le soupçonne de malversations – alors que son honnêteté est indiscutable – et contribue à le faire destituer !

L'attentat d'Orsini

Le 14 janvier 1858, considérant Napoléon III comme traître à la cause italienne – l'Italie cherche à s'affranchir de tous les jougs qui l'empêchent de devenir un État indépendant – l'Italien Felice Orsini et ses complices Rudio, Gomez et Pieri, lancent trois bombes sur le cortège impérial qui arrivait à l'Opéra par la rue Le Pelletier. Cet attentat fait huit morts, plus de cent cinquante blessés, mais le couple impérial est indemne. Tout Paris s'illumine alors et acclame les souverains. Orsini est condamné à mort, il est exécuté le 13 mars 1858 après avoir crié : « Vive l'Italie, vive la France ! »

La circulation des capitaux : capitale !

L'argent circule enfin grâce aux disciples de l'économiste et philosophe français Claude-Henri de Saint-Simon qui préconise l'investissement au lieu de la sécurité du placement. Ainsi sont créés :

- en 1852, le Crédit foncier ;
- en 1863, le Crédit lyonnais ;
- en 1864, la Société générale.

Cent kilomètres à l'heure !

Tout cela permet de financer la modernité : le chemin de fer, par exemple, prend un essor considérable. De quatre mille kilomètres de rails en 1848, le réseau passe à vingt mille kilomètres en dix-huit ans ! Les locomotives se perfectionnent et dépassent les cent kilomètres à l'heure. D'autres secteurs connaissent un progrès considérable : le procédé Bessemer, inventé en 1856, permet de quadrupler la production de fonte, de quintupler celle de l'acier.

Onze millions de visiteurs

Les navires à vapeur se multiplient, le canal de Suez, construit par le Français Ferdinand de Lesseps, est inauguré en 1869, les ports s'agrandissent ; l'agriculture améliore ses méthodes, importées d'Angleterre, et ses rendements ; les grands magasins apparaissent : le Bon Marché, le Printemps, le Louvre, la Samaritaine ; l'Exposition universelle de 1855 reçoit cinq millions de visiteurs, celle de 1867, onze millions !

La tragédie de Charlotte et Maximilien

Étendre l'Empire au-delà des mers, conquérir des terres réputées riches et faciles à exploiter, s'installer sous des cieux qui couvent des mines d'or et d'argent… Quel projet fabuleux pour Napoléon III ! Oui, mais, pour quel résultat…

Objectif Mexico !

En 1860, au Mexique, Benito Juarez renverse le président conservateur Miramon, et s'en prend aux ressortissants espagnols, français et anglais dont beaucoup sont massacrés. La flotte des trois Nations agressées bombarde alors Veracruz en décembre 1861. L'objectif consiste surtout à obliger Benito Juarez à honorer les dettes de son pays ! L'Espagne et l'Angleterre finissent par se retirer mais Napoléon III envisage de transformer le Mexique en grand empire catholique latin afin de contrebalancer la toute puissance protestante voisine et en guerre de Sécession : les États-Unis. La couronne de cet empire serait offerte à Maximilien d'Autriche, le frère de l'empereur François-Joseph 1er qui deviendrait à coup sûr un allié !

Le siège de Puebla

Un détachement de six mille Français entre alors en action sous les ordres du général Lorencez. Son objectif : Mexico. Mais la route de Mexico passe par Puebla. Attaqués dans les deux forts où ils se sont retranchés, les Mexicains conduisent une défense héroïque qui oblige les Français au repli sur Orizaba où ils sont harcelés par la guérilla des partisans de Juarez. Lorencez est limogé, et remplacé par le général Forey qui, avec trente mille hommes, met le siège devant Puebla en mars 1863.

Camerone

Le 30 avril 1863, un détachement de la Légion étrangère aux ordres du capitaine Jean Danjou, 35 ans, se porte au devant d'un convoi venant de Veracruz et transportant de l'argent et des armes pour les Français. Sa mission est de le protéger des attaques des Mexicains. Attaqué à Palo Verde, le 30 avril à 7 h 00, le détachement de soixante-deux hommes se réfugie dans la cour de l'auberge de Camerone, entourée de murs de trois mètres de haut. Danjou décide de fixer là les Mexicains le plus longtemps possible afin que le convoi ne soit pas attaqué. Un officier mexicain, considérant la disproportion des forces en présence propose à Danjou de se rendre. La réponse ne se fait pas attendre. L'attaque commence à 10 h 00. À midi, Danjou est tué d'une balle en pleine poitrine. À 14 h 00, le sous-lieutenant Vilain tombe à son tour. Les Mexicains mettent le feu à l'auberge. Les légionnaires tiennent bon. À 17 h 00, le sous-lieutenant Maudet résiste encore avec douze hommes ! Une heure plus tard, l'assaut final est donné. Il ne reste que cinq hommes retranchés au fond de la cour, baïonnette au canon, et qui déchargent leur arme dès que les Mexicains investissent la cour. Maudet et deux légionnaires tombent. Il ne reste que le caporal Maine et deux autres soldats qui résistent encore. Le colonel mexicain leur demande de se rendre. Ils ne le font qu'à la condition de conserver leurs armes. Ce à quoi l'officier leur répond : « On ne refuse rien à des hommes comme vous ! »

« Pauvre Charlotte ! »

Puebla tombe finalement le 7 mai 1863. L'empereur Maximilien et sa femme Charlotte viennent s'installer à Mexico. Mais, en Europe, la Prusse commence à dévoiler ses projets guerriers : elle bat l'Autriche à Sadowa, ce qui met Napoléon III en alerte. La Prusse n'envisage-t-elle pas d'envahir la France ? Les troupes françaises qui soutiennent l'empereur Maximilien au Mexique sont alors rapatriées en France. Charlotte en devient folle. Maximilien se décide pourtant à demeurer avec une poignée d'hommes au Mexique et il est bientôt arrêté, jugé et condamné à mort. Il est exécuté avec deux de ses fidèles le 19 juin 1867 à Queretaro. « Pauvre Charlotte » sont ses derniers mots !

Les Prussiens arrivent !

La fin du Second Empire est imminente : Napoléon III a épuisé ses forces et son prestige au Mexique, le péril vient maintenant de l'est...

Le péril prussien

La Prusse ! Napoléon III ne s'est pas trompé : depuis des années, elle mobilise ses soldats – huit cent mille sont prêts à fondre sur l'objectif France en 1869. Elle fabrique des canons et n'attend qu'un prétexte pour attaquer, s'emparer des minerais de l'Est français, et fabriquer encore plus de canons pour d'autres attaques... Le 19 juillet 1870, à la suite d'une dépêche qu'il a jugée insultante – dépêche envoyée de Bad-Ems en Rhénanie par Guillaume 1er à propos du candidat au trône d'Espagne, mais légèrement modifiée par Bismarck, le chancelier allemand... – Napoléon III déclare la guerre à la Prusse.

Sedan : un désastre !

Bismark et la Prusse sont ravis ! Le 31 août, l'armée française qui allait secourir le maréchal Bazaine enfermé dans Metz, se laisse encercler à Sedan. L'empereur n'est pas en mesure de commander son armée : il souffre horriblement de calculs de la vessie, au point qu'il faut le monter sur son cheval. C'est un désastre ! En deux jours, à Sedan près de vingt mille soldats français ont été tués ou blessés, quatre-vingt-trois mille autres sont faits prisonniers. Le 2 septembre, Napoléon III décide de sortir de Sedan pour se rendre aux vainqueurs. Le 4 septembre, l'Empire a vécu : la IIIe République est proclamée à Paris.

Chapitre 12

La IIIe République s'installe

Dans ce chapitre :

- La tragédie de la Commune
- La République en marche
- L'affaire Dreyfus

Encore une fois, l'empereur, sa femme et le petit prince (le prince impérial Louis Napoléon, parfois appelé Napoléon IV, meurt en 1879 à 23 ans, alors qu'il participe à une expédition contre les Zoulous en Afrique australe, avec les troupes britanniques) ayant disparu du paysage politique français, celui-ci va se recomposer, hésitant d'abord, puis ferme sur sa première orientation : la IIIe République est proclamée le 4 septembre 1870. En 1871, l'épisode de la Commune se termine en tragédie, puis la république s'affermit ; Jules Ferry instruit et colonise ; puis vient l'affaire Dreyfus : innocent, il est envoyé au bagne ! Pendant ce temps, la revanche contre la Prusse se prépare...

Vive la République !

La Première République est née en 1792, la Deuxième, vous vous en souvenez, est apparue en 1848, pour laisser la place au Second Empire. Voici la Troisième République qui va durer bien plus longtemps que ses deux grandes sœurs.

Le sort tragique de la Commune

Les Parisiens ne s'en laissent pas compter après la défaite de Sedan : ils ne veulent pas se soumettre aux volontés de Thiers et des nouveaux élus. L'épreuve de force entre les communards qui rêvent d'un monde de grand partage de tous les biens, d'un monde nouveau, et les forces militaires envoyées par Thiers va se terminer dans l'horreur.

Le IIe Reich proclamé à Versailles

Évidemment, après la défaite française à Sedan, les Prussiens ont caracolé vers Paris, ils l'encerclent, le bombardent.
Le 18 janvier 1871, à Versailles, le Deuxième Reich allemand est proclamé dans la galerie des Glaces. Le 26 février, les préliminaires du traité de paix sont signés : la France abandonne l'Alsace et une partie de la Lorraine. Elle est contrainte de payer une indemnité de guerre de cinq milliards de francs. De plus, les Prussiens doivent entrer dans Paris le 1er mars 1871.

La Commune de Paris

Dans Paris, les classes modestes se sont insurgées contre le gouvernement royaliste issu des élections. Elles décident de ne pas s'y soumettre et de résister jusqu'au bout aux Prussiens, en achetant des canons qui sont installés sur la butte Montmartre. Thiers ordonne à la troupe de s'emparer de ces canons, mais la troupe fraternise avec le peuple. Les Parisiens créent, le 18 mars, le Comité central de la Commune qui s'installe à l'Hôtel de Ville.

« Un rat ? Tout de suite ! Choisissez… »

« Un rat ? Tout de suite ! Choisissez-le dans la cage, je le pousse vers la sortie ! Non, vous ne l'emportez pas vivant, il pourrait vous échapper ! Mon chien va vous l'étrangler, il fait cela très proprement ! Vous me devez quinze sous ! » Voilà une scène de marché ordinaire en ce début de l'année 1871 à Paris. Les Prussiens ont si efficacement organisé le blocus de Paris qu'il n'y a plus rien à manger ! Ou presque… Le rat est devenu un mets apprécié, le chien et le chat aussi qui se font rares. Les oiseaux, du plus gros comme le corbeau au plus petit comme le moineau, ont disparu… On mange aussi les chevaux, même les deux trotteurs, d'un prix inestimable, qui avaient été offerts à Napoléon III par le tsar Alexandre II ! On mange aussi de la viande de buffle, d'antilope, de zébu, de casoar, de chameau, d'ours, de zèbre, de girafe, d'hippopotame, de Yack, de serpents, tous pensionnaires du jardin d'acclimatation ! On mange, hélas, en boudin, en pâté et en filet, Castor et Pollux, les deux éléphants que connaissaient tous les petits Parisiens !

Plus de pain frais !

Les séances de la Commune à Paris sont brouillonnes et houleuses dans les premiers jours. Cependant, des décisions sont prises :

- Le drapeau rouge est adopté.
- Le calendrier révolutionnaire est rétabli.

- Le 2 avril 1871, la séparation de l'Église et de l'État est votée.
- La laïcité est proclamée.
- L'enseignement devient entièrement gratuit pour les garçons et pour les filles.
- Des écoles professionnelles sont ouvertes.
- Le travail de nuit des boulangers est supprimé – mesure qui désole les Parisiens qui adorent le pain frais…
- Le traitement des fonctionnaires est limité, le cumul des fonctions interdit.
- Les jeux de hasard sont interdits, les maisons de tolérance fermées, les ivrognes arrêtés.

La semaine sanglante

Mais l'aventure tourne court : du 21 au 28 mai 1871, les membres et partisans de la Commune de Paris qui rêvaient de décentralisation afin que naissent dans toute la France d'autres communes autonomes rassemblées dans une grande fédération de la liberté, vont être écrasés, massacrés par la troupe lancée de Versailles contre eux, par Thiers. Le 28 mai, vers 11 h 00, Belleville se rend. À 15 h 00, les combats prennent fin, et Mac-Mahon peut déclarer : « Paris est délivré ! »

Des enfants fusillés

À quel prix : plus de trente mille morts ! Des enfants de 5 ans ont été alignés contre un mur, et fusillés ! Des femmes et leurs bébés au sein sont tombés sous les balles ! Les passants qui portaient des vêtements, des chaussures rappelant la couleur des fédérés ont été massacrés. Dans les hôpitaux, les Versaillais ont tué au fusil, à la baïonnette ou au couteau les blessés, les malades, hommes, femmes, enfants, vieillards. Plus tard, l'un des massacreurs aura cette excuse facile et dérisoire : « On était comme fous ! »

6 juillet 1871 : « Seul le drapeau blanc… »

Qui, désormais, après la sanglante guerre civile, va gouverner la France ? L'Assemblée élue avant les événements, en février 1871, comporte une large dominante de monarchistes. On se tourne donc vers le comte de Chambord dont l'heure semble venue. Mais celui-ci fait savoir, dans un manifeste daté du 6 juillet 1871, que son retour est subordonné à l'adoption du drapeau blanc, et qu'il n'acceptera en aucun cas le drapeau tricolore ! Même les monarchistes les plus acharnés sont affligés par ce manifeste. Le 31 août, les députés se déclarent alors Assemblée constituante et donnent le titre de président de la République à Adolphe Thiers.

Jules Ferry, Clemenceau, Boulanger…

Après les hésitations du comte de Chambord, la République se met vraiment à l'ouvrage : Jules Ferry bâtit l'école moderne, Clemenceau fréquente un curieux Boulanger…

24 mai 1873 : Mac-Mahon président, en attendant…

Thiers, devenu trop républicain pour l'Assemblée, doit démissionner le 24 mai 1873. Il laisse la place à Mac-Mahon. Une nouvelle tentative est faite en octobre 1873 auprès du comte de Chambord : accepte-t-il de gouverner, même si le drapeau français n'est pas blanc ? Non, c'est non, non et non ! Bon… Eh bien, le mandat de Mac-Mahon est prolongé, on ne sait jamais, au cas où le comte… Le régime en place attend.

Le président de… la République

Est-ce une monarchie ? Est-ce une république ? Il faut attendre le 30 janvier 1875 pour que l'Assemblée, décidée à sortir du provisoire, vote un amendement d'apparence anodine proposé par Henri-Alexandre Wallon, un député modéré, rédigé ainsi : « Le président de la République est élu à la majorité… » Cet amendement est voté par 353 voix contre 352 ! Le mot *république* vient d'entrer dans les lois constitutionnelles de la France !

Cet amendement est court, mais dense. Il installe les deux Chambres : celle des députés et le Sénat. Il définit le premier personnage de l'État :

- Le président de la République est élu pour sept ans par les deux Chambres.
- Il nomme le président du Conseil.
- Il est rééligible.
- Il a l'initiative des lois, peut dissoudre la Chambre des députés avec l'accord du Sénat.

Bref, étant donné l'étendue de ses pouvoirs, le président de la République est presque un roi !

Allons enfants...

En octobre 1877, les élections ont lieu. Les républicains l'emportent. Deux ans plus tard, Mac-Mahon quitte la présidence de la République, il est remplacé le 30 janvier 1879 par Jules Grévy : une sorte de bourgeois moyen et sage, qui appartient à la gauche républicaine. Léon Gambetta, un homme politique très populaire, expert en bons mots et en petites phrases, est cependant élu président de la Chambre des députés, un peu dépité par le retour à la sagesse dans les esprits satisfaits qui retrouvent :

- leur Fête nationale, le 14 juillet ;
- leur hymne national, *La Marseillaise ;*
- le drapeau tricolore qui va être définitivement adopté un an plus tard.

Jules Ferry, ministre de l'Instruction publique et des Beaux-Arts fait voter le 10 juillet 1879 une loi dont l'article 7 institue la laïcité de l'enseignement en France. Les jésuites de la rue de Sèvres à Paris et de trente autres établissements en France sont explusés.

Jules Ferry : instruisons !

Le 19 septembre 1880, Jules Ferry devient président du Conseil. Le 16 juin 1881, l'enseignement primaire public est déclaré gratuit. Le 28 mars 1882, la loi devient plus précise :

- L'instruction primaire devient obligatoire et laïque dans les écoles publiques, de 6 à 13 ans.
- Les instituteurs devront y dispenser une instruction morale et civique.
- Un jour de congé est prévu, en dehors du dimanche – le jeudi – afin d'assurer l'enseignement religieux.
- L'enseignement religieux sera dispensé en dehors des édifices scolaires publics.

Jules Ferry organise par ailleurs l'enseignement secondaire des jeunes filles jusque là placé sous la responsabilité des religieuses. La religion quitte donc l'école.

Jules Ferry : colonisons !

Jules Ferry, c'est enfin celui qui a donné, à partir de 1880, une impulsion décisive à la colonisation : la présence française va progresser en Tunisie, au Congo, dans le Sud-Algérien, en Afrique occidentale, à Madagascar, en Indochine, à Tahiti. Cet aspect de son action subit de violentes attaques de la droite et de l'extrême gauche – non parce qu'on trouve la colonisation humainement déplorable, mais parce qu'on l'estime trop coûteuse ! Jules Ferry la justifie en avançant les arguments suivants :

- Elle favorise les placements de capitaux, l'exportation des marchandises.
- Elle permet aussi de libérer le pays des déclassés, des marginaux qui ne trouvent pas leur place en France…
- Elle permet d'affirmer la supériorité de la culture occidentale et de la diffuser auprès des populations colonisées, considérées comme arriérées !

Ces justifications ne choquent pas vraiment à l'époque. Si on reproche à Jules Ferry les investissements coloniaux, c'est qu'on préfère préparer activement – et financièrement – la reconquête de l'Alsace-Lorraine !

Galliéni, Lyautey, Doumer…

La colonisation, c'est le temps de l'exploitation, sur place, d'une main-d'œuvre bon marché, malmenée, méprisée ; c'est le temps des terres confisquées, les meilleures de celles qui se situent sur les onze millions de kilomètres carrés de l'Empire colonial français. Mais c'est aussi le temps des passionnés : la voie avait été ouverte par René Caillé (1799 – 1838) qui était allé jusqu'à Tombouctou. Savorgnan de Brazza (1852 – 1905) explore le Congo qui accepte de se mettre sous tutelle française. Brazza – vénitien naturalisé français en 1874 – organise le pays de façon remarquable, cherchant par tous les moyens à protéger les Africains des nuées d'exploiteurs qui s'abattent sur le pays. Ses efforts sont réduits à néant : il est relevé de ses fonctions en 1897, afin de laisser le champ libre aux concessionnaires et à leurs pratiques scandaleuses. La colonisation, ce sont aussi les missionnaires, c'est Gallieni et Lyautey à Madagascar, c'est Paul Doumer en Indochine. Ils créent des écoles, développent l'agriculture, l'artisanat…

Le pistolet de Gambetta

Le 10 novembre 1881, Jules Ferry démissionne de la présidence du Conseil. Il est remplacé par le populaire Léon Gambetta qui s'était rendu célèbre en 1870 en quittant Paris… en ballon pour rejoindre d'autres membres du gouvernement à Tours et s'attribuer le ministère de la Guerre. Le 27 novembre 1882, un an après sa nomination à la présidence du Conseil, on entend un coup de feu dans une maison de Ville-d'Avray ! On accourt et on trouve Léon Gambetta, sérieusement blessé au bras : une artère est touchée. En déchargeant son pistolet pour le nettoyer, il a fait un faux mouvement.

Les jésuites ? Léonie ?...

Immédiatement, des rumeurs circulent : c'est un attentat des jésuites, des anarchistes, c'est la vengeance de Léonie Léon, sa maîtresse. Le médecin prescrit alors du repos au bouillant député. Erreur fatale : ce repos contraint exacerbe une inflammation du péritoine dont Gambetta souffre depuis longtemps. Une grave occlusion intestinale se déclare. On ne sait trop si on doit opérer. La mort vient dissiper le doute : elle survient le 31 décembre 1882. Léon Gambetta avait 44 ans.

Clemenceau le Vendéen

Sur la scène politique, à partir des élections législatives de 1885, un député va creuser son sillon dans l'Histoire, jusqu'à sa mort en 1929, en passant par la Grande Guerre où il acquerra le nom de « Père la Victoire » : Georges Clemenceau. Clemenceau est un républicain vendéen, né en 1841 à Mouilleron-en-Pareds. Il est devenu médecin après des études à Nantes et à Paris.

Figure 12-1 : Clemenceau par Edouard Manet.

Boulanger s'occupe de la gamelle

Député de la Seine à partir de 1871, chef du noyau dur de l'extrême gauche, Clemenceau pousse Jules Ferry à la démission, pour la deuxième fois en 1885 ! C'est lui aussi qui va faire entrer sur la scène politique un général fort populaire pour avoir substitué à la gamelle de ses soldats une assiette et une fourchette, les avoir autorisé à porter la barbe, et fait peindre leurs guérites en tricolore : le général Boulanger !

Boulanger, qui êtes-vous ?

Je me prénomme Georges ; je suis né à Rennes en 1837. D'origine modeste, j'ai de la prestance, une maîtresse qui me domine complètement, et des idées qui font mouche.

- Ministre de la Guerre, en 1886, je fais rayer des cadres de l'armée tous les chefs de grandes familles ayant régné sur la France. Et voilà gagnée la sympathie indéfectible des républicains.
- Envoyé pour réprimer une grève, j'ordonne que pas un coup de fusil ne soit tiré. Cette fois c'est le peuple qui me tresse des lauriers.
- Enfin, à la suite d'un incident de frontière avec l'Allemagne en 1887, je me déclare prêt pour la revanche ! Les patriotes de Déroulède – un poète nationaliste et antisémite – se rangent alors derrière moi !

Je deviens vite le brave général Boulanger derrière lequel se rassemblent les déçus de toute sorte.

Boulanger député

En 1887, le président de la République, Jules Grévy, démissionne pour une sombre histoire de trafic de décorations ! Le 3 décembre de la même année, Sadi Carnot le remplace. Mais toujours l'ombre et le prestige du général Boulanger grandissent dans les imaginations. Les monarchistes voient en lui leur avenir, au point que Clemenceau qui avait promu le général, devient son adversaire. Le 17 mars 1888, Boulanger est mis à la retraite. Mais au début de 1889, il est élu député de la Seine !

À l'Élysée ! Non, je rentre chez Marguerite…

Au soir du dimanche 27 janvier 1889, alors qu'il dîne à La Madeleine, une foule immense lui crie « À l'Élysée ! », mais Boulanger décide de rentrer… chez sa maîtresse, Marguerite Bonnemain. Cette pitoyable attitude est suivie d'une déplorable sortie : Marguerite meurt en 1891, et Boulanger se suicide sur sa tombe. De lui, Clemenceau dira alors : « Il est mort comme il a vécu, en sous-lieutenant ! » – ce qui est fort délicat pour tous les sous-lieutenants, monsieur Clemenceau…

LE SAVIEZ-VOUS ?

La tour la plus haute du monde

1889 ! Trente millions de visiteurs vont se presser à l'Exposition universelle inaugurée par le président Sadi Carnot le 6 mai. C'est le centenaire de la réunion des états généraux qui ouvraient la voie, en 1789, à la Révolution française. On inaugure à cette occasion la tour Eiffel qui porte le nom de son concepteur ; il l'a imaginée en 1884, en a livré les plans définitifs en 1886. En 1887, sa construction a commencé. Le 21 août 1888, le deuxième étage était achevé, malgré une pétition d'artistes (Maupassant, Victorien Sardou, Charles Gounod, entre autres) qui s'opposent à son érection, la trouvant d'une laideur absolue. Et le 6 mai 1889, la tour la plus haute du monde est assaillie par une file de visiteurs ininterrompue jusqu'à nos jours…

Figure 12-2 : La Tour Eiffel.

Affairisme, enrichissement, anarchisme

Les petits épargnants, les petits porteurs ne sont pas à la fête à partir de 1881. En effet, si le percement de l'Isthme de Suez, fut un succès, celui de Panama va ruiner bon nombre de modestes investisseurs. De grosses fortunes, dans le même temps, deviennent immenses, déclenchant une inquiétante vague de terrorisme.

1881 : achetez du Panama !

En dix ans, de 1859 à 1869, Ferdinand de Lesseps, cousin de l'impératrice Eugénie (Eugénie de Montijo, 1826 – 1920 ; Napoléon III l'avait épousée le 30 janvier 1853), avait réussi, sans l'aide des banques, à mener à bien le percement de l'isthme de Suez. Une dizaine d'années plus tard, en 1881, il fonde la Compagnie interocéanique qui rassemble les fonds drainés auprès de petits épargnants. Objectif : Panama ! Il s'agit tout simplement de creuser un canal qui reliera les deux océans, le Pacifique et l'Atlantique, entre les deux Amériques.

Ravachol, Henry, Vaillant exécutés

Les fonds trop vite épuisés, il faut décider les députés, à grands renforts de pots de vin, à voter un emprunt national… ce qui n'empêche pas l'entreprise Panama de faire faillite. Le scandale éclate en 1892 ; Georges Clemenceau qui s'y trouve mêlé va disparaître de la scène politique pendant quelques années. Alors que le fameux emprunt russe qui ruinera tant d'épargnants vient d'être lancé, une vague d'attentats terroristes secoue la capitale et la France, et se termine par l'assassinat du président de la République, Sadi Carnot, le 24 juin 1894 à Lyon. Ravachol, Henry, Vaillant et trente autres anarchistes sont exécutés.

LE SAVIEZ-VOUS ?

Six mois et dix-huit jours !

Sadi Carnot assassiné, c'est Jean-Casimir Perier qui est élu président de la République. C'est un républicain modéré qui va être rapidement handicapé par son immense fortune. En effet, ses adversaires le surnomment « Casimir-Perier d'Anzin », sachant que le nouveau président est le principal actionnaire de ces mines où souffrent quotidiennement des milliers de mineurs. Jaurès et les socialistes l'attaquent avec tant de virulence qu'il jette l'éponge, donnant sa démission le 16 janvier 1895. C'est le mandat le plus court de l'histoire de la République : six mois et dix-huit jours !

1894 – 1906 : l'affaire Dreyfus

Pourquoi Alfred Dreyfus est-il accusé d'avoir livré des renseignements confidentiels aux Allemands ? Pourquoi, innocent de toutes les accusations qu'on porte contre lui, est-il dégradé, envoyé au bagne ? Pourquoi subit-il mille souffrances avant d'être réhabilité ? Pourquoi ? Voici les faits, et les réponses.

La descente aux enfers

Un coupable ! Il faut un coupable en ces temps où le soupçon ne suffit pas au désir de revanche. Ce coupable désigné, c'est Alfred Dreyfus, innocent de ce qu'on l'accuse. Il va entamer une terrible descente aux enfers.

Des documents confidentiels livrés à l'Allemagne

Jamais la perte de l'Alsace et de la Lorraine – et de ses riches minerais… – n'a été admise en France, l'esprit de revanche ne cesse de se développer. La tension est vive pour tout ce qui concerne les relations entre la France et la Prusse. Tout est surveillé, même les corbeilles à papier ! C'est dans l'une d'elles qu'est découvert, à l'ambassade d'Allemagne, un bordereau rédigé par un officier français. Ce bordereau annonce l'envoi de documents confidentiels à l'attaché militaire allemand Schwarzenkoppen.

Alfred Dreyfus arrêté

Qui donc a pu transmettre ces documents ? De quels indices dispose-t-on ? De l'écriture de l'envoyeur, bien visible sur le bordereau. C'est mince ! Mais c'est suffisant pour le ministre de la Guerre, le général Mercier : il croit reconnaître, puis il reconnaît l'écriture du capitaine Alfred Dreyfus, polytechnicien, ancien élève de l'École de guerre ! Dreyfus tombe des nues : il clame son innocence, en vain ! Il est Juif, et le sentiment antisémite est exacerbé dans l'armée tout entière. Le 15 octobre 1894, après une enquête du commandant du Paty de Clam, il est arrêté et écroué à la prison du Cherche Midi.

De fausses preuves

Alfred Dreyfus va passer en conseil de guerre. Le 22 décembre 1894, le général Mercier communique au juge, à l'insu des avocats de Dreyfus, des preuves secrètes destinées à accabler l'accusé. En réalité, ces preuves sont des faux ! Dreyfus est reconnu coupable, il est condamné à la dégradation militaire, et à la déportation à perpétuité. Le 5 janvier 1895, dans la cour des Invalides, Dreyfus est dégradé. Le 21, il embarque pour l'île du Diable, en Guyane.

Figure 12-3 : Une du *Petit Journal* représentant la *Dégradation d'Alfred Dreyfus*, d'Henri Meyer.

Le combat pour la vérité

Parmi tous ceux que révoltent l'injustice, les fausses preuves, les accusations invraisemblables contre Alfred Dreyfus, il en est un qui se bat avec l'énergie du désespoir pour le sauver : son frère, Mathieu Dreyfus.

Mathieu Dreyfus défend son frère

Dans le camp de Dreyfus, on ne désarme pas. Son propre frère, Mathieu, n'admet pas le silence coupable qui entoure l'affaire. Il trouve une aide précieuse auprès d'un officier du service des renseignements, le colonel Picquart. Celui-ci détient la preuve qu'il existe une abondante correspondance secrète entre l'attaché militaire allemand, Schwarzenkoppen, et un officier français d'origine hongroise, Esterhazy, joueur invétéré par ailleurs.

Le coupable : Esterhazy

Picquart sait qu'il tient le coupable : Esterhazy ! Il en informe le chef de l'État-major, le général de Boisdeffre qui, pour toute réponse, l'envoie poursuivre sa carrière dans… le Sud tunisien ! Mathieu Dreyfus s'adresse alors au journaliste Bernard-Lazare qui publie en 1986 une brochure où l'innocence du capitaine est démontrée. Personne ne s'y intéresse, sauf un vieux sénateur, Scheur-Kestner, qui publie dans le journal *Le Temps* un article résumant la brochure. Le lendemain, Mathieu Dreyfus livre le nom de l'auteur du bordereau : Esterhazy !

Félix Faure sans connaissance

Le médecin : « Monsieur le président a-t-il toujours sa connaissance ? » Les domestiques : « Non ! On l'a fait sortir par derrière ! » C'est le dialogue qu'on a pu entendre le 16 février 1899 à l'Élysée : le président de la République Félix Faure – très hostile à la révision du procès Dreyfus – vient d'avoir un malaise dans les bras de sa « connaissance » Marguerite Steinhel, femme aux mœurs légères… Il ne s'en relèvera pas. Le président Soleil comme on l'appelait à cause de son goût pour le faste – c'est un ancien ouvrier qui a fait fortune – collectionne les conquêtes jusqu'à ce jour fatal. Élu président de la République en 1895 après la démission de Casimir-Perier qui avait remplacé Sadi-Carnot assassiné, Félix Faure est remplacé par Émile Loubet de 1899 à 1906 auquel succède Armand Fallières de 1906 à 1913, année de l'élection de Raymond Poincaré.

1898 : Jaurès « Dreyfus est innocent ! »

Le 10 janvier 1898, Esterhazy passe devant le conseil de guerre... qui l'acquitte! Dès lors, partout en France, dans les usines, dans les bureaux, dans les chaumières, les campagnes, les familles, dans les ménages même, deux camps vont s'affronter, parfois violemment : les dreyfusards – toute la gauche radicale, les socialistes – et les antidreyfusards – la droite nationaliste, autour de Déroulède, soutenue par la presse catholique.

J'accuse

Émile Zola suit l'affaire. Convaincu de l'innocence de Dreyfus, il déclare : « La vérité est en marche, rien ne peut plus l'arrêter! » Conscient de l'immensité du mensonge qui, depuis quatre ans, n'inquiète que fort peu les bonnes consciences, il propose au journal *l'Aurore* une lettre ouverte au président de la République. C'est Clemenceau qui trouve le titre choc de l'article de Zola : « J'accuse ». Le 23 février 1898, l'article paraît.

Zola condamné !

Sentant que la vérité pourrait éclater, des officiers antidreyfusards, dont le colonel Henry, fournissent, de nouveau, de fausses preuves de la culpabilité du capitaine! Quant à Zola, il est déféré devant la cour d'assises de la Seine, condamné à un an de prison et à trois mille francs d'amende! Le 18 juillet, sa condamnation est confirmée. Aussitôt, Clemenceau lui conseille de fuir, ce que fait Zola qui fonce en automobile vers Calais ; puis il prend un bateau pour l'Angleterre!

Figure 12-4 : Le Procès de Zola.

31 août 1898 : Henry retrouvé suicidé

Le 8 juillet 1898, le colonel Picquart, dans une lettre ouverte au président du Conseil, affirme que les pièces qui ont fait condamner Dreyfus en 1894 sont des faux. Cinq jours plus tard, il est arrêté et emprisonné ! Esterhazy est également emprisonné, mais pour escroquerie. En août, coup de théâtre : convoqué le 30 par le ministre de la Guerre, Godefroy Cavaignac, le colonel Henry avoue enfin avoir créé de toutes pièces de faux documents pour faire condamner Dreyfus ! Enfermé dans la prison du mont Valérien, il se suicide le lendemain dans sa cellule ! Le scandale est énorme. Le ministre démissionne. Son remplaçant, Dupuy, ordonne la révision du procès.

Dreyfus réhabilité

Dreyfus quitte l'île du Diable. Il débarque en août 1899 à Quiberon. Il est transféré à Rennes où s'ouvre son second procès. Le 11 septembre, Dreyfus est reconnu… coupable avec circonstances atténuantes ! Le verdict paraît absurde : le nouveau président de la République, Émile Loubet, gracie le capitaine Dreyfus. Mais ses défenseurs souhaitent un acquittement complet. Il n'interviendra que le 12 juillet 1906, sous le gouvernement de Clemenceau. Le jugement cassé, Dreyfus réintégrera l'armée avec le grade de chef d'escadron. Picquart, celui dont le courage a fait éclater la vérité, sera nommé d'abord général, puis ministre de la Guerre de Clemenceau !

Dreyfus : cible d'un exalté

Le jeudi 4 juin 1908, en présence du président de la République, Armand Fallières, de nombreuses personnalités politiques et d'une foule importante, les cendres d'Émile Zola, mort asphyxié dans sa chambre en 1902 – les causes de cette asphyxie demeurent mystérieuses -, sont transférées au Panthéon. Soudain, un exalté, Louis-Anthelme, dit Grégori, reporter militaire au journal *Le Gaulois*, tire deux coups de feu sur le commandant en retraite Alfred Dreyfus qui avait pris place près du catafalque ! Alfred Dreyfus est légèrement blessé à l'avant-bras droit. Profondément marqué par toute l'affaire qu'il a vécue avec beaucoup de courage et de dignité, Dreyfus s'éteindra à Paris en 1935. Yves Duteil, l'auteur de la chanson *Prendre un enfant par la main*, désignée meilleure chanson du siècle dernier, est son petit-neveu.

De la revanche dans l'air

Alors que se termine le grand projet de Jules Ferry qui consistait à arracher aux jésuites et aux congrégations religieuses l'âme de la jeunesse française, tous les yeux sont tournés vers l'Alsace et la Lorraine, perdues en 1870, et qu'il faut aller reconquérir…

La laïcité pour tous

Commencée sous Jules Ferry, la lutte engagée contre les congrégations religieuses se poursuit. Afin qu'elles ne puissent plus proliférer sans le contrôle de l'État, une loi sur les associations est votée le 1er juillet 1901. Une étape supplémentaire est franchie lorsque, en 1904, à l'initiative d'Émile Combes, violemment anticlérical, la loi sur la séparation de l'Église et de l'État est votée. Cette loi met fin au Concordat – signé le 16 juillet 1801. Désormais, la république assure la liberté de conscience, garantit le libre exercice des cultes, mais n'en reconnaît ni n'en subventionne aucun. La laïcité à la française est née. Les biens détenus par les Églises deviennent la propriété de l'État.

1911 : Caillaux contre la guerre

Pendant ce temps, l'idée de revanche contre l'Allemagne ne cesse de croître. La guerre est même sur le point d'éclater en 1911, mais le nouveau président du Conseil Joseph Caillaux l'évite de justesse. Désavoué, il doit démissionner en 1912. Le 17 janvier 1913, Raymond Poincaré est élu président de la République. C'est un Lorrain, né à Bar-le-Duc en 1860. Il renforce l'alliance avec la Russie et l'Angleterre. Le 19 juillet 1913, une loi fixant à trois ans le service militaire est votée. L'âge de l'incorporation est fixé à 20 ans. Vingt ans, ce sera l'espérance de vie des générations de jeunes gens, entre 1914 et 1918.

Enfoncez-vous bien ça dans la tête !

- **16 septembre 1824 :** mort de Louis XVIII
- **27, 28, 29 juillet 1830 :** les Trois Glorieuses, Louis-Philippe devient roi des Français
- **1848 – 1851 :** Deuxième République à l'issue de la révolution de 1848
- **1852 :** le prince-président Louis-Napoléon Bonaparte devient l'empereur Napoléon III
- **30 avril 1863 :** bataille de Camerone, au Mexique
- **4 septembre 1870 :** début de la IIIe République
- **22 au 28 mai 1871 :** la Semaine sanglante met fin à la Commune de Paris
- **15 octobre 1894 :** Alfred Dreyfus accusé à tort d'espionnage est arrêté, emprisonné
- **12 juillet 1906 :** Alfred Dreyfus est acquitté

Tout le monde a bien compris ?

1 Le 14 février 1820, l'ouvrier Louvel assassine :
a - le duc de Berry, neveu de Louis XVIII.
b - le duc d'Artois, fils du duc d'Orléans.
c - le duc d'Aumale.

2 L'épouse de l'assassiné porte l'ultime espoir des légitimistes. Elle s'appelle :
a - Anne-Claude, duchesse de Bretagne. b - Marie-Caroline, duchesse de Berry. c - Marie-Charlotte d'Angoulême, comtesse d'Escarbagnas.

3 À partir de 1819, Louis XVIII accorde toute sa confiance à celui qui devient président du Conseil pour un an, une ville prendra son nom :
a - Élie Decazes. b - Odilon Redon. c - le duc de Vendôme.

4 Quel est le surnom donné à Louis-Napoléon Bonaparte ?
a - Valdingué. b - Radiguet. c - Badinguet.

5 Le 30 janvier 1853, Napoléon III épouse celle qui devient l'impératrice :
a - Eugénie de Montijo. b - Joséphine de Mathuvu. c - Marie-Louise de Lankhadré.

6 Pendant le Second Empire, qui transforme le vieux Paris délabré en ville lumière aux grandes avenues ?
a - le baron Haussman. b - le baron Haussmann. c - le baron Hausmann.

7 Quel président de la République est assassiné le 24 juin 1894 à Lyon ?
a - Sadi Carnot. b - Casimir Périer. c - Félix Faure.

8 Qui écrit dans *l'Aurore* du 23 février 1898 un article retentissant sur l'innocence de Dreyfus ?
a - Jules Renard. b - Jean Jaurès. c - Émile Zola.

9 Quel chanteur né en 1949 est le petit-neveu d'Alfred Dreyfus ?
a - Louis Chédid. b - Mathieu Chédid. c - Yves Duteil.

10 Qui est élu président de la République en janvier 1913 ?
a - Raymond Poincaré. b - Émile Loubet. c - Armand Fallières.

Réponses :
1a – 2b – 3a – 4c – 5a – 6b – 7a – 8c – 9c – 10a

Sixième partie

De 1914 à 1945 : Pauvre Europe !

Dans cette partie...

La première moitié du XXe siècle vit une tragédie telle que l'humanité n'en avait encore jamais vue : deux guerres mondiales vont faire des dizaines de millions de morts. L'Europe est à feu et à sang. La première guerre, celle de 1914 – 1918 devait durer peu de temps, quelques mois seulement, parce qu'on avait conscience que les nouvelles armes étaient très meurtrières. Au total, pendant les deux guerres mondiales, jusqu'en 1945, elles vont vomir la mort pendant dix ans. Les enjeux sont complexes : derrière l'idéologie fasciste qu'il faut combattre, se cache un problème d'identité des États européens, identité économique, identité politique que les deux conflits n'ont pas totalement résolues.

Chapitre 13

La Grande Guerre : une boucherie !

Dans ce chapitre :

- La revanche de 1870
- La grande tuerie
- L'armistice

Il faut récupérer l'Alsace et la Lorraine, leitmotiv incessant depuis la guerre de 1870. L'Alsace et la Lorraine vont être récupérées, provoquant bien des échancrures sur la pyramide des âges de la population française…

La guerre galope, se cabre et se fige

Un cheval fou cette guerre ! Dans un premier temps, elle s'emballe dans le sang, puis elle se cabre au nord-est du pays, avec des poses de monstre dévoreur de chairs, enfin, elle se fige dans des tranchées où, pendant des mois de cauchemar, va se poursuivre sans relâche un épouvantable gaspillage de vie.

Les troupes en mouvement

Après l'embrasement européen, les troupes des deux camps, la Triple Alliance et la Triple-Entente, s'affrontent dans une course à la mer qui, ne débouchant sur aucune victoire décisive, va aboutir à une guerre de position.

La poudrière

L'entente cordiale entre la France et l'Angleterre s'est étendue à la Russie qui a pris sous sa protection la Serbie indépendante. Ainsi est née la Triple-Entente. Face à elle, la Triple Alliance – ou Triplice – rassemble l'Allemagne, l'Autriche-Hongrie et l'Italie. La course aux armements n'a cessé depuis le début du siècle, de sorte que chacun des pays se sent prêt à en découdre avec l'adversaire. On imagine que la guerre sera courte : six mois, pas plus ! Et l'Alsace-Lorraine aura repris sa place à l'intérieur des frontières et de l'industrie françaises !

La mèche

Oui, mais il faut bien un déclencheur à ce conflit que tout le monde sait proche, mais dont personne ne connaît ni le jour, ni l'heure. Le déclencheur, c'est un étudiant serbe : Gravilo Princip. Il appartient à une organisation terroriste, la Main Noire.
Le 28 juin 1914, il assassine l'archiduc héritier de la double monarchie d'Autriche-Hongrie, François-Ferdinand, et son épouse, la duchesse de Hohenberg, au cours d'un voyage qu'ils effectuent à Sarajevo.

Jaurès assassiné

Le vendredi 31 juillet 1914, dans la soirée, Jean Jaurès, directeur du journal *L'Humanité*, ancien député de Carmaux, premier président du Parti socialiste français, s'en va dîner au Café du Croissant, rue Montmartre à Paris. Jaurès est un farouche opposant à la guerre, il multiplie discours et articles mettant en garde le peuple contre la grande boucherie qui se prépare. Le dîner terminé, Raoul Villain, un étudiant anarchiste, surgit et tire deux coups de feu sur Jaurès qui meurt dans la soirée. Il n'y a plus d'obstacle à la guerre.

L'explosion

Aussitôt, c'est l'engrenage : l'Autriche accuse la Serbie d'avoir organisé l'attentat de l'archiduc. Le 30 juillet, afin de défendre son alliée serbe, le tsar donne l'ordre de mobilisation générale à ses troupes, et cela malgré les conseils de prudence de la France. L'Allemagne lance alors un ultimatum à la Russie, lui demandant de cesser cette mobilisation. Le 1er août, l'ultimatum est rejeté, l'Allemagne déclare la guerre à la Russie. Le même jour, le tocsin sonne partout en France pour annoncer la mobilisation générale.

Mobilisation générale

Ce 1er août 1914, les hommes des campagnes effectuent les moissons. Ils laissent leurs faux, les blés sous le soleil. Des centaines de milliers de jeunes gens sont appelés – ils seront, une fois la mobilisation terminée le 18 août, un million sept cent mille. Ruraux ou citadins sont prêts en quelques jours et se préparent à partir à la rencontre de l'armée allemande. Où ? Personne ne le sait vraiment. Le 2 août, l'Allemagne a adressé un ultimatum à la Belgique, pourtant neutre, afin d'obtenir le libre passage de ses troupes qui ont déjà atteint le Luxembourg.

Déclarations de tragédie

L'Angleterre demande à l'empereur Guillaume II de renoncer à l'invasion de la Belgique. Il refuse. Le lendemain, 3 août, prétextant le survol par des avions français des villes de Karlsruhe et Nuremberg sur lesquelles auraient été lâchées des bombes, l'Allemagne déclare la guerre à la France. Le 4 août, les armées allemandes envahissent la Belgique, le roi des Belges Albert 1er se met à la tête de ses troupes. Le 5 août, la Grande-Bretagne déclare la guerre à l'Allemagne. Enfin, le 11 août, la France déclare la guerre à l'Autriche-Hongrie ! Les armes ont le champ libre !

1914 : la guerre de mouvement

Joffre a préparé un plan qui intègre la neutralité de la Belgique. Il a concentré ses forces dans l'est – Belfort, Nancy, Montmédy, Bar-le-Duc. Il prévoit de couper en deux l'armée allemande. Mais Alfred von Schlieffen viole la neutralité belge. L'armée française tente de faire face dans le nord : le 13 août, le 33e régiment d'infanterie qui compte dans ses rangs le lieutenant Charles de Gaulle, entre en Belgique. Le 15, ce régiment arrive à Dinant et s'engage sur le pont qui franchit la Meuse. Le lieutenant Charles de Gaulle y est blessé. Transporté à Paris, il est opéré à l'hôpital Saint-Joseph. Le 20 août, les troupes allemandes entrent dans Bruxelles.

Le feu tue !

Dès les premières semaines de la guerre, la France a perdu plus de cinquante mille hommes. Les Allemands beaucoup moins. Cela tient à la différence de tactique de combats : les Français s'avancent vers l'ennemi le fusil à la main, la baïonnette au canon, en terrain découvert, vêtus d'un uniforme qui comporte un pantalon rouge garance ! Ce pantalon les fait aisément repérer par les Allemands qui, eux, se cachent dans les replis des terrains de combat, et attendent les offensives françaises derrière leurs puissantes mitrailleuses ! La tenue du soldat français change de couleur en 1915 ; on adopte le bleu horizon, plus discret que le rouge.

7 septembre 1914 : les taxis de la Marne

IMPORTANT, L'ÉVÉNEMENT !

Pénétrant en Belgique, les Allemands pensent encercler les Français dans un vaste mouvement tournant. Ils approchent dangereusement de Paris. Le 2 septembre, ils sont à Senlis – la capitale n'est plus qu'à quarante-cinq kilomètres ! Mais Joffre, organise la retraite, et lance une contre-offensive du 5 au 12 septembre : c'est la bataille de la Marne. Gallieni a été nommé gouverneur de Paris. Il imagine alors un moyen pour conduire au plus vite quelque dix mille soldats sur le front tout proche : le transport par taxis ! C'est ainsi que, réquisitionnés, les taxis parisiens transportent les troupes fraîches qui, avec les Britanniques, contribueront à la victoire de la Marne. Le 29 août, sur le front de l'est, les Russes, malgré leur supériorité numérique, sont vaincus à Tannenberg.

18 septembre au 15 novembre : la course à la mer

Les Allemands reculent vers l'Aisne, mais leur objectif est de s'emparer des ports du Pas-de-Calais. C'est aussi l'objectif des Français. Une course à la mer s'engage alors, du 18 septembre au 15 novembre. Les cavaleries françaises et allemandes se battent d'abord sur la Scarpe. Foch tente ensuite de coordonner des attaques disparates, d'établir une stratégie qui ne va déboucher sur aucune victoire décisive. La course à la mer est le dernier mouvement d'une guerre qui s'installe dans les tranchées : la guerre de position.

Les soldats face à face

La guerre de position qui s'est rapidement installée va durer malgré les tentatives de percée du front, de part et d'autre, qui se soldent par des centaines de milliers de morts.

On ne fraternise pas !

Les tranchées : creusées dans la hâte en plusieurs séries parallèles, elles sont reliées par des boyaux, bordées de refuges précaires éclairés par des lampes à pétrole. Le soldat y vit dans une insécurité constante : les sapeurs ennemis creusent parfois sous les tranchées et les boyaux, des galeries où sont déposées des mines qui explosent ! Dans les premières semaines, les lignes de tranchées sont si proches que les soldats des deux camps fraternisent, vite rappelés à l'ordre !

Les poilus : des jeunes de 18 ans, 20 ans...

La peur, le froid, la faim, la présence des rats, celle des cadavres qui se décomposent, parfois suspendus aux barbelés de protection : l'existence de ceux qui sont appelés « les poilus », parce qu'ils n'ont pas toujours le temps, les moyens ou l'envie de se raser, est terrible. Ces « poilus » – pourquoi l'époque et la postérité les ont-elles affublés de ce surnom où l'ironique et le ridicule ne peuvent disparaître complètement – sont des jeunes gens de 18 ans, des pères de famille, de toutes les catégories sociales, et qui proviennent de toutes les régions. La guerre va en broyer près d'un million et demi en quatre ans !

Figure 13-1 : Soldats dans une tranchée.

LE SAVIEZ-VOUS ?

Alain-Fournier tué aux Éparges

Dans les tranchées, des écrivains, des poètes : Charles Péguy, tué à Villeroy, près de Meaux, le 5 septembre 1914, alors qu'il criait aux hommes de sa compagnie d'infanterie : « Tirez ! Tirez toujours ! » Alain-Fournier, l'auteur du *Grand Meaulnes*, tué le 22 septembre 1914 à Saint-Rémy-la-Calonne près des Éparges, dans la Meuse. Louis Pergaud, l'auteur de *La Guerre des boutons*, tué en 1915. Blaise Cendrars blessé en Champagne en 1915, amputé du bras droit. Guillaume Apollinaire blessé à la tête, et trépané. On trouve aussi Maurice Genevoix, Jean Giono, Louis-Ferdinand Céline, George Duhamel, Roland Dorgeles ; et des peintres : Derain – il fait Verdun, la Somme, le Chemin des Dames –, Braque qui est grièvement blessé le 11 mai 1915, trépané, ou encore Maurice Ravel qui se bat à Verdun en 1916...

L'horreur : des gaz asphyxiants

1915 : le front occidental étant stabilisé de la mer du Nord à la frontière suisse, les Français lancent, en Champagne, du 15 février au 18 mars, une offensive qui échoue. Le 22 avril, près d'Ypres, en Belgique, les Allemands utilisent le gaz asphyxiant, appelé depuis l'ypérite. Du 9 au 18 juin, des offensives alliées sont lancées en Artois, très coûteuses en vies humaines : quelques kilomètres sont gagnés au prix de plus de cent mille morts. En vain. Du 25 septembre au 6 octobre 1915, de nouvelles offensives en Champagne et en Artois ne parviennent pas à enfoncer les lignes ennemies.

Les Dardanelles : un échec

Les Alliés tentent en février 1915 une expédition dans les Dardanelles pour prendre Istanbul ; elle fait trois cent mille morts. Le 23 mai, l'Italie entre en guerre aux côtés des Alliés.

Le 6 octobre, alors que les troupes alliées débarquent à Salonique, les Allemands envahissent la Serbie.

Verdun, la Somme, des tueries !

Rien de décisif n'intervient sur le front occidental qui semble figé. Tout au long des années 1916 et 1917, Français et Allemands tentent de se « saigner à blanc », ce qui en dit long sur le résultat obtenu : Verdun, la Somme se soldent par des désastres humains. Grâce à l'intervention américaine, la signature de l'armistice interviendra le 11 novembre 1918.

Les deux camps résistent

Quelle va être l'issue de ce conflit désormais mondial ? Nul ne peut le savoir pendant les meurtrières années 1916 et 1917 ; mais en 1918, l'intervention américaine permet de débloquer une situation devenue insupportable.

Des lance-flammes !

À RETENIR

1916 : le 21 février commence la bataille de Verdun : le général allemand Falkenhayn a décidé de « saigner à blanc » l'armée française. La préparation d'artillerie va durer neuf heures ! Lorsqu'elle se termine, vers 16 h 00, plusieurs millions d'obus ont

été tirés. L'infanterie allemande entre en action immédiatement. Pour la première fois, des lance-flammes sont utilisés. Le 25 février, les Allemands s'emparent du fort de Douaumont. Pétain organise les attaques de sorte que de nouveaux effectifs se succèdent régulièrement en première ligne, transportés par des camions sur une route surnommée alors « la voie sacrée ».

La Somme : 1 200 000 morts

Le 1er juillet 1916, Joffre lance la grande offensive de la Somme. Français et Anglais – qui vont utiliser pour la première fois les chars d'assaut – tentent de faire reculer les Allemands. Le 18 novembre, l'offensive qui a fait 1 200 000 morts ou blessés français, britanniques et allemands a permis aux Alliés d'avancer de dix kilomètres. Entre le 15 et le 25 décembre, la bataille de Verdun, commencée en février, se termine. Le bilan est terrible : plus de 700 000 morts, blessés ou disparus tous camps confondus.

Le Chemin des Dames

Au début de 1917, le front n'ayant pas bougé, le général Nivelle lance, le 16 avril 1917, une offensive qu'il espère décisive entre Cerny-en-Laonnois et Craonne, sur le Chemin des Dames. Les Allemands sont mis au courant des projets français. Ils renforcent discrètement leurs effectifs, construisent des casemates bétonnées sous lesquelles sont dissimulées des mitrailleuses, leurs abris sont creusés à dix ou quinze mètres de profondeur.

Inutile boucherie

Lancer des hommes contre ce dispositif, c'est courir au suicide ! Nivelle lance pourtant l'offensive : 300 000 hommes sont tués en six semaines. Cette inutile boucherie provoque des mutineries dans les rangs des soldats, durement réprimées. Clemenceau, appelé par Poincaré, soutient le moral des troupes et acquiert le surnom de « Père la Victoire ».

CHEZ NOS VOISINS

La révolution d'Octobre

En Russie, le 2 mars 1917 (15 mars de notre calendrier), le tsar Nicolas II abdique. Depuis le 23 février (8 mars), les bolcheviques – ouvriers russes conduits par Lénine – ont manifesté et appelé à la grève, emportant dans leur mouvement les soldats révoltés contre leurs officiers. Après s'être emparés des bâtiments publics, ils forment un gouvernement provisoire. Le 24 octobre de la même année (6 novembre), les bolcheviques s'emparent du palais d'Hiver et des points stratégiques dans la capitale Petrograd (Saint-Pétersbourg). La ville est aux mains des insurgés le 25 octobre (7 novembre).

L'intervention américaine, l'armistice

Les Allemands veulent en finir : le 21 mars 1918, ils lancent une offensive qu'ils prévoient décisive. Fin mai, ils atteignent la Marne, à soixante kilomètres de Paris ! Le 18 juillet, la contre-offensive, appuyée par un million de soldats américains – les premiers sont arrivés en juin 1917 – et par des milliers de combattants venus des colonies, parvient à mettre en déroute l'armée allemande. L'armistice est signé le 11 novembre à 6 h 00 dans le wagon du maréchal Foch, stationné dans la clairière de Rethondes, près de Compiègne.

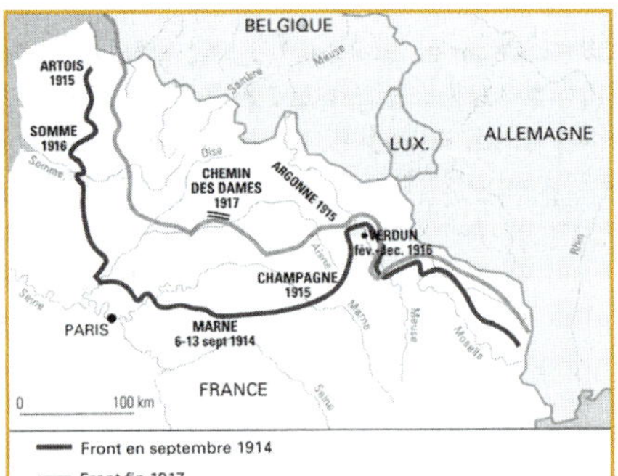

Figure 13-2 : Le front en 1914 et 1917.

Chapitre 14

L'entre-deux-guerres en crise

Dans ce chapitre :

- Du Bleu horizon au Cartel des gauches
- Le fascisme, violence, extrémisme
- Le Front populaire, tout pour plaire

La droite française va tout faire pour que l'Allemagne s'acquitte d'une dette qu'elle ne paiera finalement jamais. La gauche qui la remplace n'est pas assez unie pour définir ses choix, elle réussit cependant à faire barrage au fascisme en se regroupant sous le nom de Front populaire ; ce qui permet la négociation et la signature des fameux accords de Matignon – les congés payés – avant le retour de la guerre…

Du Bleu horizon au pacte Briand-Kellog

La Chambre des députés élue au lendemain de la guerre comporte une forte majorité de catholiques, anciens combattants. Ils n'ont qu'une obsession : que l'Allemagne paie sa dette de guerre. L'après-guerre, c'est aussi une vague de spéculation qui se déchaîne pour éviter les méfaits de la dévaluation des monnaies. C'est plus tard le retour de Poincaré qui tente de faire appliquer le traité de Versailles. C'est enfin Briand qui rapproche la France et l'Allemagne.

Le traité de Versailles

Comment éviter que de telles tueries se reproduisent en Europe ? La réponse vient des États-Unis : il faut créer une organisation internationale où les conflits pourront être réglés sans le recours aux armes. Ainsi naît, le 28 avril 1919, la Société des Nations qui s'installe à Genève et devra dans le futur, et par tous les moyens, garantir la paix. Deux mois plus tard, le traité de Versailles est signé…

Désarmer l'Allemagne

Tout fier, Bismarck avait proclamé le IIe Reich allemand dans la galerie des Glaces du château de Versailles le 18 janvier 1871. C'est dans cette même galerie que les Allemands vont signer le traité qui ramène la paix, le 28 juin 1919, mais qui ne calme l'inquiétude de personne.

- Il est décidé que les Alliés occuperont la rive gauche du Rhin pendant quinze ans.
- L'Allemagne – jugée responsable – devra acquitter des réparations financières. Ces réparations financières sont fixées en 1921 à 132 milliards de marks-or !
- Le visage de l'Europe se transforme ; l'Empire austro-hongrois laisse ainsi la place à deux États de dimension modeste : l'Autriche et la Hongrie.
- De nouveaux États apparaissent : la Tchécoslovaquie, la Yougoslavie. La Roumanie s'agrandit. Ces métamorphoses portent tous les germes de possibles embrasements : les minorités allemandes dans les nouveaux pays posent un problème difficile à résoudre.
- L'indépendance de la Pologne est restaurée, mais elle réclame un libre accès à la mer. Il est donc décidé d'ouvrir un corridor à travers la Prusse afin de le lui accorder. Au bout de ce corridor, se trouve une ville libre sous le contrôle de la Société des Nations, créée le 28 avril 1919 dans le but de régler les conflits futurs : Dantzig.

- Enfin, et surtout, l'Alsace et la Lorraine sont restituées à la France !

LE SAVIEZ-VOUS ?

La « Der des Ders »

La Grande Guerre, le dernière des dernières – la Der des Ders – la Grande Boucherie, le Massacre des Innocents… Que de noms ont été donnés à la Première Guerre mondiale, sans qu'aucun rende compte de l'épouvantable misère humaine qu'elle a engendrée. Le 11 novembre 1918, jour de l'armistice, est un jour de liesse, mais aussi de douleur. Pour quel bilan ? Il est affligeant : près d'un million et demi de morts en France – huit millions en Europe – des millions de blessés, amputés, gazés, des vies brisées, des familles privées du père, de fils, l'innommable désespoir de tout un peuple. Plus de cinq cent mille maisons détruites. Des villages entiers disparus à jamais. Des millions d'hectares de terres de forêts éventrés sous l'apocalypse des canons. La cathédrale de Reims broyée sous plus de quatre cents obus. Et puis, comme si la folie des hommes ne suffisait pas, une épidémie de grippe très virulente apparaît en février 1918, à Canton, en Chine. Les militaires américains l'en rapportent puis viennent en Europe où elle installe son premier foyer à Bordeaux. Bientôt, elle touche l'Espagne, d'où son nom : la grippe espagnole. En quelques mois, elle va faire près de cinq cents mille morts en France (près de trente millions dans le monde) – dont le poète Guillaume Apollinaire.

La victoire du Bloc national

L'économie est détruite, la production inexistante, l'industrie anéantie, la situation financière est devenue très difficile. Pourtant, la vie va reprendre son cours, et la politique retrouver ses habitudes. Aux élections de 1919, la majorité se situe à droite et au centre. Le Bloc national qui en est issu est surnommé « la Chambre bleu horizon », par allusion à la couleur de l'uniforme qu'ont porté presque tous les députés. La dette de l'Allemagne est énorme envers la France. Elle a commencé à la payer. Mais elle le fait avec beaucoup d'irrégularité. On se demande alors si un jour elle ne sera pas atteinte d'une amnésie qui lui serait salutaire…

Les accords de Locarno

Élu pour un an président du Conseil en 1921, Aristide Briand tente un rapprochement avec l'Allemagne à l'indignation du Bloc national. Dans le même temps, le franc ne cessant de se dévaluer, l'ancien président de la République, le rigoureux Poincaré est rappelé aux affaires. Il prend la décision d'occuper la région de la Ruhr et de ses riches minerais et d'y envoyer des ouvriers français. Les Allemands s'y opposent. Des troubles éclatent, apaisés par les accords de Locarno en Suisse, le 16 octobre 1925, où l'Allemagne, la France et la Belgique échangent la promesse de ne se livrer à aucune attaque ou invasion, bref, de ne plus se faire la guerre !

Aux commandes : le Cartel des gauches

Le Cartel des gauches est une coalition, un rassemblement qui regroupe les communistes – les plus à gauche –,les socialistes, les radicaux – les moins à gauche. Communistes, socialistes et radicaux ont pour point commun la laïcité. Mais ceux-ci, les radicaux, sont davantage attachés à la propriété privée que ceux-là, les communistes, qui voudraient que tout appartienne à tout le monde. Ce Cartel va-t-il se montrer crédible ? Poincaré, le pompier du franc, va-t-il devoir intervenir ?

Si c'est rond, c'est Poincaré...

Après le Bloc national de droite, le Cartel des gauches gagne les élections. Il s'installe aux commandes en mai 1924. Cette gauche est tellement disparate qu'elle n'inspire guère confiance aux financiers. C'est encore Poincaré qu'on va chercher pour stabiliser la situation, ce qu'il va réussir à partir de 1926 : au prix d'une forte dévaluation, il parvient à stabiliser le franc et à relancer l'économie.

Les assurances sociales

Dans le même temps, Poincaré prépare une importante loi sur les assurances sociales qui sera votée en 1929, alors qu'il vient de démissionner pour raisons de santé : tous les salariés dont le revenu annuel ne dépasse pas quinze mille francs devront être immatriculés au régime obligatoire dont le financement est assuré à parts égales par l'employeur et l'employé.

Le pacte Briand-Kellogg

En 1926, sur la proposition d'Aristide Briand, artisan du rapprochement franco-allemand, l'Allemagne est admise à la Société des Nations (SDN). Deux ans plus tard, en 1928, le pacte Briand-Kellog est signé : le ministre des Affaires étrangères Aristide Briand et le secrétaire d'État américain Kellogg mettent la guerre hors-la-loi avec l'assentiment des États-Unis.

LE SAVIEZ-VOUS ?

En ligne : Maginot

Le désir de paix est augmenté de précautions qui, bien concrètes, rassurent mieux que les bonnes intentions. Il faut, selon les hommes politiques de l'époque qui entrevoient la possibilité d'un nouveau conflit, fortifier la frontière est de la France. On opte pour le projet d'André Maginot, le ministre de la Guerre. Il prévoit une organisation fortifiée en Alsace et en Lorraine. La trouée de la Sarre, entre ces deux régions, serait protégée par un système d'inondations artificielles en cas d'attaque allemande. Les travaux gigantesques qui engloutissent des milliards de francs sont effectués de 1930 à 1936. Et le Nord, la Belgique ? Rien ou presque n'est prévu ! Les Allemands, si l'envie leur prend d'envahir de nouveau la France, n'utiliseront certainement pas deux fois, traîtreusement, ce passage ! Il faut voir…

Le président de la République assassiné

IMPORTANT, L'ÉVÉNEMENT !

De 1930 à 1934, la situation empire sur tous les fronts. Les difficultés économiques s'accumulent. Le 13 juin 1931, le septennat de Gaston Doumergue s'achève. Qui peut le remplacer ? Tout le monde pense à Aristide Briand mais il est mis en minorité. Il ne s'en relève pas, et meurt le 7 mars 1932.

C'est Paul Doumer qui est élu président de la République, mais pas pour longtemps : le 6 mai 1932, un Russe émigré, Davel Gorgulov, décharge son pistolet sur lui. Doumer meurt quelques heures plus tard.

La montée du fascisme

Profitant d'une atmosphère d'incertitude et de doute, les ligues nationalistes multiplient leurs démonstrations de force. L'affaire Stavisky va servir leurs intérêts.

L'instabilité proche du chaos

À Doumer succède Lebrun. À Lebrun succède Doumergue, mais l'instabilité demeure, avec tous les excès qu'elle engendre.

L'extrême droite en avant

Le républicain modéré Albert Lebrun succède à Doumer le 10 mai. Il doit composer avec une Chambre des députés élue deux jours plus tôt, le 8 mai, avec une majorité de gauche. De 1932 à 1934, cinq ministères radicaux se succèdent – Paul-Boncour, Édouard Daladier, Albert Sarraut, Camille Chautemps, et Daladier de nouveau. Ils font face à la situation sans grande imagination. L'instabilité ministérielle conduit à l'émergence d'idéologies d'extrême droite, toujours promptes à proposer des solutions rapides, ou plutôt à pointer le doigt vers des responsables tout désignés.

QUELLE HISTOIRE !

Stavisky a le bras long…

Le 7 janvier 1934, Alexandre Stavisky est retrouvé « suicidé » dans un chalet de Chamonix. *Le Canard Enchaîné* titre : « Stavisky s'est suicidé d'une balle tirée à 3 mètres. Voilà ce que c'est que d'avoir le bras long… » Cet homme d'affaires qualifié d'escroc avait réussi à corrompre tant de personnalités que le scandale qui éclate est immense. De plus, Stavisky étant Juif, l'antisémitisme est prêt à se répandre comme un cauchemar.

Au Palais-Bourbon !

Le 6 février 1934, jour de la présentation du nouveau gouvernement au Palais-Bourbon, les ligues d'extrême droite – l'Action française, les Jeunesses patriotes, les Croix de feu – appellent à une gigantesque manifestation près du Palais-Bourbon. Les gardes à cheval tirent sur la foule. Le bilan est lourd : vingt morts et plus de deux mille blessés. Daladier doit démissionner. Le président Lebrun fait appel à l'un de ses prédécesseurs, Gaston Doumergue pour former un gouvernement d'union nationale.

Du Front populaire à Munich

Le Front populaire naît du désir de barrer la route au fascisme qui est en train de gagner du terrain, et qui pourrait l'emporter dans une France désorientée. Il signe les accords de Matignon qui améliorent les conditions de vie et de travail des ouvriers. Une pause va être nécessaire dans les réformes afin de réarmer le pays, avant Munich…

L'amélioration de la condition ouvrière

Le Front populaire, c'est l'alliance de toutes les forces politiques de gauche afin de faire front contre le fascisme, tout en servant les intérêts des ouvriers. Le Front populaire permet l'augmentation des salaires et surtout la découverte des congés payés !

14 juillet 1935 : « Travail, paix, liberté »

Les événements de février 1934 font craindre un coup de force fasciste. Toutes les forces de gauche s'unissent. Le parti communiste lui-même se joint au mouvement antifasciste sous l'impulsion de Moscou. Maurice Thorez souhaite alors un Front populaire qui rassemblerait communistes, socialistes et radicaux. C'est chose faite le 14 juillet 1935. Un défilé impressionnant – plus de cinq cent mille personnes – s'étire de la place de la Bastille à la place de la République. Daladier, Maurice Thorez et Léon Blum, le chef de la SFIO (section française de l'internationale ouvrière, parti politique socialiste) y sont acclamés. Les trois maîtres-mots de cette manifestation sont : « Travail, paix, liberté ».

Que se passe-t-il ?

Le deuxième congrès des soviets se réunit, il élit le conseil des commissaires du peuple composé uniquement de bolcheviques et présidé par Lénine. En février 1920, Mussolini fonde le parti fasciste italien. Le 31 janvier 1933, en Allemagne, Hitler devient chancelier du Reich ; en mars, il obtient les pleins pouvoirs. Le 14 octobre 1933, l'Allemagne annonce qu'elle se retire de la SDN. Dans la nuit du 29 au 30 juin 1934, Hitler fait assassiner une centaine de ses adversaires (c'est ce qu'on a appelé la « nuit des Longs Couteaux ») ; le 2 août, après la mort du maréchal Hindenburg, il devient chef de l'État. Le 11 décembre 1937, l'Italie se retire à son tour de la SDN.

Une immense vague d'espoir

En 1936, une immense vague d'espoir donne la victoire au Front populaire, lors des élections du 3 mai. Près de deux millions d'ouvriers se mettent spontanément en grève afin de créer la pression nécessaire pour que soient prises des décisions en leur faveur. Léon Blum est chargé de former un nouveau gouvernement, soutenu par les communistes – qui n'y participent pas – et composé de socialistes et de radicaux.

La course à la mer 2, le retour

Les 7 et 8 juin 1936, à la demande de Léon Blum, des négociations s'ouvrent entre le patronat et la CGT (Confédération générale du travail, principal syndicat représentant les ouvriers). Peu avant une heure du matin, le 8 juin, les accords de Matignon sont signés, entérinés par les lois votées pendant l'été 1936. Ces accords prévoient :

- l'augmentation de 7 à 15 % des salaires ;
- la liberté syndicale ;
- quarante heures de travail hebdomadaire – au lieu de quarante-huit ;

- la nationalisation des industries de l'armement ;
- la prise de contrôle par l'État de la Banque de France qui, depuis sa création par Napoléon, était une banque privée dont les deux cents plus importants actionnaires – les deux cents familles – orientaient la politique ;
- et enfin les congés payés, la cerise estivale sur le gâteau des loisirs naissants !

Quinze jours à ne rien faire, sans perte de salaire ! Bientôt va commencer – pacifiste après la belliciste de 1914 – une nouvelle course à la mer…

Une pause pour réarmer le pays

Léon Blum annonce, en 1937, une pause dans les réformes sociales. Cette pause est rendue d'autant plus nécessaire qu'il va falloir penser à réarmer le pays : Adolf Hitler, devenu chancelier du Reich allemand en 1933, et qui – de même que Mussolini en Italie – développe et applique, les mains libres, l'idéologie fasciste, a décidé, le 7 mars 1936, de franchir le Rhin et de réoccuper la zone démilitarisée ! Et cela au mépris du traité de Versailles et des accords de Locarno.

À Vienne, en Autriche, les Juifs persécutés

Le souci d'Adolf Hitler est de donner au peuple allemand ce qu'il appelle son espace vital, le plus vaste possible, qui aura l'avantage de faire barrage au communisme qui, de Moscou, tente par tous les moyens de conquérir l'Europe.

- Première étape : l'Autriche. Les troupes allemandes l'envahissent du 11 au 14 mars 1938. Resté dans l'Histoire sous le nom d'*Anschluss* (le rattachement), l'événement ne provoque qu'une timide protestation de la part de la France. Aussitôt, les nazis s'installent à Vienne et commencent les persécutions contre la communauté juive.

- Deuxième étape : les Sudètes. Dans cette région située en Tchécoslovaquie – état créé par le traité de Versailles –, vit une population de trois millions d'Allemands. Prétextant des troubles qui s'y dérouleraient, Hitler décide d'intégrer la Tchécoslovaquie tout entière au IIIe Reich !

Les accords de Munich

Sur l'initiative de Mussolini, Chamberlain l'Anglais et Daladier le Français vont rencontrer Adolf Hitler à Munich afin d'arrêter l'engrenage qui semble conduire l'Europe vers à une nouvelle guerre. Cette rencontre se déroule à Munich les 29 et 30 septembre 1938. Les accords signés précisent que les territoires des Sudètes seront évacués par les Tchèques, puis occupés par l'armée allemande. Tout cela permet d'espérer la paix, puisque Hitler a affirmé qu'après les Sudètes, c'en était terminé de ses revendications territoriales ! Hélas, personne, ou presque n'est dupe…

Figure 14-1 : Hitler à Berlin en 1938.

La guerre civile espagnole : un terrain d'entraînement pour Hitler

Depuis 1931, l'Espagne est devenue une république parlementaire et démocratique. Mais elle doit faire face à l'opposition des conservateurs – grands propriétaires fonciers, cadres de l'armée et clergé catholique – qui sont hostiles aux réformes sociales et à la démocratie. En 1936, les partis républicains – socialistes, radicaux, communistes et anarchistes – se sont réunis pour former un *frente popular*, frère du Front populaire français. Ce *frente popular* gagne les élections législatives de 1936.

Les forces de l'opposition refusent leur défaite. Le 17 juillet 1936, elles organisent un soulèvement militaire, sous la direction du général Franco. Hitler, le nazi, Mussolini, le fasciste italien, Salazar, le dictateur portugais, apportent leur soutien à Franco : plus de cent mille soldats, des centaines d'avions de combat, de blindés, de canons, des tonnes de munitions, et des instructeurs militaires. L'Andalousie, la Galice, les Asturies, la Navarre, et la vieille Castille sont gagnées par les nationalistes. Madrid, Barcelone et le Pays basque constituent le cœur de la résistance républicaine.

La guerre civile espagnole va servir de terrain d'entraînement et d'expérimentation aux armées allemandes et italiennes pour les armes et les nouvelles techniques de terreur sur les populations. Ainsi, le 26 avril 1937, les cinquante appareils de la légion Condor – unité allemande chargée de répandre la terreur – expérimentent l'attaque en piqué sur la petite ville de Guernica, près de Bilbao, dans le Pays basque. Les cinquante tonnes de bombes incendiaires lâchées en deux heures et demie font près de deux mille morts parmi une population où se trouvaient de nombreux réfugiés espérant gagner la France par le train.

Finalement, la dictature franquiste va l'emporter, face à des républicains qui manquent d'unité dans leur idéologie – les communistes et les anarchistes tentant mutuellement de se supprimer ! Franco maintiendra son régime jusqu'en 1975, désignant pour lui succéder, le roi Juan Carlos de Bourbon.

Chapitre 15

La Seconde Guerre mondiale : résistance, collaboration…

Dans ce chapitre :

- La France vaincue résiste
- La France de Pétain collabore
- La France secourue se libère

La guerre va s'abattre sur le monde en plusieurs étapes, commencer ses ravages, diviser le pays. Les Juifs, cibles et victimes du nazisme, vont subir de terribles souffrances, six millions d'entre eux vont perdre la vie dans les camps de concentration et d'extermination issus de l'idéologie monstrueuse d'Hitler et de ses complices.

1939-1940 : une drôle de guerre

Après la déclaration de guerre, l'Allemagne ne bouge pas d'un pouce pendant plusieurs mois, mais, à la surprise générale, elle va faire déferler ses troupes en réalisant une percée dans les Ardennes. L'armée des Alliés est coupée en deux, dix millions de Français partent en exode sur les routes avant que, un jour de l'été 1940, l'armistice soit signé.

De mars 1939 à la blitzkrieg

Après l'occupation de Prague et le pacte de non-agression avec l'URSS, Hitler prépare sa guerre éclair, sa blitzkrieg qui va couper la France en deux.

Le pacte de non-agression contre l'URSS...

Le monde assiste d'abord atterré à l'occupation de Prague par les troupes allemandes, le 15 mars 1939 : c'en est fini de la Tchécoslovaquie. Quelle nouvelle étape pour l'appétit d'Hitler ? L'URSS à coup sûr ! Non : l'Union des Républiques Socialistes Soviétiques signe avec l'Allemagne un pacte de non-agression. C'est la stupeur dans le monde, car ce pacte signifie qu'au terme d'accords secrets, un partage de la Pologne a été négocié. Le vendredi 1er septembre 1939, les premiers soldats du Reich entrent en Pologne à 4 h 45 du matin.

La guerre devient mondiale

À RETENIR

L'Angleterre, qui avait signé un traité d'alliance avec la Pologne le 25 août 1939, somme les troupes nazies de s'en retirer. À la suite du refus d'Hitler, l'Angleterre déclare la guerre à l'Allemagne, le dimanche 3 septembre à 11 h 00 du matin. La France l'imite à 17 h 00, le même jour, suivie de l'Australie et de la Nouvelle-Zélande. L'Italie, l'Irlande et la Belgique se déclarent neutres. Deux jours plus tard, ce sont les États-Unis qui se rangent dans le camp de la neutralité, mais le Congrès américain votera le 4 novembre la loi *Cash and Carry*, qui autorise la vente de matériel militaire aux belligérants. La Seconde Guerre mondiale vient de commencer.

Tout le monde attend...

Le 6 octobre 1939, Hitler propose de faire la paix. Simple leurre puisqu'il diffère son attaque à l'ouest afin qu'elle se déroule dans les conditions les plus favorables. Ses offres sont immédiatement refusées, et tout le monde attend ! C'est la drôle de guerre, rien ne se passe. Le 10 mai 1940, la Wehrmacht (l'armée allemande dans le régime nazi ; Wermacht signifie, en français : force de défense) attaque la Belgique et la Hollande. De plus, elle lance une offensive dans les Ardennes dont la percée est réalisée le 13 mai, à Sedan. Cette avancée fulgurante et ses conséquences immédiates sont connues sous le nom allemand de *blitzkrieg* : la guerre éclair. Les armées alliées sont enfoncées en un point réputé infranchissable par les chars…

L'opération Dynamo

Les troupes alliées sont coupées en deux. La partie qui se trouve au nord est rapidement encerclée par les Allemands, et reflue vers Dunkerque. Sous les bombardements, les Britanniques décident alors d'évacuer les soldats pris au piège vers l'Angleterre au moyen d'une flottille. C'est l'opération Dynamo qui permet de sauver, entre le 28 mai et le 4 juin 1940, près de 360 000 hommes. Les autres vont être faits prisonniers par les Allemands. Constatant que la situation est désespérée en France, l'Italie en profite pour l'attaquer dans le dos, le lundi 10 juin, sans grand succès cependant.

Le triste exode de juin 1940

Les troupes d'Hitler entrent dans Paris le 14 juin 1940. Un exode massif des populations du Nord de la France, de Paris et de sa région commence alors. Plus de huit millions de personnes se retrouvent sur les routes. Le 15 juin, le gouvernement français se replie à Bordeaux. Le président Albert Lebrun fait appel au maréchal Pétain qui – à 84 ans ! – prend la place de Paul Reynaud, démissionnaire. À minuit, le gouvernement français demande l'armistice.

LE SAVIEZ-VOUS ?

Londres, de Gaulle et ses trois appels de Juin 1940

Pendant qu'Hitler visite Paris, le général de Gaulle, sous-secrétaire d'État à la Guerre du gouvernement Reynaud, s'est rendu à Londres où il va retrouver Winston Churchill, Premier ministre du Royaume-Uni. Apprenant que l'armistice a été demandé par Pétain, il lance, de la BBC, la radio anglaise, un premier appel à tous les Français, dans la soirée du 18 juin. La formule-choc : « La France a perdu une bataille ! Mais la France n'a pas perdu la guerre ! » apparaît pour la première fois dans le texte d'une affiche placardée sur les murs de Londres à la fin de juillet 1940. Cette formule encourage la naissance des mouvements de résistance à l'occupant.

Figure 15-1 : Wagon-Musée de l'Armistice.

La signature de l'armistice

Le 19 juin, les Allemands sont à Nancy, Vichy, Rennes…
Le vendredi 21 juin, dans la clairière de Rethondes, près de Compiègne, le wagon du maréchal Foch où fut signé l'armistice le 11 novembre 1918 est de nouveau utilisé, mais cette fois, ce sont les Français qui sont vaincus, chez eux. Hitler y assiste à la signature de l'armistice par les plénipotentiaires français, le 22 juin 1940. Il ordonne alors que le wagon soit transporté à Berlin afin d'y être brûlé, et que le site de Rethondes et son monument commémoratif de 1918 soient dynamités.

Les Anglais coulent les bateaux français !

La France est alors coupée en deux par une ligne de démarcation : la zone nord est occupée par les Allemands, la zone sud est libre. L'Alsace et la Lorraine sont annexées à l'Allemagne. L'Angleterre désormais est seule intacte et capable de prendre les décisions qu'elle estime nécessaires à la lutte contre les Allemands. Ainsi, craignant que ceux-ci s'emparent de la flotte française, Churchill ordonne que les cuirassés français qui mouillent à Mers El-Kébir sur la côte algérienne soient coulés ! Le 3 juillet 1940, les navires anglais en envoient trois par le fond, un quatrième réussit à s'échapper. Cette opération cause un vrai massacre : mille cinq cents marins français trouvent la mort !

À RETENIR

Les représailles et l'esprit de résistance

Le 20 octobre 1941, dans une rue de Nantes, le lieutenant-colonel allemand Holtz est abattu. En représailles, cinquante otages sont fusillés – vingt-sept à Châteaubriant, dans la carrière de la Sablière, les autres à Nantes et à Paris. Parmi eux, un jeune homme de 17 ans : Guy Môquet. Cinquante autres otages seront fusillés à Bordeaux le 24 octobre, après l'exécution d'un autre officier allemand. Ces représailles vont animer l'esprit de résistance.

Pétain et sa France

Autoproclamé chef de l'État français en juillet 1940, le maréchal Pétain s'installe avec son gouvernement à Vichy. Ils vont y relayer avec zèle l'idéologie nazie. Pendant que des Français collaborent, d'autres résistent à l'occupant au prix de leur vie.

La déportation des Juifs vers les camps de la mort

L'inimaginable se met en marche : les Juifs vont être traqués, dénoncés, arrêtés, dépossédés de leurs biens, déportés dans des camps où ils découvrent l'horreur absolue. La Shoah (l'anéantissement) a fait six millions de victimes.

7 juin 1942 : une étoile jaune sur la poitrine

Les autorités françaises de Vichy vont reprendre à leur compte le programme nazi de persécution des Juifs. Elles vont le faire avec une ardeur qui étonnera les nazis eux-mêmes… Cela commence dès le 3 octobre 1940 par l'élaboration d'un statut des Juifs : la plupart des professions leur sont interdites.
Le 29 mars 1941, un Commissariat Général aux Questions Juives – CGQJ – est créé. Il est placé sous la responsabilité de Xavier Vallat, parlementaire d'extrême droite et antisémite notoire. Il décide la confiscation des biens Juifs et leur mise sous administration « aryenne », terme utilisé par les nazis pour désigner la « race blanche ».

Politique antisémite

En été 1942, le CGQJ change de responsable : Vallat est remplacé par Darquier, dit de Pellepoix. C'est un avocat véreux qui n'hésite pas à s'enrichir sur les biens Juifs. La politique antisémite devient de plus en plus sévère : à partir du 7 juin 1942, en zone occupée, tous les Juifs de plus de 6 ans doivent porter l'étoile jaune.

Plaire à l'occupant

Pierre Laval devient chef du gouvernement le 18 avril 1942. Il donne une nouvelle impulsion à la collaboration avec l'ennemi, décidée dès le 24 octobre 1940 par Pétain lors de l'entrevue avec Hitler à Montoire-sur-le-Loir. Le nouveau chef du gouvernement, Laval, affirme que le rapprochement de la France et de l'Allemagne est la condition nécessaire et indispensable à la paix en Europe. Pour faciliter cette entente, il faut plaire à l'occupant qui traque les Juifs, efficacement secondé par le CGQJ.

Juillet 1942 : la rafle du Vél'd'Hiv

À RETENIR

Laval, considérant que l'ardeur déployée pour l'arrestation des Juifs n'est pas suffisante, décide, avec René Bousquet, secrétaire général de la Police au ministère de l'Intérieur, d'une vaste opération au cours de laquelle les Juifs de la zone occupée seront arrêtés pour être déportés en train vers les camps de concentration. Cette rafle est prévue entre le 16 et le 30 juillet 1942. Elle porte le nom à la fois cynique et poignant de « Vent printanier ».

Hommes, femmes, enfants

Dans la nuit du 16 au 17, à 4 h 00 du matin, l'opération commence. Sept mille policiers français pénètrent de force chez les Juifs en plein sommeil, arrêtent les hommes, les femmes, les enfants qui sont conduits au vélodrome d'Hiver, dans le XVe arrondissement de Paris. Plus de vingt mille Juifs vont alors être transférés à Drancy, de même que, un peu plus tard, douze mille enfants !

L'horreur des camps

Les convois vont acheminer régulièrement les Juifs arrêtés vers les camps de la mort – y compris les enfants séparés de leur famille. Au total, ce sont presque cent mille Juifs qui vont quitter le sol français pour se retrouver dans l'horreur des camps d'extermination. Bien peu en reviendront. En Europe, six millions de Juifs furent exterminés par les nazis !

Figure 15-2 : Le camp d'Auschwitz.

Pearl Harbour

Le 22 juin 1941, l'Allemagne attaque l'URSS. Le 7 décembre de la même année, le Japon qui s'est allié à l'Allemagne et à l'Italie lance une attaque surprise, sans déclaration de guerre, contre l'escadre américaine qui est ancrée à Pearl Harbour, dans l'île d'Ohau – îles Hawaï. Deux cent cinquante avions sont détruits, six cuirassés, trois contre-torpilleurs, trois croiseurs… C'est un vrai désastre ! À la suite de cette attaque, l'Allemagne et l'Italie déclarent la guerre aux États-Unis. La guerre devient mondiale.

STO et milice

Pierre Laval poursuit sans cesse son objectif principal : plaire à l'occupant. Il va créer le Service du Travail Obligatoire et la tristement célèbre milice qui va attaquer et torturer les résistants, procédant à de nombreuses exécutions sommaires.

Le Service du Travail Obligatoire

À la fin de 1942, les Allemands envahissent la partie sud de la France qui avait été déclarée zone libre et qui prend alors le nom de zone Sud. Le maréchal Pétain perd une grande partie de sa popularité auprès des Français qui constatent son impuissance à endiguer les volontés allemandes. Pierre Laval devient l'homme du pouvoir. Hitler lui accorde sa confiance, à condition qu'il recrute en France des centaines de milliers de travailleurs qui seront employés dans les usines en Allemagne ou ailleurs pour les intérêts du Reich. Ainsi est créé le STO, Service du Travail Obligatoire, auquel bon nombre de jeunes gens vont se soustraire en se joignant aux résistants, qui se cachent dans les zones de forêts, de montagnes, à l'écart des populations, zones appelées « maquis »

La milice de Laval

Le 30 janvier 1943, afin de mieux pénétrer ces maquis où sont organisées des actions de sabotage contre l'occupant, Laval crée une milice française qui va lutter aux côtés de la gestapo (police secrète nazie). Cette milice va se rendre, jusqu'à la fin de la guerre, tristement célèbre, utilisant les moyens les plus lâches pour parvenir à ses fins. Au total, ce sont presque sept cent mille travailleurs obligatoires qui vont aller en Allemagne, beaucoup moins que ce qui avait été prévu par les autorités françaises.

Les grandes heures de la Résistance

Tout au long de la guerre, des mouvements de résistance se constituent et agissent contre l'occupant. Jean Moulin va les fédérer sous la bannière du CNR avant de disparaître tragiquement. De leur côté, les FFI préparent la Libération et y participent.

Le Conseil National de la Résistance

Plusieurs mouvements de résistance qui se sont développés indépendamment de Charles de Gaulle vont progressivement reconnaître en lui le chef de la France Libre. Il envoie en mission en zone occupée l'ancien préfet Jean Moulin afin d'unir tous les résistants sous la même bannière. Celui-ci parvient à créer le CNR (Conseil National de la Résistance) – Georges Bidault en prendra la tête, élaborant le programme d'action suivant : insurrection contre la présence allemande, mais aussi, pour plus tard, nationalisation des moyens de production, et vastes réformes sociales.

21 juin 1943 : Jean Moulin arrêté à Caluire-et-Cuire

À RETENIR

Au moment de la création du CNR, Jean Moulin est arrêté sur dénonciation par la gestapo le 21 juin 1943, à Caluire-et-Cuire dans le Rhône, lors d'une réunion des principaux chefs de la Résistance. Torturé à Lyon, dans les services de Klaus Barbie, il ne livre aucun renseignement ni aucun nom aux nazis. Il meurt probablement dans le train qui le conduit en Allemagne. Ses cendres sont transférées au Panthéon le 19 décembre 1964, pendant qu'André Malraux prononce son célèbre : « Entre ici, Jean Moulin, avec ton terrible cortège… ». En février 1944 sont créées les Forces Françaises de l'Intérieur, les FFI, qui préparent le débarquement allié, et participent à la Libération de la France.

IMPORTANT, L'ÉVÉNEMENT !

Darlan, de Gaulle ou Giraud ?

Le 8 novembre 1942, les Anglo-américains débarquent à Alger et à Casablanca. Ce débarquement a été soigneusement préparé et tenu secret afin que de Gaulle n'en sache rien. En effet, le président américain Roosevelt n'apprécie pas de Gaulle. C'est alors que le dauphin de Pétain, l'amiral Darlan qui se trouve en Algérie propose aux Américains d'assumer le pouvoir de chef de l'État français. Les Allemands l'apprennent et n'apprécient pas ce double jeu. En représailles, ils décident de s'emparer de la flotte demeurée intacte à Toulon. Mais l'amiral de Laborde donne l'ordre de saborder tous les navires : cent trente-cinq bâtiments sont coulés le 27 novembre 1942 ! Darlan au double jeu est assassiné le 26 décembre 1942.

Qui va représenter la France auprès des Américains et des Anglais ? Le général de Gaulle, arrivé à Casablanca en catastrophe, ou le général Giraud anti-allemand, mais favorable à Vichy, ce qui rendrait plus aisée la prise de contrôle des militaires français ? Coup de théâtre : le général Giraud démissionne le 27 octobre 1943. De Gaulle devient le seul chef du Gouvernement provisoire de la République française.

1944 : les Alliés débarquent, les Allemands capitulent

L'armée allemande subit des revers spectaculaires : le 31 janvier 1943, la bataille de Stalingrad est perdue. Le 8 septembre suivant, l'Italie se rend sans conditions. Le 27 janvier 1944, après huit cent soixante-douze jours de combats et un million de morts, les Allemands abandonnent le siège de Leningrad ! Les opérations destinées à vaincre l'Allemagne nazie, décidées par Roosevelt, Churchill et Staline le 1er décembre 1943 à Téhéran, vont être mises en œuvre et commencer par l'opération Overlord.

Figure 15-3 : Débarquement du 6 juin 1944.

6 juin 1944 : Américains, Anglais, Canadiens à l'assaut !

Le 22 janvier 1944, les Alliés débarquent à Anzio, en Italie. Le 5 juin, ils entrent dans Rome. Le lendemain, 6 juin 1944, l'opération Overlord commence sur les plages de Normandie. C'est la plus formidable opération militaire de tous les temps ! Le général américain Eisenhower – qui en a choisi le jour et l'heure – en assure la direction. Ensuite, du 18 au 25 août, Paris est libérée grâce à la 2e division blindée du général Leclerc ! Le 26 août, le général de Gaulle descend les Champs-Élysées, acclamé par la foule en liesse à laquelle il offre une des formules choc dont il a le secret : « Paris outragé ! Paris brisé ! Paris martyrisé ! Mais Paris libéré ! »

IMPORTANT, L'ÉVÉNEMENT !

Le retour

Par le train, par bateaux traversant la mer Noire, la mer Égée, pour arriver à Marseille, à pied parfois, ou dans n'importe quel convoi, ils reviennent après cinq années passées en Allemagne, en Pologne, en Autriche : les prisonniers de guerre, ceux qui avaient été encerclés en 1940, victimes de l'impéritie de l'état-major. Certains d'entre eux, lorsqu'ils furent emmenés dans les camps nazis, avaient déjà accompli presque trois années de service militaire. À Paris, l'hôtel *Le Lutetia*, qui avait servi de *kommandantur* (lieu du commandement militaire nazi), fut réquisitionné pour l'accueil des déportés, ceux qui avaient survécu aux camps de la mort, à des conditions de détention inimaginables, de cruauté et de sadisme.

8 mai 1945 : l'Allemagne capitule

À RETENIR

Paris libéré, certes, mais la guerre se poursuit ! Le 15 août 1944, les Alliés débarquent en Provence. Le 4 septembre, le général américain Patton franchit la Meuse ; les Allemands lancent depuis la Poméranie, des fusées V2 qui, à la vitesse de Mach 5 atteignent la Grande-Bretagne. Le 23 novembre, le général Leclerc entre dans Strasbourg. Berlin est bombardée le 3 février 1945. Les 13 et 14 février, Dresde est presque rayée de la carte. Le lundi 30 avril, dans son bunker de Berlin, Hitler et Eva Braun, sa compagne, se suicident. Leurs corps brûlés sont retrouvés dans la cour de la Chancellerie, par les Russes. Enfin, le 8 mai 1945, le maréchal Keitel signe l'acte de la capitulation définitive du IIIe Reich !

Entre quarante et cinquante millions de victimes

Dans le monde, la Seconde Guerre mondiale a fait entre quarante et cinquante millions de morts dont vingt millions de civils ! Six millions de Juifs ont été exterminés. En France, le nombre de tués est de près de six cent mille. Les États-Unis ont perdu trois cent mille combattants, la Grande-Bretagne près de cinq cent mille, de même que l'Italie et la Tchécoslovaquie, et la Pologne cinq millions huit cent mille ! En URSS, ce sont vingt millions de personnes qui ont été tuées. L'Allemagne a perdu trois millions trois cent mille soldats, mais, au total, en comptant ceux qui vivaient dans différents pays d'Europe centrale, le total des victimes s'élève à cinq millions. Enfin, pour la première fois, la bombe atomique est utilisée : le lundi 6 août, le bombardier américain *Enola Gay* lâche sur la ville japonaise d'Hiroshima, à 9 h 30, la première bombe atomique de l'Histoire. Le 9 août, une deuxième est lâchée sur Nagasaki. Elles font des centaines de milliers de morts. Les survivants sont atrocement brûlés.

Enfoncez-vous bien ça dans la tête !

- **3 août 1914 :** l'Allemagne déclare la guerre à la France
- **Février à décembre 1916 :** bataille de Verdun
- **11 novembre 1918 :** armistice
- **28 juin 1919** : signature du traité de Versailles avec l'Allemagne
- **1936 :** victoire du Front populaire, accords de Matignon
- **3 septembre 1939 :** la France déclare la guerre à l'Allemagne
- **18 juin 1940 :** appel du Général de Gaulle
- **16 – 17 juillet 1942 :** rafle du Vél'd'Hiv
- **6 juin 1944 :** débarquement allié en Normandie
- **8 mai 1945 :** capitulation de l'Allemagne

Tout le monde a bien compris ?

1 Où se passe l'attentat qui déclenche la Première Guerre mondiale ?
a - à Sarajevo. b - à Zagreb. c - à Vienne.

2 La bataille du Chemin des Dames a lieu
a - en 1917. b - en 1916. c - en 1915.

3 De nombreux écrivains sont tués pendant la Grande Guerre. Parmi eux :
a - Jean Giono. b - Alain-Fournier. c - Jean Giraudoux.

4 On appelle « les poilus »
a - les soldats âgés engagés dans la Grande Guerre en 1914. b - les canons dissimulés sous des branches. c - les jeunes gens qui combattaient à partir de 18 ans et tous les autres soldats, qui souvent se laissaient pousser la barbe.

5 Le 6 mai 1932, le Russe immigré Gorgulov assassine le Président de la république :
a - Gaston Doumergue. b - Paul Doumer. c - Gaston-Paul Doudoumermergue.

6 En 1928, un pacte mettant la guerre hors-la-loi est signé entre le ministre des affaires étrangères français et le secrétaire d'état américain. Il porte le nom de :
a - Brillantes-Kellog's K. b - Locarno-Lagardère. c - Briand-Kellogg.

7 Entre 1930 et 1936, une ligne de défense est construite pour fortifier la frontière est de la France, c'est la ligne :
a - Maginot. b - Marengo. c - Imagniaire.

8 Qui est à l'origine des accords de Matignon en 1936 ?
a - Gaston Plum. b - Albert Lebrun. c - Léon Blum.

9 De Londres, en 1940, le Général de Gaulle lance cette formule-choc : « La France a perdu une bataille. Mais la France :
a - n'a pas gagné la paix ». b - n'a pas gagné la guerre ». c - n'a pas perdu la guerre ».

10 Le STO créé en 1942 signifie :
a - Service du travail ouvrier. b - Système de transmissions optimisé. c - Service du travail obligatoire.

Réponses :
1a – 2a – 3b – 4c – 5b – 6c – 7a – 8c – 9c – 10c

Septième partie

La France en Europe

Dans cette partie…

L'instabilité ministérielle de la IVe République pèse dans les hésitations face à la décolonisation. De Gaulle au pouvoir, la Ve République, qui nous régit toujours, se met en place. L'Algérie obtient son indépendance, et, après les remous de 1968, la France s'engage sur le chemin de la modernité. Georges Pompidou, Valéry Giscard d'Estaing, François Mitterrand, Jacques Chirac et Nicolas Sarkozy ainsi que leurs gouvernements et les Assemblées ont permis de réussir l'intégration de la France dans une Europe résolument tournée vers le progrès.

Chapitre 16

On passe la IVe, puis la Ve...

Dans ce chapitre :

- La France aux mains des gouvernements en IVe
- La France aux mains d'un Président en V^{e}
- La France aux mains des étudiants en 68

Après les vengeances de toutes sortes au lendemain de la guerre, la paix est à reconstruire. C'est ce que vont tenter de faire les hommes politiques de la IVe République dans un inconfort parlementaire et gouvernemental permanent qui ne va pas faciliter la résolution des problèmes que posent l'agitation sociale et la décolonisation. La Ve République, taillée pour de Gaulle, est confrontée à la guerre d'Algérie, puis à Mai 1968...

La IVe : la république des partis

Les dernières vagues de la guerre avec leurs exécutions sommaires font place à la reconstruction et aux grandes décisions : les femmes vont voter, un salaire minimum va voir le jour, et grâce au plan Marshall, on va reconstruire. Tout cela sur fond d'instabilité gouvernementale.

Forces politiques en lutte

De Gaulle voudrait les (presque) pleins pouvoirs. Il ne les aura pas ! Il s'en va et laisse la place à des partis qui vont s'affronter : gauche, droite... Et puis vient la Troisième Force.

Des femmes tondues

Les souffrances subies pendant les années de guerre ont pour conséquence l'épuration qui commence en juin 1944. Partout en France, ceux qui ont collaboré, ou sont soupçonnés de l'avoir fait, vont subir le même sort : ou bien ils sont passés par les armes – il y aura entre trente et quarante mille exécutions sommaires – ou bien ils sont emprisonnés. Les femmes ayant eu une attitude trop accueillante avec l'occupant sont tondues et promenées dans les villes ou villages sous les huées et les crachats des habitants.

21 octobre 1945 : le vote des femmes

Après sa descente triomphale des Champs-Élysées le 26 août 1944, le général de Gaulle forme un nouveau Gouvernement provisoire qu'il préside. Il fait organiser un référendum qui aboutit à l'élection d'une Assemblée constituante. À cette occasion, une ordonnance datant du 21 avril 1944 est appliquée : les femmes, en ce 21 octobre 1945, votent pour la première fois !

Vingt-cinq gouvernements en douze ans !

Élu chef du gouvernement en novembre 1945, le général de Gaulle, car il n'obtient pas une constitution qui accroisse ses pouvoirs et lui donne deux Chambres – députés et Sénat –, démissionne le 20 janvier 1946. Le 13 octobre, les Français adoptent la Constitution de la IVe République par référendum. Le Parlement y assure la souveraineté populaire, ce qui conduit au renforcement des partis. De 1946 à 1958, on ne comptera pas moins de vingt-cinq gouvernements successifs !

Vincent Auriol, président

Le 16 janvier, le socialiste Vincent Auriol est élu président de la République. Paul Ramadier forme le premier gouvernement, celui du tripartisme associant communistes, socialistes et républicains populaires. Le gouvernement de Robert Schuman – qui avait remplacé celui de Ramadier – chute le 19 juillet 1948. Il est remplacé par celui d'Henri Queuille qui conduit la

Troisième Force, entre les communistes et le parti du général de Gaulle, le RPF. L'inflation est enrayée, un salaire minimum interprofessionnel garanti (le SMIG) est envisagé. Il est créé le 11 février 1950.

L'État providence

L'après-guerre permet l'application rapide du programme du Conseil National de la Résistance. En réalisant le programme des nationalisations (Renault, les quatre plus grandes banques privées, l'électricité et le gaz, les transports aériens, les houillères), l'État imprégné des idées socialistes et communistes, devient le cœur d'une économie d'inspiration dirigiste. Le volet social comprend l'extension à tous les salariés de la Sécurité sociale. Elle est financée par des cotisations patronales et salariales, et gérée par des représentants des salariés. Elle prend en charge non seulement la maladie, mais aussi la vieillesse et l'invalidité. L'État prend aussi en charge l'indemnisation du chômage. Peu à peu, au fil des responsabilités financières et humaines qu'il accumule auprès des Français, il devient cet État sur lequel tout le monde compte désormais : l'État providence.

Le plan Marshall : des finances pour reconstruire

Grèves, hausse des prix, salaires qui ne progressent pas. La guerre a tant épuisé la France et l'Europe entière que les États-Unis proposent, afin de relancer l'économie, un plan de reconstruction de l'Europe, imaginé par le secrétaire d'État du président américain Truman : George Marshall. Ce plan qui porte son nom s'étend de 1948 à 1952 : il est accepté par la France, la Grande-Bretagne, par d'autres pays européens, mais refusé par la Russie et les pays de l'Est.

Que se passe-t-il ?

Du 10 janvier au 14 février 1946, la première assemblée générale de l'ONU (l'Organisation des Nations Unies dont les membres veillent à garantir la paix dans le monde) se tient à Londres. Le 14 mai 1948, l'État d'Israël est créé, son gouvernement est assuré par Ben Gourion, jusqu'en 1963. En Tchécoslovaquie, en février 1948, les communistes s'emparent du pouvoir avec l'appui de l'URSS. Le 21 septembre 1949, la République populaire de Chine est proclamée, Mao Tsé Toung en est le président, Tchang Kaï-Chek s'enfuit à Taiwan. De 1948 à 1962, la tension est extrême entre les deux blocs constitués par les États-Unis et l'URSS, et leurs alliés respectifs ; c'est la première phase de ce qu'on appelle la guerre froide. C'est dans ce contexte que le 4 février 1949, la France adhère à l'OTAN – Organisation du Traité Atlantique Nord, organisation politico-militaire dont l'objectif est d'assurer la sécurité de l'Occident après la Seconde Guerre mondiale.

L'Europe, enfin !

Il est temps de construire l'Europe, de lui donner le visage de la paix, de lui offrir l'occasion de devenir majeure. Il est temps que la France retrouve la confiance dans ses finances, de lui offrir du Pinay…

La CECA, puis la CEE

Le 18 avril 1951, sur une idée de Jean Monnet et de Robert Schuman, la Communauté Européenne du Charbon et de l'Acier (CECA) voit le jour. Elle comprend la France, l'Allemagne fédérale, l'Italie, la Belgique, les Pays-Bas et le Luxembourg – ces trois pays forment le Benelux. Six ans plus tard, le 25 mars 1957, le traité de Rome fonde la Communauté économique européenne (CEE) qui rassemble la France, l'Allemagne fédérale, l'Italie, la Belgique, les Pays-Bas et le Luxembourg.

Du Pinay au nouveau franc

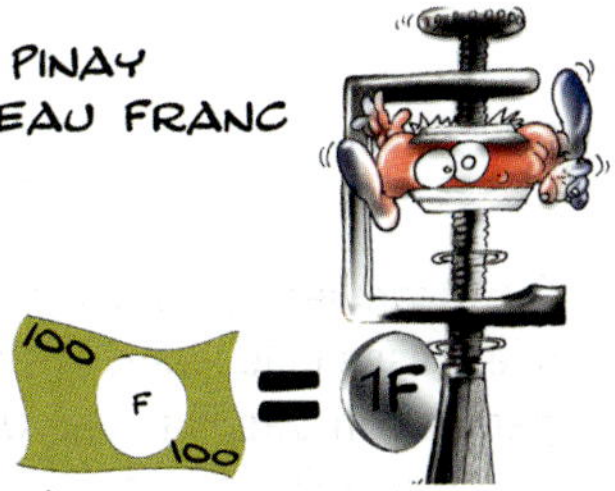

En 1952, le président du Conseil s'appelle Antoine Pinay. Il trouve un excellent moyen de drainer de l'argent : l'émission de l'emprunt qui porte son nom, un emprunt à 3,5 %, indexé sur l'or, mais surtout exonéré des droits de succession ! C'est la ruée sur cet emprunt Pinay qui permet à « l'homme au chapeau » de restaurer le franc, d'endiguer l'inflation et de réduire les dépenses publiques. En 1958, il devient ministre des Finances. Son action aboutit en 1960 à la création du nouveau franc : cent francs ne valent plus qu'un franc.

À RETENIR

Mendès-France et l'Indochine

En Indochine, un homme politique formé au communisme en France, Ho-Chi-Minh, crée dans son pays un front de résistance au colonialisme : le Vietminh. Jugeant intolérable l'exploitation économique de son peuple par les Français, il proclame l'indépendance du Vietnam à Hanoi en 1945. Le 23 novembre 1946, Haiphong est bombardée. Ho-Chi-Minh prend le maquis. La guerre d'Indochine commence le 19 décembre suivant. Après 1949, la Chine communiste vient en aide aux Vietnamiens. L'armée française, soutenue par les États-Unis, subit de nombreux revers.

En janvier 1954, plus de douze mille soldats français sont encerclés par le Vietminh dans la plaine de Dien-Bien-Phu. La bataille s'achève sur la victoire du Vietminh le 7 mai 1954. C'est alors que Pierre-Mendès France, élu président du Conseil le 18 juin 1954, et convaincu de la nécessité de la décolonisation, parvient en un mois à la signature des accords de Genève. Le Vietnam est ainsi partagé en deux par le 17e parallèle : au nord, la République démocratique (régime communiste), et au sud, un régime pro-américain. Les États-Unis prennent la relève de la France. Le Laos et le Cambodge deviennent indépendants. Après s'être fréquemment opposé au parlement, Mendès-France démissionne le 5 février 1955.

Algérie : la rupture

Aux premières actions violentes du FLN (le Front de libération nationale qui œuvre pour l'indépendance) succède la répression. L'Algérie va vivre des années de tourments et de tragédies.

Quatre cent mille soldats du contingent

Entre le 20 et le 31 août 1955, en Algérie, les premières actions armées du FLN, créé le 1er novembre 1954, font cent vingt trois morts dont soixante et onze Européens. La terrible répression qui succède à ces actions crée la rupture entre les Européens et les Algériens. De janvier à juillet 1956, le nombre de soldats du contingent en Algérie passe de deux cent mille à quatre cent mille. Le 31 juillet 1957, la France reconnaît la République tunisienne. Le 6 novembre, Félix Gaillard est élu président du Conseil et tente d'apaiser les partisans de l'Algérie française, lors du vote d'une loi cadre au début de 1958.

Le putsch d'Alger

IMPORTANT, L'ÉVÉNEMENT !

Le 8 février 1958, le village de Sakihet Sidi Youssef, en Tunisie, est bombardé par l'aviation française, en représailles contre les raids du FLN. Le 13 mai, une manifestation d'étudiants menée par Pierre Lagaillarde se termine par l'occupation du gouvernement général à Alger, où un Comité de salut public est créé, présidé par le général Massu. C'est le putsch d'Alger. Le soir même, le général Salan déclare qu'il prend en main les destinées de l'Algérie française.

La Ve : la République du président...

Le général de Gaulle revient au pouvoir. La constitution qu'on lui met en main lui va comme un gant. Il va s'en servir pour régler bien des problèmes, jusqu'en 1968...

L'Algérie indépendante ?

Française ou indépendante ? Les partisans de chacune de ces solutions pour l'Algérie se mesurent, s'affrontent. Le 18 mars 1962, le sort de l'Algérie est réglé.

La Constitution de Michel Debré

Le 15 mai 1958, à 17 h 00, le général de Gaulle, sollicité par Salan, déclare qu'il se sent prêt à assumer les pouvoirs de la République. Le 29 mai, le président de la République, René Coty demande au général de Gaulle de former un gouvernement. Le dimanche 1er juin, l'Assemblée accorde l'investiture au gouvernement du Général. Présentée le 4 septembre suivant, la Constitution de la Ve République, préparée par Michel Debré, est soumise aux Français par référendum, et approuvée par 79,26 % des voix.

Cette Constitution précise que :

- Le président peut dissoudre l'Assemblée nationale, soumettre aux Français certains projets de loi au moyen du référendum, et détenir les pleins pouvoirs en cas de menace exceptionnelle.
- Le président nomme tous les ministres à la tête desquels on ne trouve plus le président du Conseil, mais le Premier ministre.
- L'Assemblée nationale, qui vote les lois, peut contrôler le gouvernement par des motions de censure ou par la question de confiance.
- Le gouvernement dispose, lui, d'un article de la Constitution lui permettant d'engager sa responsabilité si l'Assemblée est réticente : l'article n° 49-3. Les députés peuvent alors voter une motion de censure, et ainsi de suite…

L'autodétermination

Le 16 septembre 1959, le général de Gaulle propose l'autodétermination aux Algériens. Le droit pour les Algériens de décider de leur avenir. Les Européens manifestent leur opposition au projet. Du 24 janvier au 1er février à Alger, c'est la Semaine des barricades : Pierre Lagaillarde – élu député d'Alger-ville en 1958 – tente un coup de force pour gagner l'armée à sa cause. Mais de Gaulle maintient son projet. Bénéficiant d'une libération provisoire après avoir été emprisonné à la prison de la Santé, Pierre Lagaillarde s'enfuit en Espagne où il rejoint Salan avec qui il fonde l'OAS (Organisation de l'Armée Secrète). Le référendum a lieu le 8 janvier 1961. Le « oui » à l'indépendance l'emporte avec 75 % des suffrages.

Un quarteron de généraux

Challe, Zeller, Jouhaud, Salan – un quarteron de généraux en retraite selon de Gaulle – tente de prendre le pouvoir à Alger le 22 avril 1961. Le putsch échoue. L'OAS se montre de plus en plus active, en Algérie et en France. Le 8 février 1962, une manifestation communiste est organisée contre cette organisation terroriste : elle est réprimée avec violence par la police à la station de métro Charonne à Paris. Le bilan est lourd : deux cents blessés et huit morts aux obsèques desquels assistent cinq cent mille personnes.

D'Evian au Petit-Clamart

Le 18 mars 1962, les accords d'Evian sont signés : l'Algérie devient indépendante. Le lendemain, 19 mars, le cessez-le-feu est proclamé en Algérie à midi. Un million d'Européens, préférant la valise au cercueil, gagnent la France, ainsi que cent mille harkis – Algériens au service de la France – dont le rapatriement était interdit par le gouvernement. Cinq mois plus tard, le 22 août, le général de Gaulle échappe à un attentat organisé par l'OAS au Petit-Clamart. Son instigateur, le colonel Bastien-Thiry, est arrêté le 17 septembre et fusillé le 11 mars 1963.

CHEZ NOS VOISINS

Dans le monde

John Kennedy, trente-cinquième président des États-Unis, est assassiné le 22 novembre 1963 à Dallas, au Texas. Lee Harvey Oswald, l'assassin présumé, est arrêté peu de temps après, mais il est abattu deux jours plus tard par Jack Ruby qui s'était fait passer pour un journaliste au moment du transfert d'Oswald en prison. Ruby est condamné à mort dans un premier temps, mais sa peine est commuée en détention criminelle à perpétuité. Il meurt d'un cancer en 1967, pendant son deuxième procès. En septembre 1964, la commission Warren – commission d'enquête sur l'assassinat de Kennedy, désignée par Lyndon Johnson, le vice-président – avait conclu à la seule culpabilité d'Oswald, écartant la thèse d'un complot.

Le coup d'État permanent

Élu président de la République au suffrage universel direct le 19 décembre 1965, le général de Gaulle va façonner la France à son image, mariage d'indépendance, de prestige et de paternalisme, jusqu'en 1968…

De Gaulle élu au suffrage universel

La guerre d'Algérie terminée, le monde de la politique ne verrait pas d'un mauvais œil que le général de Gaulle retourne à Colombey-les-Deux-Églises, écrire ses mémoires. Mais l'homme du 18 juin 1940 ne l'entend pas ainsi. Après avoir fait approuver par les Français sa décision d'être élu au suffrage universel, il doit affronter au deuxième tour des élections présidentielles François Mitterrand. Finalement, de Gaulle l'emporte sur Mitterrand avec 55 % des voix, ce n'est qu'un demi-succès.

OTAN, suspends ton vol

Le général de Gaulle pratique alors une politique de « grandeur » afin de redonner à la France son rôle de puissance internationale. Pour ce faire, il prend ses distances par rapport aux États-Unis, en devenant, en 1964, la première puissance à reconnaître la Chine communiste. Puis, la France possédant depuis 1960 la bombe atomique, il lui fait quitter l'OTAN, en demeurant cependant dans l'Alliance atlantique.

CHEZ NOS VOISINS

Que se passe-t-il ?

En 1961 est construit à Berlin, un mur qui sépare la zone est, capitale de la RDA (République démocratique allemande, sous influence soviétique), de la zone ouest, rattachée à la RFA (République fédérale allemande). La partie ouest isolée en RDA doit être ravitaillée par un gigantesque pont aérien organisé par les États-Unis. Le 11 octobre 1962 s'ouvre à Rome le concile Vatican II. En août 1964, les États-Unis s'engagent massivement dans la guerre du Vietnam. Le 4 avril 1968, le leader noir Martin Luther King qui lutte pour les droits civiques des minorités noires est assassiné ; le 5 novembre de la même année, Richard Nixon est élu président des États-Unis. Le 11 septembre 1973, un coup d'État renverse et tue le président Salvador Allende au Chili, le général Pinochet prend le pouvoir.

Point d'Angleterre, un France et un Concorde

Favorable au dialogue avec l'Allemagne, de Gaulle se méfie tant de l'Angleterre qu'il s'oppose à son entrée dans la Communauté économique européenne. D'ambitieux programmes sont mis en route qui aboutissent au lancement du paquebot France et à l'envol du Concorde, deux magnifiques réussites techniques et esthétiques, mais deux gouffres financiers – si on omet l'aspect laboratoire de recherche et d'essai que fut le projet Concorde, aux retombées économiques considérables.

Mai 68...

IMPORTANT, L'ÉVÉNEMENT !

Une révolutionnette pour certains, un temps fort de l'Histoire pour d'autres, un non-événement pour certains autres, ou bien l'avènement de temps nouveaux... Selon qu'on lança héroïquement son pavé à dix mètres sur une Renault 4CV brûlant les pneus en l'air, ou qu'on poursuivit à cent lieues son activité habituelle sans se soucier des Parisiens à l'hystérie fumeuse, on classe les événements de mai 68 au rang des Gergovie de l'Histoire, ou bien dans la liste des meilleures imitations de batailles rangées sur la cour de l'école primaire. Voyons ce que fut ce temps où l'on écrivait sur les murs ou scandait dans les rues : « Consommez plus, vous vivrez moins » ; « On ne revendique rien, on prend » ; « La poésie est dans la rue » ; « Seule la vérité est révolutionnaire » ; « Vous avez voté : vivotez »… Et bien d'autres choses encore.

L'été sera chaud !

« L'été sera chaud », c'est l'un des nombreux slogans qui fleurissent sur les murs de Paris en mai 1968. Mécontents de leur sort, critiques à l'égard de la société de consommation, les étudiants s'agitent et manifestent dans un climat qui donne l'illusion d'une rapide conquête de toutes les libertés. L'un de ceux qui donnent les impulsions décisives au mouvement, Daniel Cohn-Bendit, animateur de la tendance libertaire, est arrêté et expulsé vers l'Allemagne, ce qui ne l'empêche pas de revenir en France et de poursuivre son action.

Quelques slogans de mai 68

- Il est interdit d'interdire.
- Soyez réalistes, demandez l'impossible.
- On achète ton bonheur. Vole-le.
- Sous les pavés, la plage.
- Les murs ont la parole.
- La barricade ferme la rue mais ouvre la voie.
- Prenez vos désirs pour la réalité.
- L'imagination prend le pouvoir !

L'été fut chaud…

Les étudiants parisiens occupent la Sorbonne le 3 mai 1968. Pendant les quatre semaines qui suivent, le mouvement de contestation va progressivement s'étendre à toutes les catégories de la population. Les forces de l'ordre et les étudiants – soutenus par les partis et les syndicats de gauche – s'affrontent jusqu'à ce que le 30 mai, le général de Gaulle annonce à la radio : « Je ne me retirerai pas ! » ; le soir, près d'un million de personnes défilent à ses côtés sur les Champs-Élysées. L'Assemblée nationale est dissoute. La France, qui était paralysée, reprend le travail. L'été 68 est effectivement très chaud, des orages éclatent un peu partout en France, mais sans perturbations sociales, les étudiants sont en vacances…

IMPORTANT, L'ÉVÉNEMENT !

Dans la lune

Dans la nuit du 20 au 21 juillet 1969, à 3 h 56 heure française, l'astronaute Neil Armstrong foule le sol lunaire pour la première fois dans l'Histoire de l'humanité. Vingt minutes plus tard, il est rejoint par Buzz Aldrin avec lequel il plante sur la lune la bannière étoilée des États-Unis – pendant que Mickaël Collins pilote la capsule Apollo en orbite. Après un séjour de vingt et une heures sur le satellite naturel de la Terre, les trois astronautes de la mission Apollo XI amerrissent le 24 juillet dans le Pacifique.

Chapitre 17

De 1969 à 2009 : quarante ans de modernisation

Dans ce chapitre :

- La France des chocs et du chic
- La France de la force tranquille
- La France présente et à venir

Le 27 avril 1969, le « non » l'ayant emporté au référendum permettant la décentralisation, le général de Gaulle se retire du pouvoir. Après son départ, c'est son Premier ministre Georges Pompidou qui devient président de la République. L'homme à la cigarette, à la voix grave et ferme plaît à la France qui s'attriste sincèrement de sa mort en 1974. Valéry Giscard d'Estaing le remplace; il tente d'installer en France ce qu'il appelle la « société libérale avancée », vaste programme qui se réduit, sous la contrainte économique, à la *chasse au gaspi* de Raymond Barre en 1979. En 1981, François Mitterrand va être élu président de la République, mandat renouvelé en 1988. Deux cohabitations plutôt réussies vont marquer ces quatorze années de présidence. Puis viennent les années Chirac. Et en 2007, Nicolas Sarkozy devient le 23e président de la République.

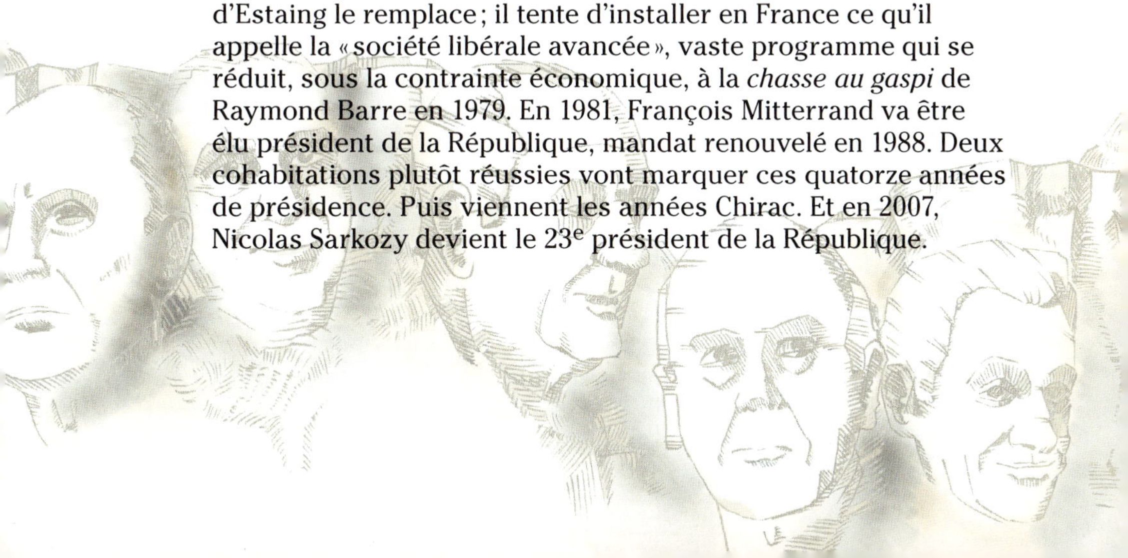

Pompidou, Giscard...

Les années Pompidou durent peu, mais de grands projets naissent avant le premier choc pétrolier que le gouvernement Giscard tentera de juguler par la chasse au gaspi, entre autres.

Nouvelle société, nouvel avion...

Les années 1970 sont le temps des grandes réalisations dans le domaine des industries de pointe – Airbus, la fusée Ariane – le temps de la « nouvelle société » où les patrons et les salariés s'engagent à développer le partenariat social. C'est aussi le temps de l'Europe qui s'agrandit au Royaume-Uni, à l'Irlande, au Danemark. Le 23 avril 1972, Georges Pompidou propose aux Français par voie de référendum cette nouvelle carte européenne, il récolte 50 % d'abstentions...

Choc et chic

Entre octobre et décembre 1973, les pays de l'OPEP (Organisation des pays exportateurs de pétrole) décident une forte augmentation du prix du pétrole. La France subit son premier choc pétrolier. Le 2 avril 1974, le président Pompidou meurt d'un cancer sanguin. Le 19 mai, Valéry Giscard d'Estaing est élu président de la République avec 50,8 % des voix contre 49,2 % à François Mitterrand. Le président développe un nouveau style : à l'allure rurale et bonhomme de Pompidou, il substitue un certain chic que ses adversaires qualifient aussitôt de chiqué. Le 27 mai, Jacques Chirac est nommé Premier ministre.

La chasse au gaspi

Le 25 août 1976, Jacques Chirac démissionne de son poste de Premier ministre. Il est remplacé par Raymond Barre qui détient aussi le portefeuille de ministre de l'Économie et des Finances. Il pratique une politique d'austérité destinée à combattre et maîtriser une inflation galopante. En 1979, après le deuxième choc pétrolier, Raymond Barre lance la chasse au gaspi afin de limiter les importations de pétrole. Malgré les efforts du Premier ministre, la France compte un million et demi de chômeurs, et l'inflation s'élève à près de 14 % par an.

La fin de l'exode rural

En un peu plus d'un siècle, la France a vécu une mutation sans précédent. En effet, si, en 1850, on compte, dans les campagnes environ 80 % de la population totale du pays, en 1975, année où s'achève l'exode rural commencé au milieu du XIXe siècle, 80 % des habitants de l'Hexagone vivent dans les villes ou les zones péri-urbaines. L'industrialisation, la création du réseau ferré il y a cent cinquante ans, la croissance des « Trente Glorieuses » (expression de l'économiste Jean Fourastié, né en 1907, mort en 1990, qui désigne la trentaine d'années qui a suivi la dernière guerre, de 1945 au premier choc pétrolier, en 1973), sont autant de raisons qui ont poussé vers toutes les grandes villes, une grande partie de la population française. Aujourd'hui à l'inverse, beaucoup recherchent la maison individuelle avec le petit jardin dans un cadre préservé de la pollution des grandes cités. Ainsi s'est amorcé l'exode urbain, facilité par les moyens de transport modernes et rapides.

Les quatorze années Mitterrand

Aucune hyperbole n'est de trop lorsque François Mitterrand arrive au pouvoir. L'état de grâce dure trois ans, la rigueur économique finissant par s'imposer. Elle est d'autant plus difficile à faire passer que le chômage ne cesse de progresser. Après la première cohabitation, François Mitterrand est réélu président et s'achemine vers la deuxième cohabitation en 1993, avec pour Premier ministre Édouard Balladur.

De l'état de grâce aux cohabitations

La France à gauche en 1981, bascule à droite en 1986 lors des élections législatives. La gauche et la droite vont devoir faire chambre commune… C'est la première cohabitation. En 1988, la France accorde de nouveau sa confiance au président Mitterrand, en 1993, elle accorde de nouveau sa confiance à la droite… C'est la deuxième cohabitation.

1981 : majorité absolue pour la gauche

Le 10 mai 1981, François Mitterrand est élu président de la République avec 51,75 % des voix contre 48,25 % à Valéry Giscard d'Estaing. Le 21 juin – jour de la première Fête de la musique, imaginée par Jack Lang –, les socialistes obtiennent une large majorité aux élections législatives. Le 23 juin, quatre ministres communistes sont nommés dans le gouvernement du Premier ministre Pierre Mauroy. Le 10 octobre, à l'initiative du ministre de la Justice Robert Badinter, la peine de mort est abolie.

1986 : majorité pour la droite

À Versailles, le 4 mars 1984, plus d'un million de personnes défilent afin de manifester leur opposition à la loi Savary qui projette de mettre en place un grand service d'enseignement laïc unifié, en nationalisant l'enseignement privé. Le 18 juillet suivant, Pierre Mauroy, dont le gouvernement a instauré la rigueur en bloquant salaires et prix, démissionne. Il est remplacé par Laurent Fabius. Les élections législatives de 1986 étant remportées par la droite, le président de la République nomme Jacques Chirac Premier ministre. Ainsi commence la première expérience de cohabitation de la Ve République.

RMI, CSG…

Le 8 mai 1988, François Mitterrand est réélu président de la République avec 54,02 % des voix contre 45,98 % à Jacques Chirac. Michel Rocard devient Premier ministre. Son gouvernement apaise la situation en Nouvelle-Calédonie, crée le RMI (revenu minimum d'insertion) et la CSG (contribution sociale généralisée), rétablit l'impôt sur la fortune. 1991 : le ministre de la Défense, Jean-Pierre Chevènement, démissionne. Il n'approuve pas les décisions que le gouvernement a prises en s'engageant dans la guerre du Golfe – commencée le 2 août 1990 lorsque l'Irak a envahi le Koweït. Le 15 mai 1991, après la démission de Michel Rocard, Édith Cresson devient la première femme Premier ministre en France.

IMPORTANT, L'ÉVÉNEMENT !

Les enfants d'Izieu

Le 11 mai 1987 commence le procès de Klaus Barbie, chef de la police nazie à Dijon pendant la guerre. En 1972, Beate et Serge Klarsfeld (fils d'un déporté mort à Auschwitz), surnommés « les chasseurs de nazis », retrouvent sa trace en Bolivie. Le 5 février 1983, il est livré à la justice française. Barbie est le responsable de nombreuses rafles de Juifs qui seront déportés, dont celle des enfants d'Izieu, dans l'Ain, le 6 avril 1944 : quarante-quatre enfants de 3 à 13 ans sont arrêtés avec les cinq adultes qui s'occupent d'eux. Tous sont transférés vers Drancy, puis vers les camps de la mort dont pas un seul ne reviendra. Barbie, c'est aussi le tortionnaire de Jean Moulin. Le 3 juillet 1987, après trente-six jours d'audience, Barbie est condamné à perpétuité pour crimes contre l'humanité. Le 25 septembre 1991, il meurt en prison à Lyon.

La deuxième cohabitation

Trop machos, les hommes ! Édith Cresson ne supporte plus leurs moqueries, leurs humiliations : le 2 avril 1992, elle démissionne. Elle est remplacée par le ministre de l'Économie et des Finances : Pierre Bérégovoy. Le 20 septembre, les Français approuvent par référendum le traité européen de Maastricht. À l'issue des élections législatives, le 28 mars 1993, la droite devient majoritaire. Le lendemain, François Mitterrand choisit pour Premier ministre Édouard Balladur. La deuxième cohabitation commence. Un mois plus tard, le 1er mai, Pierre Bérégovoy se suicide, n'ayant pas supporté les soupçons pesant sur son honnêteté, à propos d'un emprunt sans intérêts contracté auprès d'un ami du président Mitterrand, Roger-Patrice Pelat.

CHEZ NOS VOISINS

La chute du mur de Berlin

Long de cent soixante kilomètres environ, le mur de Berlin – appelé aussi « le mur de la honte » – élevé le 13 août 1961 dans le contexte de la guerre froide opposant les États-Unis et l'URSS, est abattu le 9 novembre 1989.

La chute du mur de Berlin marque aussi la fin du « rideau de fer » – expression popularisée par Churchill – frontière fortifiée séparant l'Europe en deux blocs. Le 3 octobre 1990, les deux Allemagnes sont réunifiées.

Les années Chirac

Élu président de la République en 1995, Jacques Chirac nomme Alain Juppé Premier ministre. Le coup d'envoi de réformes importantes va être donné, provoquant de nombreux mouvements sociaux. En 1997, la dissolution de l'Assemblée nationale ouvre une période de cohabitation de cinq années. La gauche plurielle de Lionel Jospin est celle de la croissance qui culmine en 2000 à 3,9 %. Depuis, elle décroît régulièrement. Le gouvernement Raffarin, installé après la réélection de Jacques Chirac en 2002, puis le gouvernement Villepin en 2005, tentent de la relancer. Mais à partir de 2007, le gouvernement Fillon doit faire face à l'accélération de la crise financière internationale.

Cohabitation, 35 heures…

Après l'élection présidentielle de 1995, la dissolution de l'Assemblée nationale en 1997 va donner la majorité à la gauche. L'année suivante, le projet des 35 heures de travail par semaine est adopté.

La troisième cohabitation…

Le 7 mai 1995, les Français choisissent Jacques Chirac pour président de la République avec 52,64 % des voix, contre 47,36 % à Lionel Jospin. Le 18 mai, Alain Juppé est nommé Premier ministre. 1997 : Jacques Chirac ayant décidé de dissoudre l'Assemblée nationale, une troisième cohabitation se met en place après la victoire de la gauche aux élections législatives le 1er juin. Lionel Jospin est nommé Premier ministre le 4 juin. 1998 : le 6 février, le préfet de la région Corse, Claude Erignac, est assassiné dans une rue d'Ajaccio. Certains auteurs de cet attentat ont été jugés en 2003.

IMPORTANT, L'ÉVÉNEMENT !

Le procès Papon

Le 8 octobre 1997, à la cour d'assises de Bordeaux, s'ouvre le procès de Maurice Papon, secrétaire général de la préfecture de la Gironde sous le régime de Vichy. Numéro deux officiel de la région de Bordeaux, supervisant le service des questions juives, il a ordonné l'arrestation de près de mille six cents Juifs entre 1942 et 1944, hommes, femmes, enfants, personnes âgées, la plupart déportés à Auschwitz. Le 2 avril 1998, Maurice Papon est condamné à dix ans de réclusion criminelle pour complicité de crime contre l'humanité. Le 18 septembre 2002, il est libéré pour raisons de santé. Il meurt le 17 février 2007, à 96 ans.

1998 : les 35 heures

Le 10 février 1998, le projet de loi de Martine Aubry sur les 35 heures de travail par semaine est adopté par l'Assemblée. Avec les 35 heures naissent les RTT (réductions du temps de travail). Le 24 septembre 2000, 18,6 % des électeurs inscrits répondent « oui » à la question qui leur est posée par voie de référendum : « Approuvez-vous le projet de loi constitutionnelle fixant la durée du mandat du président de la République à cinq ans ? » 6,8 % répondent « non ». Le taux d'abstention s'élève à 70 %.

LE SAVIEZ-VOUS ?

Un-n-euro, vingt-t-euros, cent-t-euros, deux cents-z-euros…

Le 1er janvier 2002, la nouvelle monnaie, l'euro, qui vaut 6,55957 francs, entre en vigueur – et dans tous les porte-monnaie. L'euro entre aussi dans la langue française. C'est un mot nouveau qui pose un problème de liaison à cause de sa voyelle initiale. En effet, il est nécessaire de connaître la dernière lettre du mot qui le précède pour savoir quelle liaison effectuer. Et la règle de l'accord des adjectifs numéraux cardinaux n'étant pas forcément maîtrisée par les anciens écoliers que sont les Français, de curieuses habitudes vont apparaître, toujours en pratique et qui ne semblent pas gêner ceux qui les possèdent alors qu'elles rendent sceptiques bien des étrangers : on dit par exemple « Il a vingt (h) euros », en prononçant *euro* comme s'il possédait le *h* aspiré de héros, et « j'ai vingt ans » en faisant liaison correcte *vingt-t-ans*. On entend « quatre-vingts (h)euros » sans liaison, et « quatre-vingts-z-ans », « cent (h) euros » et « cent-t-ans », « deux cents (h) euros » et « deux cents-z-ans »… Pour ceux qui décideraient d'adopter une prononciation conforme à la règle, voici quelques exemples : « un-n-euro » (et non « un (h) euro »), « deux-z-euros », « trois-z-euros », « vingt-t-euros », « vingt et un-n-euros », « vingt-deux-z-euros », « trente-trois-z-euros », « quatre-vingts-z-euros », « cent vingt-t-euros », « trois cents-z-euros », « quatre cent vingt-t-euros », etc.

Chirac ou… ?

Chirac ou Jospin ? Jospin ou Chirac ? Le choix semble se résumer à ces deux candidats dès le premier tour des élections présidentielles d'avril 2002, tant les sondages effectués auprès des électeurs sont ajustés, dit-on, à la réalité. Le dimanche 21 avril au soir, la réalité montre un autre visage : les résultats s'affichent, excluant de la bataille du deuxième tour Lionel Jospin (16,18 %) ! C'est Jean-Marie Le Pen, représentant du Front national, qui arrive en deuxième position (16,86 %). Jacques Chirac a obtenu 19,88 % des voix. Le 5 mai, les Français réélisent président de la République Jacques Chirac, avec 82,21 % des suffrages exprimés. Le 6 mai, Jean-Pierre Raffarin devient Premier ministre.

À RETENIR

1945 – 2005. Auschwitz-Birkenau : « Plus jamais ça ! »

« Le coeur serré par l'émotion, c'est à vous tous, ici rassemblés, que je m'adresse. Il y a soixante ans, les barrières électrifiées d'Auschwitz-Birkenau tombaient, et le monde découvrait avec stupeur le plus grand charnier de tous les temps. Plus d'un million et demi d'êtres humains avaient été assassinés : le plus grand nombre d'entre eux gazés dès leur arrivée, simplement parce qu'ils étaient nés Juifs. Sur la rampe, toute proche d'ici, les hommes, les femmes, les enfants, brutalement débarqués des wagons, étaient en effet sélectionnés en une seconde, sur un simple geste des médecins SS. Mengele s'était ainsi arrogé droit de vie ou de mort sur des centaines de milliers de Juifs, qui avaient été persécutés et traqués dans les coins les plus reculés de la plupart des pays du continent européen. »

Ainsi commence l'allocution prononcée par madame Simone Veil au nom des anciens prisonniers Juifs, à l'occasion de la cérémonie internationale de commémoration du 60e anniversaire de la libération du camp d'Auschwitz-Birkenau par l'Armée soviétique. Cette commémoration s'ouvre le 27 janvier 2005 ; elle commence par le sifflement et le bruit d'un train qui freine brusquement, rappelant ainsi l'arrivée des sinistres convois au camp d'extermination. La France est représentée par le président de la République, Jacques Chirac, la Russie par Vladimir Poutine, l'Allemagne par Horst Kholer – qui demeurera silencieux –, l'Italie par Silvio Berlusconi, la Suisse par Samuel Schmid, la Grande-Bretagne par Jack Straw, son ministre des Affaires étrangères, Israël par Moshe Katsav, son président, et les États-Unis par Dick Cheney, vice-président. Madame Simone Veil, elle-même déportée à Auschwitz, a terminé ainsi son allocution :

« Venus de tous les continents, croyants et non croyants, nous appartenons tous à la même planète, à la communauté des hommes. Nous devons être vigilants, et la défendre non seulement contre les forces de la nature qui la menacent, mais encore davantage contre la folie des hommes. Nous, les derniers survivants, nous avons le droit, et même le devoir, de vous mettre en garde et de vous demander que le "plus jamais ça" de nos camarades devienne réalité. »

« Non » à la Constitution européenne

Le 29 mai 2005, à la question posée aux Français par la voie du référendum : « Approuvez-vous le projet de loi qui autorise la ratification du traité établissant une Constitution pour l'Europe ? », le « non » l'emporte avec 54,68 % des suffrages exprimés. Le 31 mai, Jean-Pierre Raffarin démissionne. Il est remplacé par Dominique de Villepin.

IMPORTANT, L'ÉVÉNEMENT !

L'envol d'un géant

Toulouse. Mercredi matin, 27 avril 2005. Sous le ciel bleu, l'atmosphère qui règne autour des pistes de l'aéroport de Blagnac est un mélange de fièvre, de fête et d'attente. Dans le monde entier, des millions de téléspectateurs ne quittent plus leur écran où un géant des airs, majestueux et débonnaire, roule vers la piste 32, celle de l'envol prévu à 10 h 30. Pendant de longues minutes, les pilotes Claude Lelaie et Jacques Rosay effectuent les vérifications nécessaires avant le décollage. À 10 h 28, l'avion roule, prend de la vitesse, décolle… Il est 10 h 29. Pour la première fois, l'Airbus A380, le plus gros avion de transport de passagers du monde, vient de faire connaissance avec son élément : l'air. Conçu pour parcourir 15 000 km sans escale, avec un maximum de 860 passagers, à la vitesse de croisière de 950 km/h, il effectue son premier vol commercial le 25 octobre 2007 avec Singapore Airlines. Le 20 novembre 2009, Air France inaugure la liaison Paris-New York en A380. Depuis le 28 mars 2010, le géant des airs effectue chaque jour, d'un seul coup d'aile la liaison Singapour-Zurich.

Nicolas Sarkozy, 23e président de la République

La modernisation de l'économie, la création du Revenu de solidarité active (RSA) qui remplace le RMI, la lutte contre les discriminations, la réforme de la carte judiciaire, l'assouplissement de la carte scolaire, la poursuite de la réforme des retraites, la maîtrise de l'immigration, la santé, la crise financière, le déficit, autant de points forts auxquels travaillent le nouveau président Nicolas Sarkozy, élu en 2007, et le gouvernement.

Douze pour un

Le suspense dure plusieurs mois avant que la liste des candidats aux élections présidentielles de 2007 soit définitive. Ils sont douze pour une seule place à l'Élysée…

Un pour douze

Ils sont douze qui ont décidé de prendre le départ pour la course à la présidence en 2007. Le 8 mars, après un sondage CSA, trois candidats se retrouvent devant les neuf autres, mais dans un mouchoir de poche : François Bayrou, 24 %, Ségolène Royal, 25 % et Nicolas Sarkozy, 26 %. Le 22 avril, le tiercé dans l'ordre est le suivant : Nicolas Sarkozy, 31,18 % des voix, suivi de Ségolène Royal, 25,87 %. Puis vient François Bayrou avec 18,57 % des suffrages. Le dimanche 6 mai 2007, Nicolas Sarkozy devient le 23e président de la République française avec 53,06 % des voix.

François Fillon, Premier ministre

Le 18 mai 2007, Claude Guéant, secrétaire général de l'Élysée, annonce la composition de l'équipe gouvernementale du Premier ministre François Fillon. Après le deuxième tour des élections législatives, le 17 juin 2007, l'Assemblée nationale compte 55,5 % de députés UMP ou apparentés, les partis de gauche se répartissant dans la presque totalité des 44,5 % restants. Ce n'est pas la grande vague bleue attendue, de sorte que les vainqueurs sont un peu moroses et que les vaincus voient presque, de nouveau, la vie en rose…

La crise financière

En janvier 2008, de grandes banques annoncent des pertes record qui se chiffrent par milliards d'euros. Ce n'est que le début d'une crise financière qui se révèle mondiale, notamment avec la faillite de l'une des principales sociétés d'investissement de Wall Street, dirigée par Bernard Madoff, affaire révélée en décembre, et qui porte aussi sur des milliards d'euros – et de dollars… De nombreux épargnants et investisseurs se retrouvent dépossédés d'une grande partie de leur capital, voire ruinés.

Tableau 17-1 : Présidents de la République française

	Date de naissance	*Date d'élection (R = réélu)*	*Fin du mandat*
IIe République			
Louis Napoléon Bonaparte	20-04-1808	10-12-1848	2-12-1852 (coup d'état)
IIIe République			
Adolphe Thiers	18-4-1797	17-2-1871	24-5-1873
Maurice de Mac-Mahon	13-7-1808	24-5-1873	31-1-1879 (démission)
Jules Grévy	15-8-1807	30-1-1879 R 28-12-1885	3-12-1887 (démission)
Sadi Carnot	11-8-1837	3-12-1887	24-6-1894 (assassiné)
Jean Casimir-Perier	8-11-1847	27-6-1894	15-1-1895 (démission)
Félix Faure	30-1-1841	17-1-1895	16-2-1899 (décès)
Émile Loubet	31-12-1838	18-2-1899	18-1-1906
Armand Fallières	6-11-1841	18-1-1906	18-1-1913
Raymond Poincaré	20-8-1860	18-1-1913	17-1-1920
Paul Deschanel	13-2-1855	17-1-1920	21-9-1920 (démission)
Alexandre Millerand	10-2-1859	23-9-1920	13-6-1924 (démission)
Gaston Doumergue	1-4-1863	13-6-1924	13-6-1931
Paul Doumer	22-3-1857	13-6-1931	6-5-1932 (assassiné)
Albert Lebrun	29-8-1871	10-5-1932 R 5-4-1939	10-7-1940 (déposé par Pétain)
IVe République			
Vincent Auriol	27-8-1884	16-1-1947	23-12-1953
René Coty	20-3-1882	23-12-1953	8-1-1959 (démission)

Tableau 17-1 : Présidents de la République française (*suite*)

	Date de naissance	*Date d'élection (R = réélu)*	*Fin du mandat*
Ve République			
Charles de Gaulle	22-11-1890	8-1-1959 R 15-12-1965	28-4-1969 (démission)
Georges Pompidou	5-7-1911	15-6-1969	2-4-1974 (décès)
Valéry Giscard d'Estaing	2-2-1926	19-5-1974	24-5-1981
François Mitterrand	26-10-1916	10-5-1981 R 8-5-1988	17-5-1995
Jacques Chirac	29-11-1932	7-5-1995 R 5-5-2002	6-5-2007
Nicolas Sarkozy	2-1-1955	6-5-2007	...

Enfoncez-vous bien ça dans la tête !

- **1946 :** IVe République, république des partis
- **7 mai 1954 :** fin de la bataille de Dien Bien Phu, au Viet Nam
- **1958 :** Ve République, de Gaulle président
- **18 mars 1962 :** accords d'Evian, indépendance de l'Algérie
- **19 décembre 1965 :** le Général de Gaulle élu Président de la République au suffrage universel
- **mai 1968 :** la révolte des étudiants parisiens s'étend à toute la France
- **1973 :** premier choc pétrolier
- **1974 :** mort du Président Pompidou, Giscard d'Estaing est élu Président de la République
- **mai 1981 :** François Mitterrand devient président de la République
- **1er janvier 2002 :** mise en circulation de l'euro

Tout le monde a bien compris ?

❶ **1. Les femmes votent pour la première fois :**
a - le 21 octobre 1945. b - le 21 octobre 1946.
c - le 31 avril 1947.

❷ **2. Quel nom porte le plan de reconstruction de l'Europe proposé par les États-Unis ?**
a - Marchall. b - Marshall. c - Marschal.

❸ **3. Qui est à l'origine de la Constitution de la Ve République en 1958 ?**
a - Jean-Louis Debré. b - Michel Debré. c - Robert Debré.

❹ **4. En 1964, le Général de Gaulle decide de retirer la france de :**
a - l'ONU. b - l'OTAN. c - la SDN.

❺ **5. Quel est le principal animateur des manifestations étudiantes de mai 1968 ?**
a - Gabriel Cohn-Bendit. b - Pavez Underbeach. c - Daniel Cohn-Bendit.

❻ **6. Qui succède au général de Gaulle aux élections du 15 juin 1969 ?**
a - Georges Pompidou. b - Valéry Giscard d'Estaing. c - Alain Poher.

❼ **7. « Vous n'avez pas le monopole du cœur », qui prononce lors de la campagne présidentielle en 1974 ?**
a - Mitterrand face à Giscard d'Estaing. b - Giscard d'Estaing face à Mitterrand. c - Arlette Laguillier face à Olivier Besancenot enfant.

❽ **8. La peine de mort est abolie en France depuis le**
a - 10 octobre 1981. b - 10 octobre 1971. c - 18 juin 1988.

❾ **9. La loi sur les 35 heures hebdomadaires de travail est mise en application en**
a - 1994. b - 1996. c - 1998.

❿ **10. En 1998 qui est condamné pour complicité de crime contre l'humanité pour avoir fait arrêter et déporter 1600 Juifs de la région de Bordeaux entre 1942 et 1944 ?**
a - Paul Touvier. b - Maurice Papon. c - Klaus Barbie.

Réponses :
1a – 2b – 3b – 4b – 5c – 6a – 7b – 8a – 9c – 10b

Huitième partie

La partie des Dix

Dans cette partie…

Si vous vous étonnez de la précocité des jeunes héros qui ouvrent cette partie des Dix, chacun d'eux pourrait vous répondre, à la façon de Rodrigue dans *Le Cid* de Corneille : « Je suis jeune, il est vrai, mais aux âmes bien nées, la valeur n'attend point le nombre des années ». Ils laissent dans l'Histoire leur trace héroïque ou émouvante. Vous allez suivre ensuite, en dix étapes, les temps forts de l'immigration, avant de retenir dix dates incontournables, fondations nécessaires à votre mémoire pour que s'y élève peu à peu, la grande demeure du passé.

Chapitre 18

Dix ados entrés dans l'Histoire

Les adolescents que vous allez croiser dans cette partie des dix ont le même âge que beaucoup d'entre vous. Alors que vous suivez (sagement, assidûment… ?), et du matin au soir des cours en classe de collège ou lycée, nos héros de 15 ans se démènent déjà comme de beaux diables sur les champs de bataille, ou bien ils ont rendez-vous avec les heures les plus tragiques de l'Histoire française ou européenne. Leur destin est étonnant de bravoure, d'intrépidité, d'audace, de cruauté parfois, d'habileté, de courage. Vous allez rencontrer successivement Philippe II le Hardi, le Prince Noir, du Guesclin, Marie de Clèves, François II, Gabrielle d'Estrées, Léopold Hugo, Joseph Bara, Guy Môquet et Anne Frank.

Philippe le Hardi : « Père, gardez-vous à droite !… »

Nous sommes le 19 septembre 1356. Près de Poitiers, la bataille fait rage : les chevaliers français affrontent les Anglais et leurs redoutables archers. Le roi Jean II le Bon est en mauvaise posture. Son quatrième fils Philippe, 15 ans qui n'a pas voulu le quitter, est aussi en grand danger. Trop jeune pour porter une épée, il guide les coups que porte son père. Il le prévient de ceux que peuvent lui porter ses adversaires, utilisant ces injonctions célèbres que les écoliers du siècle dernier apprenaient par cœur : « Père, gardez-vous à droite ! Père, gardez-vous à gauche ! ». Fait prisonnier des Anglais avec son père, il deviendra duc de Bourgogne, nommera son premier enfant Jean, le futur Jean sans Peur…

Le Prince Noir

En direct de Poitiers, de nouveau, où la bataille fait toujours rage en ce 19 septembre 1356. Voyez-vous dans les rangs anglais ce jeune prince à l'armure couverte de noir ? C'est Édouard de Woodstock, le fils tendrement aimé du roi d'Angleterre Édouard III. Né en 1330, il reçoit une éducation solide et, dès l'âge de 8 ans (niveau CM1), il est nommé « protecteur du royaume » pendant les absences de son père en Flandre. À 15 ans, il est fait chevalier. À 16 ans, il ravage la Normandie, puis se bat aux côtés de son père à Crécy, le 26 août 1346. Quelques années plus tard, il multiplie les chevauchées meurtrières dans le sud, bat du Guesclin en Espagne. Il mourra en 1376, à 46 ans, un an avant son père.

Du Guesclin : à 6 ans, il renverse la table

Enfant mal aimé de sa mère, Jeanne Malemains, une très belle femme, Bertrand du Guesclin est l'aîné d'une famille de dix enfants dont le manoir se situe près de Dinan. Il est tellement laid que ses parents peuvent à peine le regarder. On le cache dans un coin sombre où il prend ses repas seul ! Mais il est d'une force herculéenne et, dès l'âge de 6 ans, se venge des injustices que lui fait subir sa mère, en renversant la lourde table du repas de famille d'où il était exclu !

À 16 ans, il désarçonne ses adversaires

À 16 ans, il s'échappe chez son oncle de Rennes et participe à l'important tournoi donné à l'occasion du mariage de Jeanne de Penthièvre et de Charles de Blois. Ne possédant rien, il doit emprunter armure et monture. Son allure est si maladroite que toute l'assistance se moque de lui. Mais dès le premier engagement, il est vainqueur de son adversaire qu'il désarçonne et dont il renverse le cheval.

Le héros de son père…

Deux fois, trois fois, dix fois consécutives, il est victorieux. Il refuse une seule fois le combat : sous l'armure en face de lui, il a reconnu son père. Et ce père découvre tout à coup que le fils qu'il méprisait est en train de devenir, sous ses yeux, un héros ! Il le prend dans ses bras ; ce sera désormais son plus fidèle admirateur. Bertrand termine sous les ovations de la foule ! Du Guesclin se couvrira de gloire à la tête des armées de Charles V qui le fera inhumer à Saint-Denis, auprès des rois !

Marie de Clèves

Elle naquit le 19 septembre 1426. Elle était fille de Marie de Bourgogne, elle-même fille de Jean sans Peur. Lorsque le duc Charles d'Orléans revient de vingt-cinq ans de captivité en Angleterre après avoir été fait prisonnier à la bataille d'Azincourt en 1415, Marie a tout juste 14 ans (niveau classe de 4e). Elle épouse le duc qui en a 46, et lui donne trois enfants, dont Louis, le futur Louis XII, roi de France. Première lectrice des poèmes de son époux, Marie de Clèves finança leur transcription sur un manuscrit précieusement conservé à la bibliothèque de Carpentras. Parmi ces poèmes, on peut lire celui que (presque) tous les écoliers de France connaissent : « Le temps a laissé son manteau / De vent, de froidure et de pluie… »

François II et les bonnes fées

Le 10 juillet 1559, le roi Henri II meurt des suites d'un tournoi qui a mal tourné. Son fils François lui succède sous le nom de François II ; il n'a que 15 ans (niveau 3e) ! On pourrait croire que seules les bonnes fées se sont penchées sur son berceau, en lui donnant pour parrains le pape Paul III lui-même et le roi François 1er son grand-père ; pour marraine Marguerite d'Angoulême, femme de lettres et surtout sœur de François 1er.

Pauvre François…

Les bonnes fées lui ont aussi trouvé une fiancée, dès l'âge de 5 ans, et pas n'importe quelle fiancée : elle est reine d'Écosse et s'appelle Marie Stuart. Il l'épouse le 24 avril 1558, il a 14 ans (niveau 4e), elle en a 16 (niveau 2nde). François II a tout juste le temps de se montrer impitoyable avec les fauteurs de troubles religieux, et d'opérer une tentative de rapprochement avec les protestants, avant de mourir d'atroces douleurs aux oreilles, sans doute une mastoïdite ou une otite que huit jours d'antibiotiques eussent guérie aujourd'hui. Les antibiotiques, les bonnes fées contemporaines…

Gabrielle, tu brûles mon esprit…

Le lundi 18 juin 1590. Roger de Bellegarde souhaite présenter au roi Henri IV qui s'ennuie en faisant le siège de Paris sa nouvelle conquête féminine : Gabrielle d'Estrées. Gabrielle est une jeune fille de 17 ans (niveau 1ère), si belle que le Vert-Galant, dès qu'il la voit, est ébloui. Il ne la quitte pas une seconde des yeux, et Roger de Bellegarde se dit qu'il aurait mieux fait de ne pas conduire le roi à Cœuvres…

Henri pue comme charogne !

Henri est fou amoureux, mais Gabrielle n'a que faire de ce barbu de 40 ans, tout roi qu'il est, et qui répand une odeur aigre où dominent l'ail et la certitude que la dernière toilette remonte au moins au semestre précédent – sa maîtresse Henriette d'Entragues, qui succèdera à Gabrielle, lui dit qu'il *pue comme charogne* ! Pourtant, la belle Gabrielle va non seulement tomber dans les bras du roi, mais elle va le convaincre de se convertir au catholicisme, ce qui va mettre un terme aux guerres de Religion. « Faites l'amour, pas la guerre », voilà la devise qu'eussent dû adopter tous les souverains, après Henri IV (et même avant).

Léopold Sigisbert Hugo, l'ado mytho...

Il ne manque pas d'aplomb, Léopold Sigisbert Hugo, lorsqu'il s'engage dans l'armée comme simple soldat en 1787. Pourquoi ? Parce que, né en 1773, à Nancy, il n'a que… 14 ans (niveau 4e). Comment a-t-il fait ? Il a tout simplement prétendu qu'il venait d'atteindre l'âge légal pour le recrutement : 18 ans. Mais au cours d'une escarmouche, une balle lui traverse le cou. On l'examine, on le trouve bien jeune, on enquête, on fouille dans les registres, on découvre son âge véritable.

Léopold et Sophie ont un enfant

Léopold Sigisbert est alors prié de retourner chez papa menuisier, et d'attendre l'âge légal de l'incorporation, ce qu'il s'empresse de ne pas faire. Mais on le reconnaît et on le renvoie de nouveau dans ses foyers. Il doit attendre 1791 pour intégrer enfin le 13e régiment d'infanterie et commencer une riche carrière militaire au cours de laquelle il rencontre à Châteaubriant, une charmante jeune fille qu'il épouse en 1797. Elle donnera naissance, en 1802, à Besançon, à un enfant si faible que le médecin affirme qu'il ne passera pas la journée, un garçon qui vivra… quatre-vingt-trois ans ! Son prénom ? Victor. Son nom : Hugo.

Joseph Bara, 13 ans, au Panthéon ?

Arrière-arrière-petit-fils du Grand Condé, le prince Louis-Joseph de Condé qui possède la seigneurie de Palaiseau, engage pour surveiller ses terres et forêts un garde-chasse du nom de Bara. La famille Bara qui s'installe au château compte bientôt huit enfants. Le neuvième est un garçon prénommé Joseph. Dès que Joseph atteint l'âge de 12 ans (niveau 5e), Bara père cherche à le « placer » dans l'armée ! Enrôlé l'année suivante avec une centaine d'autres volontaires, le petit Joseph se retrouve serviteur de l'adjudant général Desmares qui est cantonné à Bressuire dans les Deux-Sèvres, en pleine guerre de Vendée.

Sabré à mort

Un jour qu'il promène deux chevaux pour leur dégourdir les jambes, il est attaqué par des voleurs qui s'emparent des bêtes et le tuent sur place. Immédiatement, la légende s'empare de cette histoire tragique en lui ajoutant des détails : le petit Joseph aurait été assailli par des Vendéens qui lui auraient ordonné de crier « Vive le roi » ; et Joseph, refusant, aurait été sabré à mort, tombant en serrant sur son cœur la cocarde tricolore après avoir crié « Vive la République ! ». Légende ? Vérité ? On ne sait trop… La Convention décide que, pour honorer la mémoire de Bara, ses cendres seront transférées au Panthéon. Le transfert, à ce jour, n'a pas encore été effectué…

Guy Môquet : « Ma petite maman chérie… »

« Ma petite maman chérie, Mon tout petit frère adoré, Mon petit papa aimé, Je vais mourir ! Ce que je vous demande, à toi en particulier petite maman, c'est d'être très courageuse. Je le suis et je veux l'être autant que ceux qui sont passés avant moi […] Je vous quitte, tous, toutes, toi maman, Séserge, papa, je vous embrasse de tout mon cœur d'enfant. Courage ! Votre Guy qui vous aime. ».

Fusillé à 17 ans et demi

Guy Môquet ! Il a 15 ans en 1939 lorsque son père, député du XVIIe arrondissement de Paris, déchu de son mandat par le régime de Vichy, est déporté par la police française au bagne de Maison-Carrée, en Algérie. À sa mère, il dit alors : « Ils ont arrêté papa, c'est à moi de prendre la relève ! » Arrêté alors qu'il distribue des tracts, il est emprisonné, jugé, et acquitté le 23 janvier 1941. Transféré à la prison de la Santé, puis au camp de Châteaubriant, en Loire-Inférieure (Loire-Atlantique, aujourd'hui), il fait partie des vingt-sept otages qui sont fusillés dans la carrière de la Sablière, à l'orée de la ville, le 22 octobre 1941. Deux jours auparavant, le lieutenant-colonel Holtz avait été abattu dans une rue de Nantes. Cinquante otages au total sont exécutés en représailles de cette action qui va animer l'esprit de résistance en France.

Elle s'appelait Anne Frank…

« Il faut que je résume l'histoire de ma vie, quoi qu'il m'en coûte.

Mon père, le plus chou des petits papas que j'aie jamais rencontrés, avait déjà trente-six ans quand il a épousé ma mère, qui en avait alors vingt-cinq. Ma sœur Margot est née en 1926, à Francfort-sur-le-Main en Allemagne. Le 12 juin 1929, c'était mon tour. J'ai habité Francfort jusqu'à l'âge de quatre ans. Comme nous sommes Juifs à cent pour cent, mon père est venu en Hollande en 1933 […] À partir de mai 1940, c'en était fini du bon temps, d'abord la guerre, la capitulation, l'entrée des Allemands, et nos misères, à nous les Juifs, ont commencé. Les lois antijuives se sont succédé sans interruption… »

Chère Kitty

L'auteur de ces lignes s'appelle Anne Frank. Elle a 13 ans lorsque, le 12 juin 1942, elle commence à écrire son journal intime – elle lui donne le prénom affectueux d'une confidente imaginaire : Kitty. La famille Frank, qui vit à Amsterdam, est cachée par des amis, au deuxième étage d'une maison qui comporte une fausse porte de placard. Pendant deux ans, Anne confie à Kitty les menus événements de sa vie au quotidien, les difficultés de cette captivité dans un espace confiné.

La famille dénoncée

L'adolescente grandit, mûrit, réfléchit à tout ce qu'elle sait du monde, tente de comprendre… Mais le 4 août 1944, la cachette est découverte par les nazis à la suite d'une dénonciation. La famille Frank est emmenée au camp de concentration de Bergen-Belsen, entre Hambourg et Hanovre. Margot, la sœur d'Anne meurt la première, du typhus. Anne meurt quelques semaines avant la libération du camp. Seul Otto, son père, survit. Il découvre, à Amsterdam, le journal de sa fille, le fait publier. Il a ému aux larmes des millions de lecteurs. Vous, peut-être. Sinon, vous, sans tarder…

Chapitre 19

Les dix temps forts de l'immigration

La France : terre d'accueil

Dans les années 1920, la France est la deuxième terre d'accueil pour les étrangers, derrière les États-Unis. En 1974, elle suspend officiellement l'entrée de ceux-ci sur son territoire – mais de nombreux réfugiés politiques, demandeurs d'asile, travailleurs clandestins continuent d'arriver en France, et s'ajoutent aux entrées consécutives au regroupement familial. Cependant, depuis une quinzaine d'années, le solde migratoire – différence entre l'émigration (ceux qui quittent le pays) et l'immigration (ceux qui entrent dans le pays) – est quasiment nul, alors que, jusqu'en 1975, il était largement positif.

L'immigration en dix étapes

Du début du XXe siècle à nos jours, l'immigration peut être résumée en dix étapes que voici :

Polonais, Italiens, Espagnols

Au début du XXe siècle, la France accueille de nombreux étrangers qui vont représenter plus de 6 % de la population à la fin des années 1930. Ce sont des Polonais qui viennent travailler dans le Nord, des Italiens qui apportent avec eux leur savoir-faire en maçonnerie, des Espagnols fuyant leur pays en guerre.

Vichy : les Juifs au ban de la société

Pendant la Seconde Guerre mondiale, le régime de Vichy élabore une loi sur le statut des Juifs qui les met tous au ban de la société, et permet de les interner dans des camps spéciaux. La loi du 27 septembre 1940, concernant les autres étrangers non Juifs, règle le sort des « étrangers en surnombre dans l'économie nationale ».

L'immigration s'accélère

Après la Seconde Guerre mondiale, l'immigration reste stable. Elle s'accélère à partir de 1954, la France ayant besoin de main-d'œuvre. L'Office National de l'Immigration est créé et organise la venue des immigrants. À la fin des années 1960, le nombre d'Italiens, Polonais et Espagnols est dépassé par celui des ressortissants du Maghreb et des Portugais auxquels s'ajoute la population venue d'Afrique, de Turquie et d'Asie.

Les rapatriés d'Algérie

À cette immigration officielle s'ajoute l'immigration clandestine qui représenterait plus de 30 % des entrées d'étrangers en France. Enfin, plus d'un million de rapatriés d'Algérie arrivent en France en 1962. En 1974, le gouvernement décide la suspension de l'immigration, et accorde une prime pour le retour au pays. Les regroupements familiaux sont cependant favorisés.

Régularisation massive

En 1981, après l'élection de François Mitterrand à la présidence de la République, le pouvoir socialiste rend plus souple les conditions de séjour des immigrés et procède à une régularisation massive de ceux qui sont en situation irrégulière.

Des restrictions en 1986

En 1986, lors de la première cohabitation, le Parlement adopte une loi restreignant l'obtention de la carte de résident étranger, et facilite l'expulsion d'étrangers en situation illégale.

Des régularisations en 1997

Le nouveau gouvernement Jospin, installé le 2 juin 1997 pour une troisième cohabitation, lance un nouveau programme de régularisation pour les étrangers en situation irrégulière.

L'idée d'intégration en 2003

Le 26 novembre 2003, la loi relative à la maîtrise de l'immigration, au séjour des étrangers en France et à la nationalité modifie à nouveau le statut des étrangers en subordonnant la délivrance de la carte de résident à un critère d'intégration. Elle renforce également la lutte contre l'immigration clandestine.

2006 : l'immigration choisie

Le 24 juillet 2006 est promulguée une loi relative à l'immigration et à l'intégration. Elle vise à « passer d'une immigration subie à une immigration choisie ». Pour aller vers « l'immigration choisie », une forme de sélection de la main-d'œuvre est prévue : des « listes de secteurs tendus où les employeurs pourront faire appel à des étrangers » doivent être établies.

Régularisation systématique supprimée

De plus est instituée une carte « compétence et talents » valable trois ans et renouvelable, pour faciliter l'accueil des étrangers dont « le talent constitue un atout pour le développement et le rayonnement de la France ». Le principe de la régularisation systématique après dix ans de présence sur le territoire est supprimé.

(Source : Direction de l'information légale et administrative. République française. Lien : `http://www.vie-publique.fr/politiques-publiques/politique-immigration/chronologie-immigration`*)*

Chapitre 20

Les dix dates incontournables

476 : Le dernier empereur romain d'Occident est déposé à Rome. C'est la fin de l'Antiquité et le début du Moyen Âge qui va durer presque mille ans.

800 : Charlemagne est couronné empereur à Rome.

843 : Les trois petits-fils de Charlemagne se partagent son empire. Charles II le Chauve hérite de la Francia occidentalis, le futur royaume de France.

987 : Hugues Capet devient roi de France.

1661 : Début de l'absolutisme et du pouvoir personnel de Louis XIV.

1789 : Le 14 juillet, prise de la Bastille, prison royale, par le peuple de Paris.

1804 : Le 2 décembre, Napoléon 1er est couronné empereur.

1870 : Le 4 septembre, la IIIe République est proclamée.

1918 : Le 11 novembre, fin de la Première Guerre mondiale, signature de l'armistice.

1945 : Le 8 mai, fin de la Seconde Guerre mondiale, capitulation de l'Allemagne.

Index

A

Abbaye de Cluny, *55*
Académie française, *120, 124*
Acadie, *116, 136, 141*
Acadiens, *141*
Accords d'Evian, *332*
Accords de Locarno, *298*
Accords de Matignon, *295*
Adoubement, *54, 95*
Affaire Dreyfus, *232, 261, 273*
Afrique du Nord, *25*
Agriculture, *20, 31, 87, 108, 113, 116, 142, 143, 213, 256, 268*
Aix-la-Chapelle, *34, 39, 40, 48, 127, 140, 202*
Alains, *25*
Alamans, *27, 29*
Alcuin, *38*
Alémanie, *40, 49*
Alésia, *22, 42, 43*
Aliénor, *52, 57, 58, 59, 60, 61, 63, 95*
Allemagne, *12, 28, 31, 33, 34, 49, 103, 136, 210, 219, 232, 270, 273, 274, 280, 286, 287, 295, 296, 297, 298, 299, 303, 307, 308, 311, 313, 314, 315, 316, 317, 319, 320, 321, 328, 334, 335, 344, 348, 365, 371*
Ancien Régime, *32, 161, 232, 233, 234, 235*
Anne de Bretagne, *87, 88, 90, 150*
Anglais, *46, 66, 71, 72, 73, 74, 75, 76, 79, 81, 84, 101, 118, 126, 140, 145, 184, 194, 199, 201, 203, 213, 214, 215, 216, 223, 224, 225, 254, 293, 305, 311, 317, 318, 359*
Angleterre, *13, 16, 38, 57, 59, 60, 61, 66, 68, 69, 71, 72, 73, 75, 78, 79, 80, 81, 83, 86, 87, 89, 90, 92, 95, 101, 105, 107, 109, 116, 128, 136, 142, 145, 198, 199, 201, 203, 211, 213, 216, 219, 221, 240, 254, 256, 257, 277, 280, 286, 287, 308, 309, 311, 334, 360, 361*
Antidreyfusards, *277*
Appels de Juin 1940, *310*
Arc, *13, 15*
Archers, *14, 74, 359*
Armagnacs, *78, 79, 80, 83*
Armée, *22, 35, 52, 74, 75, 89, 113, 128, 150, 171, 175, 176, 194, 201, 218, 270, 274, 332*
  allemande, *287, 294, 305, 308, 317*
  austro-russe, *205*
  d'Italie, *198*
  des Alliés, *307*
  française, *180, 224, 259, 292, 329*
  Grande, *217, 219*
  napoléonienne, *219*
  prussienne, *211*
  révolutionnaire, *184, 187*

soviétique, *348*
Armistice, *294, 307, 311*
Armstrong, Neil, *337*
Arthur de Bretagne (duc), *61*
Artisanat, *20, 237, 268*
Assemblée constituante, *161, 168, 172, 265, 326*
Assemblée nationale, *158, 160, 161, 331, 337, 344, 345, 351,*
Assignat, *169*
Attentat d'Orsini, *255*
Attila, *25, 26*
Aurélien, *28*
Auriol, Vincent, *326, 352*
Austerlitz, *201, 203, 204, 205, 211, 219, 228, 241*
Austrasie, *31, 40, 41, 49*
Austro-Russes, *201, 204, 205*
Autriche, *39, 128, 140, 142, 175, 193, 198, 201, 203, 210, 215, 219, 221, 252, 258, 286, 287, 296, 304, 319*
Anne d', *121, 122, 226*
don Juan d', *109*
duc d', *61*
Élisabeth d', *144*
Empire d', *227*
François II d', *205*
Marie-Antoinette d', *144, 226*
Marie-Louise d', *211, 216*
Marie-Thérèse, *123, 124*
Maximilien d', *89, 257*
Avars, *33, 34*

B

Badinguet, *249, 250, 282*
Balladur, Édouard, *341*
Bancs, *158, 165, 174*
Banque privée de France, *199*
Banquiers, *120, 134, 146, 199, 237, 240*
Bara, Joseph, *363*
Barbares, *24, 42*
invasions, *38*
Barre, Raymond, *340*
Basilique Saint-Denis, *31, 43*
Basques, *35, 47*
Bastille (prise de la), *160, 161, 162, 163, 166, 169, 176, 228*
Bataille de Stalingrad, *317*
Bataille de Tolbiac, *30*
Bavière, *40, 43, 49, 215, 227*
Isabeau de, *77, 79, 81, 95*
Bayard, *102, 150*
Belgique, *23, 25, 31, 127, 223, 224, 251, 287, 288, 291, 298, 299, 308, 309, 328*
Bérégovoy, Pierre, *343*
Bérézina, *217*
Berthe au Grand Pied, *32, 43*
Bible, *104*
Big-bang, *10*
Bismarck, *296*
Blanc, Louis, *245, 246*
Blanche de Castille, *63, 64, 66, 95*
Blitzkrieg, *308, 309*
Blum, Léon, *302, 303, 304, 322*
Bois de Boulogne, *255*

Bois de Vincennes, *255*
Bon Marché, *254*
Bonaparte, *152, 178, 189, 191, 192, 193, 194, 195, 196, 197, 198, 199, 200, 201, 228*
Bonnet phrygien, *177*
Boulanger, Georges, *265, 270, 271*
Bourbons, *104, 142, 210, 223, 226, 232, 238, 239*
Bourgeoisie, *153, 156, 174, 236, 242, 244, 251*
Bourgogne, *17, 24, 40, 41, 55, 56, 68, 85, 86, 92*
  duc de, *78, 136, 147, 226*
  duché de, *81*
  Philippe de, *79*
Bourguignons, *78, 79, 80, 82, 83, 86*
Bouvines (victoire de), *62, 94*
Bretagne, *14, 34, 40, 43, 56, 64, 72, 87, 113*
Briand, Aristide, *295, 299, 322*
Bronze, *15, 17, 18, 42, 205*
Brunehaut, *31, 41*
Bûcher, *63, 67, 82, 105*
Burgondes, *25, 27, 28, 30, 43*

C

Calais, *92, 93, 101, 107, 277*
  bourgeois de, *74*
Calonne, *146, 291*
Calvin, Jean, *99, 105*
Calvinisme, *104*
Campagne de France, *220, 221*
Campagnes, *164*
Campoformio, *193, 199, 210*
Camps de concentration, *307, 313*
Canalisations, *255*
Capet, Hugues, *52, 56, 94, 178, 371*
Capétiens, *62, 69, 71*
Carinthie, *39, 40*
Carnot, Sadi, *270, 271, 272, 273, 276, 282, 352*
Carolingiens, *27, 71*
Cartel, *295, 298*
Castillon-la-Bataille, *84*
Cathares, *62, 63*
Catholiques, *104, 108, 109, 110, 111, 113, 122, 150, 295*
CEE (Communauté économique européenne), *328*
Cent-Jours, *222, 223, 234*
Celtes, *8, 9, 17, 18, 19, 42*
Céramique, *15, 24*
César, Jules, *8, 20, 21, 22, 23, 43*
Chambre des députés, *222, 234, 236, 238, 266, 295, 301*
Champ de Mars, *164, 169, 172, 173*
Champaubert, *220*
Charlemagne, *8, 32, 33, 34, 35, 38, 39, 42, 43, 47, 48, 50, 53, 178, 252, 371*
Charles IV le Bel, *69, 147*
Charles V, *75, 76*
Charles VI, *77, 78, 79, 95, 147*
Charles VII, *80, 81, 82, 83, 84, 85, 92, 95, 147*
Charles VIII, *87, 88, 89, 90, 99, 102, 147*
Charles IX, *99, 108, 109, 110, 148*

Charles X, *157, 226, 232, 233, 235, 236, 238, 251*
Charles de Blois, *72, 360*
Charles le Grand, *38*
Charles le Simple, *52*
Charles le Téméraire, *85, 86, 121, 147*
Charles Martel, *32, 42*
Charles Quint, *101, 103, 107, 121*
Chars, *20, 34, 293, 309*
Chasse, *12, 13, 53, 130, 165*
Château, *53, 54, 105, 107, 165, 182, 239, 246*
  d'Amboise, *89, 103, 107*
  de Blois, *111*
  de Versailles, *128, 129, 134, 296*
  de la Loire, *105, 107*
  des Tuileries, *167, 175, 178, 234*
Chemin de fer, *241, 256*
Chevage, *55*
Childéric 1er, *28*
Chirac, Jacques, *340, 344, 345, 347, 348, 353*
Choiseul, *141, 170*
Chouans, *184*
Chrétiens, *24, 62, 254*
Churchill, Winston, *310, 311, 317, 344*
Chute du mur de Berlin, *344*
Civilisation hallstattienne, *17*
Claude de France, *100, 148, 150*
Clemenceau, Georges, *265, 269, 270, 271, 272, 277, 279, 293*
Clément, Jacques, *111*
Clergé, *38, 62, 67, 153, 154, 155, 156, 158, 159, 160, 168, 169, 173, 198, 306*
Clodion, *28*
Clodoald, *30, 31*
Clotaire, *29, 30, 31, 41, 43*
Clotilde, *26, 28, 29, 30, 43*
Clovis, *8, 26, 28, 29, 30, 41, 42, 43, 50, 178*
Club des cordeliers, *171*
Club des jacobins, *171, 172*
Code civil, *199, 222*
Cohabitation, *341, 342, 345*
Cohn-Bendit, Daniel, *335*
Colbert, *122, 124, 125, 126, 127, 128, 134*
Coligny, Gaspard de, *110*
Collaboration, *307*
Colomb, Christophe, *91*
Colon, *18*
Colonies, *140, 141, 145, 199, 240, 245, 247, 294*
Colonisation, *267, 268*
Comité de salut public, *186, 330*
Comité de sûreté générale, *186*
Commerce, *24, 31, 46, 56, 83, 112, 114, 126, 138, 146, 172, 174, 213, 247*
Commune, *232, 261, 262, 263, 264, 281*
Complot, *108, 177, 179, 184, 185, 187, 200, 235, 333*
Compostelle, *55*
Comtes, *35, 46, 53, 56, 128, 155*
Concini, *115, 116, 117, 150*
Concordat, *100, 198, 280*
Concorde, *334*
Condés, *104*

Congrès de Vienne, *221*
Conseil des Anciens, *189*
Conseil des Cinq-Cents, *189, 197, 229*
Conservatoire national de musique, *190*
Conservatoire national des arts et métiers, *190*
Constantinople, *25, 84, 89, 227*
Constitution, *331*
Constitution européenne, *349*
Consul, *191, 196, 197, 198, 200, 201*
Convention, *161, 181, 183, 183, 184, 189, 190, 229, 247, 364*
Corday, Charlotte, *185, 229*
Corse, *40, 141, 194, 227, 345*
Cortès, Hernan, *91*
Corvées, *165*
Coup d'État, *189, 191, 196, 197, 228, 249, 251, 254, 333, 334, 352*
Crécy (défaite de), *73, 94*
Crédit foncier, *256*
Crédit lyonnais, *256*
Cresson, Édith, *343*
Crise financière, *345, 350, 351*
Cro-Magnon, *8, 9, 10, 13, 42, 43*
Croisades, *46, 47, 56, 58, 66, 68*
Croissant, *128*
Cromlechs, *14, 43*

D

D'Artagnan, *125*
Dagobert (roi), *31, 32, 41, 42, 43*
Damiens, Robert-François, *143*
Danton, *157, 161, 171, 172, 178, 179, 181, 187*
Dardanelles, *291*
Débarquement, *316*
Debré, Michel, *331*
Déclaration des droits de l'homme et du citoyen, *166*
Der des Ders, *297*
Desmoulins, Camille, *157, 171, 187*
Deuxième Reich allemand, *262*
Diderot, *247*
Directoire, *153, 189, 190, 193, 194, 196, 197, 228*
Doumer, Paul, *268, 300, 301, 352*
Doumergue, Gaston, *299*
Drapeau tricolore, *245, 265, 266*
Druide, *19*
Duc d'Aiguillon, *165*
Duc d'Enghien, *200*
Duc de Berry, *147, 226, 235, 239, 282*
Dumas, Alexandre, *85*
Durandal, *35, 36, 43*
Dynastie, *52, 69*

E

École, *9, 38, 39, 244, 264, 265, 267, 268, 335*
  normale supérieure, *190, 236*
  polytechnique, *190, 229*
Économie, *108, 116, 146, 297, 298, 327, 340, 343, 349, 368*
Édit de Nantes, *95, 99, 112, 113, 118, 149*
  révocation de, *134*
Édouard II d'Angleterre, *68*

Édouard III d'Angleterre, *72*
Égalité, *98, 167, 171, 252*
Église de France, *100, 168*
Égypte, *152, 191, 194, 195, 199*
Elbe, *39, 220, 223, 247*
Élysée, *224, 252, 271, 276, 350, 351*
Empereur, *33, 34, 35, 38, 39, 42, 48, 62, 65, 91, 95, 101, 175, 201, 202, 203, 204, 205, 212, 213, 215, 216, 217, 218, 223, 224, 232, 233, 234, 238, 249, 252, 253, 254, 257, 258, 259, 261, 281, 287*
  romain, *24, 25, 26, 28, 43, 371*
Empire romain, *26*
Encyclopédie, *247*
Entre-deux-guerres, *295*
Enseignement, *65, 105, 264, 266, 267, 273, 342*
Envahisseurs, *15, 18*
Épées, *17, 18, 19, 36, 43, 54, 80, 102, 110, 111, 131, 359*
Erignac, Claude, *345*
Esclaves, *54, 177, 247*
Espagne, *15, 16, 31, 35, 37, 39, 47, 50, 55, 76, 91, 101, 103, 107, 109, 116, 120, 123, 124, 136, 140, 203, 211, 213, 214, 215, 219, 227, 257, 259, 297, 306, 332, 360*
Esterhazy, *276, 277, 278*
Estrées d', Gabrielle, *362*
État, *98, 118, 121, 124, 138, 168, 169, 200, 210, 216, 242, 244, 247, 264, 266, 280, 303, 304, 312, 317, 327*
États généraux, *90, 146, 155, 158, 159, 173*
États-Unis, *145, 164, 166, 225, 240, 249, 257, 296, 299, 314, 320, 327, 328, 329, 333, 334, 337, 344, 348, 367*
Étienne Marcel, *75, 95*
Europe, *17, 18, 19, 25, 47, 103, 104, 107, 118, 120, 121, 122, 135, 136, 140, 152, 191, 195, 232, 247, 254, 258, 283, 284, 296, 297, 304, 305, 313, 320, 323, 324, 327, 328, 340, 344, 355*
Euro, *34, 347, 354*
Européens, *27, 247, 330, 332*
Exode rural, *341*
Exposition universelle de 1855, 256
Eylau, *211, 212, 213, 219*

F

Faure, Félix, *276, 282, 352*
Fer, *17, 25*
Fer (âge de), *17*
Ferry, Jules, *261, 265, 266, 267, 268, 270, 280*
Fête de la Fédération, *169*
Fête nationale, *252, 266*
Fillon, François, *351*
Flandre, *56, 72, 73, 86, 92, 93, 124, 360*
Flèche, *13, 15*
Flotte, *75, 109, 114, 195, 203, 257, 311, 317*
Foch, *289, 294, 311*
Formariage, *55*
Fouquet, Nicolas, *122, 125, 126*

Français, *79, 140, 141, 145, 150, 154, 171, 198, 203, 205, 215, 217, 219, 220, 222, 224, 226, 238, 252, 257, 258, 281, 288, 289, 291, 292, 293, 307, 310, 311, 312, 315, 326, 327, 329, 331, 333, 340, 343, 345, 347, 349*
France, *19*
  naissance de la, *45*
  occidentale, *50*
  orientale, *50*
Francia (trois), *49*
François 1er, *90, 95, 98, 99, 100, 101, 102, 103, 105, 107, 110, 147, 150, 192*
Francs, *25, 27, 29, 31, 32, 42, 43*
Frank, Anne, *365*
Fraternité, *98, 167, 171, 252*
Frédégonde, *31, 41*
Fronde, *122, 134, 150*
Front de libération nationale, *330*
Front populaire, *295*
Futuroscope, *47*

G

Gallieni, *268, 288*
Gallo-Romains, *26, 28*
Gambetta, Léon, *266, 268, 269*
Gaule, *9, 19, 21, 22, 23, 24, 25, 27, 28, 42, 50*
Gaulle (Charles de), *288, 310, 316, 317, 318, 322, 324, 325, 326, 327, 330, 331, 332, 333, 334, 337, 339, 353, 354, 355*
Gaulois, *7, 8, 9, 18, 19, 20, 22, 24, 42, 43*
Gengis Khan, *63*
Gergovie, *22, 43, 335*
Germains, *24, 25*
Gilbert, *177*
Girondins, *153, 174, 175, 181, 182, 184, 185, 187*
Glaciation (périodes de), *11, 12*
Grand Condé (victoire du), *122*
Grande peur, *164*
Grandes Ordonnances, *65*
Grands magasins, *256*
Grégoire IX (pape), *63*
Grévy, Jules, *266, 270, 352*
Grotte, *10, 12*
  de Lascaux, *15, 16*
  de Tautavel, *11*
Grouchy, *224*
Guerre civile, *79, 265*
  espagnole, *306*
Guerre d'Algérie, *325*
Guerre de Cent Ans, *26, 46, 72, 84, 87, 92*
Guerre de Dévolution, *127*
Guerre de Hollande, *127*
Guerre de Sept Ans, *139, 140, 141*
Guerre de Succession d'Autriche, *139*
Guerre de Succession de Pologne, *139*
Guerre de Trente Ans, *122*
Guerres de Religion, *98, 108, 109, 113, 118, 362*
Guerre de Vendée, *183, 363*
Guesclin, Bertrand du, *75, 76, 360*
Guillaume le Conquérant, *57*

Guillotine, *182, 185, 186, 187, 188, 189*
Guizot, *236, 242, 244, 245*
Gutenberg, *87*
Guyenne, *72, 92*

H

Habsbourg, *120, 210, 216*
Haches, *16*
Halles, *255*
Haussmann, *255, 282*
Henri II, *59, 60, 98, 107, 116, 148, 149, 150, 361*
Henri III, *95, 99, 108, 111, 148, 149*
Henri IV, *26, 95, 98, 99, 108, 111, 112, 113, 114, 115, 116, 117, 118, 123, 126, 134, 139, 149, 150, 164, 226*
Henri V, *79, 80, 81*
Henri VI, *81, 83, 92*
Henri VIII, *90, 101, 105*
Henri de Guise, *110*
Henri de Navarre, *110, 111, 112, 148*
Hérules, *26*
Hitler, Adolf, *303, 304, 305, 306, 307, 308, 309, 310, 311, 313, 315, 320*
Hochets de la vanité, *200*
Homo erectus, *10, 11*
Homo ergaster, *10*
Homo habilis, *10*
Homo sapiens, *12, 13, 43*
Hongrie, *25, 33, 68, 175, 286, 287, 296*
Hugo, Victor, *38, 85, 242, 246, 251, 252*
Huguenots, *108, 110*
Hugues de Payns, *68*
Hugues le Grand, *52*
Huns, *25*

I

Iéna, *211*
Immigration, *350, 358, 367, 368, 369*
Impôts, *56, 75, 77, 90, 103, 120, 122, 146, 154, 156*
Imprimerie, *87*
Industrie, *108, 138, 143, 172, 213, 286, 297, 304, 340*
Italie, *26, 33, 48, 71, 84, 89, 90, 99, 100, 102, 107, 124, 152, 191, 192, 193, 194, 198, 240, 255, 286, 291, 304, 308, 309, 314, 317, 318, 320, 328, 348*

J

Jacques Cœur, *83*
Jaguars, *10*
Jaurès, Jean, *286*
Jean de Montfort, *72*
Jean le Bon, *75, 78*
Jean le Posthume, *68, 69*
Jean sans Terre, *59, 60, 61, 62*
Jeanne d'Arc, *46, 81, 82, 94*
Jeanne Hachette, *86*
Jérusalem, *46, 56, 58, 66, 68, 89*
Jésuites, *105, 266, 269, 280*
Joffre, *288*
Jospin, Lionel, *344*
Journée des dupes, *120*

Juifs, *65, 67, 74, 172, 173, 304, 307, 312, 313, 320, 343, 345, 348, 355, 365, 368*
extermination des, *74*
Juppé, Alain, *344*

K

Kennedy, John, *333*

L

Laïcité, *264, 266, 280, 298*
La Fayette, *119, 145, 164, 170, 171, 172*
La Rochelle, *62, 115, 118, 119*
La Tène, *18*
Laffitte, Jacques, *240, 241*
Lamartine, Alphonse de, *245, 246*
Launay, Bernard de, *162*
Lebrun, Albert, *301*
Leipzig, *219*
Léon III (pape), *39*
Libération, *316*
Libéraux, *233, 236*
Liberté, *98, 167, 171*
Lorraine, *17, 50, 139, 148, 216, 232, 262, 268, 273, 280, 285, 286, 297, 299, 311*
Lotharingie, *50*
Lothaire, *48, 49, 50, 52, 95*
Louis, *30*
Louis 1er le Pieux, *43, 48*
Louis VII, *58, 59, 60, 65, 95*
Louis VIII, *63, 64*
Louis IX, *46, 58, 63, 64, 65, 66*
Louis X le Hutin, *68, 75, 147*
Louis XI, *46, 85, 86, 87, 93, 95*
Louis XII, *80, 83, 87, 89, 90, 95, 99, 100*
Louis XIII, *95, 98, 115, 116, 117, 119, 120, 121, 149, 157, 226*
Louis XIV, *98, 115, 121, 122, 123, 124, 125, 127, 128, 129, 132, 133, 134, 135, 136, 137, 138, 142, 149, 150, 182, 226, 233, 236, 371*
Louis XV, *115, 127, 136, 137, 138, 139, 140, 141, 142, 143, 144, 149, 150*
Louis XVI, *32, 115, 144, 146, 151, 152, 153, 155, 157, 158, 160, 161, 163, 167, 169, 171, 174, 177, 182, 183, 187, 222, 226, 228, 229, 233, 235, 236*
Louis XVIII, *157, 222, 223, 224, 226, 232, 233, 234, 235, 247, 251, 281, 282*
Louis d'Orléans, *79, 80, 89, 100*
Louis de Condé, *108*
Louis le Germanique, *49, 52*
Louis-Napoléon Bonaparte, *232, 249, 250, 252, 281, 282*
Louis-Philippe, *157, 164, 182, 226, 233, 236, 237, 238, 240, 245, 250, 251, 281*
Louvre, *117, 122, 124, 167, 256*
Loyola, Ignace de, *104*
Lumières (siècle des), *98*
Luther, Martin, *103, 104, 105*
Lyautey, *268*
Lyon, *23, 24, 92, 93, 137, 241, 272, 282, 316, 343*

M

Mac-Mahon, *254, 264, 265, 266, 352*
Mainmorte (droit de), *55, 165*
Magellan, *101*
Mai 1968, *325, 334*
Malraux, André, *316*
Marat, *171, 172, 178, 179, 180, 181, 185, 229*
Maginot, André, *299*
Marguerite de Provence, *64*
Marie-Antoinette, *144, 145, 157, 167, 169, 170, 175, 176, 184, 186, 187*
Marie d'Anjou, *81, 85*
Marie Tudor, *90*
Marignan, *99, 100, 102, 149, 150*
Marseillaise, *176, 266*
Massacre de la Saint-Barthélemy, *109*
Massacres de septembre 1792, *179*
Mazarin, *121, 122, 123, 124, 125*
Médicis, Catherine de, *99, 106, 107, 108, 110, 111, 148, 150*
Médicis, Marie de, *116, 117, 120, 150, 226*
Méditerranée, *49*
Menhirs, *14, 43*
Mérovée, *28*
Mérovingiens, *27, 28, 32, 41, 71*
Mésolithique, *14, 15*
Mexique, *240, 257, 258, 259, 281*
Milice, *315*
Mirabeau, *157, 159, 168*
Mitterrand, François, *324, 333, 339, 340, 341, 342, 343, 344, 354, 355, 368*
Monarchie, *222, 235, 265, 286*
  de Juillet, *236, 238*
Monnaie, *34, 75, 199, 295, 347*
Montaigne, *106*
Montagnards, *174, 153, 174, 181*
Montereau, *80, 220*
Montmirail, *220*
Montréal, *116*
Montségur (citadelle de), *63, 64*
Môquet, Guy, *364*
Moscou, *201, 216, 217, 218, 227, 302, 304*
Moulin, Jean, *316*
Moyen Âge, *8, 25, 26, 27, 84, 87, 94, 254, 371*
Murat, *196, 197, 205, 210, 213, 214, 215, 218, 219*
Mussolini, *303*

N

Napoléon 1er, *152, 201, 250, 252, 371*
Napoléon III, *232, 249, 252, 253, 254, 255, 256, 257, 258, 259, 263, 272, 281*
Nazisme, *307*
Neandertal (homme de), *12, 13, 42*
Néandertaliens, *8*
Necker, *146*
Néolithique, *14, 15*
Neustrie, *31, 40, 41*
Nivelle, *293*
Noblesse, *153, 154, 155, 156, 158, 159, 160, 164, 169*
Nomadisme, *15*
Normandie, *51*
Normands, *46, 49, 51, 52, 57*

Notre-Dame, *83, 201, 202, 229*

O

OAS (Organisation de l'Armée Secrète), *332*
Occident, *26, 202, 328, 371*
Odoacre, *26*
ONU (l'Organisation des Nations Unies), *328*
Opéra, *124, 235, 255*
Or, *169*
Ordonnance de Villers-Cotterêts, *106*
Orléans, *22, 26, 56, 80, 82, 137*
 Louis d', *79, 80, 89*
 Philippe d', *136, 143, 182, 187, 226, 236*
OTAN (Organisation du Traité Atlantique Nord), *328*
Ouvriers, *87, 106, 128, 134, 156, 166, 188, 213, 240, 241, 242, 243, 244, 246, 254, 294, 298, 302, 303*

P

Paix d'Amiens, *199*
Paix de Cambrai, *103*
Paléolithique, *14, 15*
 inférieur, *15*
 moyen, *15*
 supérieur, *13*
Panama, *272*
Paris, *25*
Parlement, *122, 123, 138, 142, 143, 144, 146, 326, 329, 368*
Pas-de-Calais, *79, 289*
Pays-Bas, *31, 33, 120, 127, 134, 136, 142, 328*
 espagnols, *116, 124*
Paysans, *35, 53, 154, 156, 165, 188, 229*
Pearl Harbour, *314*
Pèlerins, *68*
Pépin le Bref, *32, 33, 42, 43*
Perier, Casimir, *241, 273, 276, 282, 352*
Pétain, *307, 309, 310, 312, 313, 315, 317, 352*
Philippe (prince), *57*
Philippe IV, *66, 147*
Philippe V le Long, *69, 147*
Philippe VI de Valois, *69, 147*
Philippe Auguste, *46, 60, 61, 62, 63, 64, 65*
Philippe le Bel, *46, 67, 68, 72*
Philippe le Hardi, *64, 66, 147, 359*
Pierre (âge de), *15*
 polie, *14*
Pierre Mendès-France, *328*
Plan Marshall, *325*
Poilus, *289*
Poincaré, Raymond, *276, 280, 282, 293, 295, 298, 352*
Poitiers, *29, 32, 40, 42, 47, 52, 58, 59, 75, 79, 94, 107, 150, 359, 360*
Polignac, *236*
Pompidou, Georges, *340*
Poterie, *15*
Préhistoire, *14, 16, 17*
Première Guerre mondiale, *297*
Prince Noir, *360*

Printemps, *256*
Privilèges féodaux, *154, 165, 172*
Procès Papon, *345*
Prolétaires, *247*
Protestants, *99, 103, 104, 105, 107, 108, 109, 110, 111, 113, 115, 118, 122, 134, 150, 172, 362*
Prussiens, *140, 164, 176, 180, 212, 219, 224, 232, 259, 262, 263*
Putsch d'Alger, *330*

Q

Québec, *116*

R

Raffarin, Jean-Pierre, *347*
Rafle du Vél'd'Hiv, *313*
Rapatriés d'Algérie, *368*
Ravaillac, *116, 149*
Réforme, *34, 104*
Régence, *69, 79, 81, 88, 108, 116, 136, 143*
Reims, *58, 66, 69, 82, 85, 90, 142, 229, 297*
Renaissance, *120*
République, *171, 173, 174, 179, 187, 210, 228, 229, 232, 245, 247*
  de Gênes, *141*
  deuxième, *249*
  cinquième, *325, 331, 342, 353, 354, 355*
  président de la, *249, 265, 266, 270, 272, 276, 277, 279, 280, 282, 298, 299, 300, 322, 326, 331, 333, 339, 340, 342, 344, 345, 346, 347, 348, 349, 350, 354*
  quatrième, *324, 325, 326, 352, 354*
  troisième, *259, 261*
Résistance, *309, 310, 311, 316*
Restauration, *222*
Révolution d'Octobre, *294*
Révolution de 1848, *232, 237, 244, 281*
Rhin, *24, 25, 28, 29, 127, 199, 210, 296, 304*
  armée du, *175, 176*
  confédération du, *215, 219, 221, 227*
Rhinocéros, *9, 10, 11, 16*
Richard Cœur de Lion, *59, 60, 61*
Richelieu, *98, 115, 117, 118, 119, 120, 121, 234*
RMI (revenu minimum d'insertion), *342, 349*
Robert 1er, *52*
Robespierre, *151, 152, 153, 157, 171, 172, 178, 179, 181, 184, 185, 186, 187, 189, 228*
Rocard, Michel, *342*
Rochambeau, *145*
Roi de France, *52, 56, 60, 61, 72, 73, 75, 78, 81, 83, 87, 88, 89, 92, 93, 108, 112, 113, 123, 156, 167, 176, 226, 238, 371*
Roi de Navarre, *75*
Roi de Prusse, *140, 220*
Roland, *35, 43, 47*
  Chanson de, *37*
Rollon, *52, 57*
Romains, *9, 21, 22, 24, 27, 28, 42*

Rome, *9, 21, 23, 24, 25, 26, 39, 40, 42, 62, 89, 103, 109, 211, 216, 227, 229, 240, 318, 328, 334, 371*
Romulus Augustulus, *26, 43*
Roncevaux, *36, 37, 43, 47*
Ronsard, *106*
Roquebrune (homme de), *42*
Rouelle jaune, *65*
Routes, *87, 112, 114*
Royal, Ségolène, *350*
Royalistes, *189, 233, 234, 235, 238, 239*
Royaume, *29, 30, 33, 35, 38, 46, 53, 68, 73, 75, 78, 79, 81, 82, 84, 85, 89, 90, 93, 97, 98, 100, 106, 113, 115, 117, 120, 121,126, 127, 138, 152, 153, 154, 210, 218, 219, 227, 240*
RSA (revenu de solidarité active), *349*
RTT (réductions du temps de travail), *346*
Russie, *211, 213, 216, 217, 219, 221, 222, 228, 240, 286, 287, 294, 327, 348*

S

Saint-Cloud, *30, 31*
Sainte-Chapelle, *65*
Sainte Geneviève, *26*
Sainte-Hélène, *201, 225*
Samaritaine, *256*
Sand, George, *247*
Sans-culotte, *177*
Sarkozy, Nicolas, *349, 350, 353*
Saxe, *49, 140, 142, 227*
Schœlcher, Victor, *245, 247*
Second Empire, *249, 252, 259, 261, 282*
Seconde Guerre mondiale, *307*
Seigneurs, *53, 54, 56, 61, 105, 130, 165*
Sénat, *266, 276, 326*
Serf, *54, 55*
Serment du Jeu de paume, *158, 159*
Serments de Strasbourg, *49*
Service du Travail Obligatoire, *315*
Shoah, *312*
Siège de Puebla, *257*
Silex, *14*
Simon de Montfort, *63*
Société des Nations, *299*
Société générale, *256*
Somme, *298*
Sorbonne, *65, 87, 337*
Stavisky, Alexandre, *301*
Suèves, *25*
Suisses, *21, 100, 161, 162, 167*
Sully, *112, 113, 114, 116, 150*
Suffrage universel, *199, 245, 250, 333, 354*
Suzerain, *54*
Syagrius, *27, 28, 29*

T

Talmud, *65*
Tchécoslovaquie, *305*
Templiers, *67, 68*
Terre-Neuve, *136*
Terreur, *186, 187, 228*
  blanche, *234*
Tiers état, *153, 156, 157, 158, 160*

Tilsit, *216*
Tondues, *326*
Tour Eiffel, *271*
Trafalgar, *201*
Traité d'Aix-la-Chapelle, *127*
Traité de Cateau-Cambrésis, *107*
Traité de Paris, *140*
Traité de Troyes, *81*
Traité de Verdun, *49*
Traité de Versailles, *296*
Traité de Vienne, *139*
Traité de Westphalie, *122*
Traité des Pyrénées, *124*
Tranchées, *290, 291*
Triple Alliance, *285*
Triple-Entente, *285*
Trois Glorieuses, *236, 238, 281*
Troisième Force, *327*
Tsar Alexandre, *216, 220, 263*
Tuileries, *167, 175, 177, 178, 181, 234, 252, 253*
Turcs, *56, 58, 66, 83, 84, 128, 194, 195, 254*
Turgot, *146, 156*

U

Université, *65, 109, 235*
URSS, *308*

V

Valois, *69, 71, 72, 90, 110, 111, 121, 147, 148*
Valmy, *180, 181, 229*
Vandales, *25*
Vasco de Gama, *91*
Vascons, *35, 47*
Vase de Soissons, *29*
Vassal, *54*
Vénètes, *21*
Vercingétorix, *22, 23*
Verdun, *47, 49, 292*
Versailles, *128, 129, 131, 134, 137, 143, 153, 154, 155, 156, 158, 160, 163, 165, 167, 241, 262, 264, 295*
Vespucci, Amerigo, *91*
Veto, *175*
Vichy, *312*
Villepin, Dominique de, *349*
Voltaire, *85, 142, 143, 144*

W

Wagram, *211, 213, 219*
Washington, George, *145, 164*
Waterloo, *201, 216, 219, 224, 228, 234*
Wehrmacht, *308*
Wisigoths, *25, 26, 27, 29, 31*

Z

Zacharie, *32*
Zénon, *26*
Zola, Émile, *277*

Crédits

Figure 1-1 : Périgord Noir, Vallée de la Vezere, Montignac sur Vezere, Grotte de Lascaux II. © Jean-Daniel Sudres / Hemis / Corbis

Figure 1-2 : *Vercingétorix jette ses armes aux pieds de Julius Caesar,* Lionel Noel Royer. © The Gallery Collection / Corbis

Figure 2-1 : *La bataille de Tolbiac*, 496. Canevas. © Erich Lessing / akg-images

Figure 2-2 : Littérature / Légende : La Chanson de Roland, La mort de Roland à la bataille de Roncevaux. Enluminure, XVe siècle, attribuée à Jean Fouquet. *Les Grandes Chroniques des rois de France*, Paris, Bibliothèque Nationale. © akg-images

Figure 3-3 : Tombes d'Aliénor d'Aquitaine, Richard Cœur de Lion et Isabelle d'Angoulême. Sculptures de la fin du XIIe siècle / début du XIIIe en pierre et polychrome. Abbaye Notre-Dame-de-Fontevraud (Maine-et-Loire) © akg-images / Archives CDA / Guillot

Figure 3-4 : Montségur (Midi-Pyrénées, Ariège, France), Ruines de la Forteresse de Montségur (XIIe-XIIIe siècle) © Hervé Champollion / akg-images

Figure 3-5 : Philip IV, roi de France, Persécution des Templiers 1307-1314 *Grandes Chroniques de France*, London, British Library. © akg-images / British Library

Figure 4-1 : *Assassinat de Jean sans Peur à Montereau* (10 / 09 / 1419 ; avec portrait de Charles VI en médaillon). Lithographie couleur, anonyme, v. 1890. Vignette du « Chocolat Guérin-Boutron ». N° 11 d'une série. Paris, Collection particulière. © akg-images

Figure 4-2 : Guerre de Cent Ans entre la France et l'Angleterre 1339-1453. *Bataille de Castillon* (mort de John Talbot), 17 juillet 1453. Peinture, 1838, de Charles Philippe Auguste de Larivière (1798-1876). Huile sur toile, H. 4,25 ; L. 2,60. Inv.MV2694. Versailles, Château et Trianon. © akg-images

Figure 4-3 : Charles VIII, roi de France et Anne de Bretagne (mariés le 6 décembre 1491). Diptyque de Langeais. Peinture, anonyme, dernier tiers du XVe siècle. Langeais, Château. © Jérôme da Cunha / akg-images

Figure 5-1 : Henri IV signant l'Édit de Nantes, 13 avril 1598. *Histoire populaire de la France*, gravure sur bois, (Éd. Charles Lahure) 1862. © akg-images

Figure 6-1 : Le siège de La Rochelle. *Richelieu sur la digue de La Rochelle.* Huile sur toile, 1881, de La Rochelle, Henri-Paul Motte, Musée des Beaux-Arts. © akg-images

Figure 6-2 : Portrait du Cardinal Mazarin par Pierre Mignard, 1661. © Gianni Dagli Orti / CORBIS

Figure 6-3 : Portrait de Nicolas Fouquet. Huile sur toile, vers 1660(?). Vaux-le-Vicomte (Seine-et-Marne), Château. © Erich Lessing / akg-images

Figure 6-4 : Versailles (Yvelines), Château de Versailles (constr. à partir de 1661 par L. Le Vau). *Vue du château de Versailles en 1668.* Huile sur toile, 1668, de Pierre Patel (1605-1676). H. 1,15 ; L. 1,61. MV 765. Versailles, Château et Trianons. © VISIOARS / akg-images

Figure 6-5 : Louis XIV, roi de France, jouant au billard avec son frère, duc d'Orléans, son neveu Philippe II d'Orléans, duc de Chartres et son fils Louis-Alexandre, comte de Toulouse, (entre autres). Gravure sur cuivre, 1694, d'Antoine Trouvain (1656- 1708). *Troisième appartement,* n° 3 de la série : *Les Appartements.* Paris, Bibliothèque Nationale. © akg-images

Figure 6-6 : Madame de Montespan, maîtresse de Louis XIV. Canevas, 139 x 162 cm © Erich Lessing / akg-images

Figure 6-8 : Louis XV, roi de France, Versailles 15 / 02 / 1710 - id. 10 / 05 / 1774. – *Portrait de Louis XV Le Bien-Aimé en armure*, pastel de Maurice-Quentin de La Tour (1704-1788). Paris, Musée du Louvre. © akg-images

Figure 6-9 : *Marie-Antoinette de Lorraine-Hasbourg, reine de France, dit Marie-Antoinette à la rose*, huile sur toile, 1782, de Élisabeth Louise Vigée-Lebrun (1755-1842). H. 1,13 ; L. 0,87 ; MV 3893. Versailles, Château et Trianons. © Erich Lessing / akg-images

Figure 7-1 : *Prise de la Bastille*, 14 juillet 1789. (Révolution française, 1789-1799.) Gravure en acier, Allemagne, 1840. (Couleur ajoutée ultérieurement.) © akg-images

Figure 7-2 : Prise des Tuileries, 10 / 08 / 1792. (Révolution française.) Tableau de Jacques Bertaux. Versailles, Château et Trianons. © akg-images

Figure 7-3 : Première coalition 1792-97 : Canonnade de Valmy, 20 septembre 1792. *Bataille entre l'armée révolutionnaire et l'armée de coalition.* Copie de J.-B. Mauzaisse d'après le tableau d'Horace Vernet, 1831. Versailles, Château et Trianon. © akg-images

Figure 7-4 : Exécution de Louis XVI, roi de France, le 21 janvier 1793. Vignette d'époque. © akg-images

Figure 7-5 : *Jugement de Marie-Antoinette d'Autriche au Tribunal Révolutionaire* (14 et 16 octobre 1793). Eau-forte coloriée, d'époque. Paris, Musée Carnavalet. © Nimatallah / akg-images

Figure 8-1 : Napoléon Ier Bonaparte, empereur des Français, « Le général Bonaparte au pont d'Arcole » (Bataille d'Arcole contre l'Autriche, 15 / 17 novembre 1796). Tableau, 1796, d'Antoine-Jean Gros. Huile sur toile, H. 1,30 ; L. 0,94.Versailles, Château et Trianons. © VISIOARS / akg-images

Figure 8-4 : Napoléon Ier Bonaparte, empereur des Français ; *Bonaparte visitant les pestiférés de Jaffa* (Expédition d'Égypte 1798-99 ; Bonaparte à Jaffa le 11 mars 1799). Peinture, 1804, de Antoine-Jean, baron Gros (1771-1832). Huile sur toile, H. 5,32 ; L 7,20. INV. 5064 Paris, Musée du Louvre. © Erich Lessing / akg-images

Figure 9-1 : Napoleon Ier Bonaparte, Empereur des Français ; « Le couronnement de Napoléon » (2 / 12 / 1804 à la Cathédrale Notre Dame). Section : Napoléon tenant la couronne de l'impératrice Joséphine. Peint en juillet 1806 par Jacques Louis David. Huile sur canevas, 621 x 979 cm. Inv.3699 Paris, Musée du Louvre. © Erich Lessing / akg-images

Figure 9-3 : Guerres napoléoniennes, *La Bataille d'Austerlitz*, 2 / 12 / 1805. Tableau, 1829, de François Gérard (1770-1837). Versailles, Galerie de Batailles. Versailles, Château et Trianon. © Erich Lessing / akg-images

Figure 9-4 : « Portrait du Général de Lasalle ». Peinture, 1912, par Édouard Detaille (1848-1912). Paris, Musée de l'Armée. © akg-images

Figure 9-5 : Joachim Murat. Portrait v. 1810, de François Gérard (1770-1837). Huile sur toile, H. 2,15 ; L. 1,30. Ravenne, coll. du comte Giovanni Battista Spalletti © André Held / akg-images

Figure 9-6 : La retraite de Moscou, troupes de Napoléon. 1888-1889, huile sur canevas. © Jan van Chelminski / Getty images

Figure 9-7 : *Campagne de France, 1814*. Peinture, 1864, d'Ernest Meissonier (1815-1891). Paris, Musée d'Orsay. © akg-images / Laurent Lecat

Figure 10-1 : *La Liberté guidant le peuple*, Eugène Delacroix, 1830. Huile sur toile, H. 2,60 ; L. 3,25. R.F. 129, Paris, Musée du Louvre. © akg-images

Figure 11-1 : Napoléon III, Empereur des Français, Paris 20 / 4 / 1808 - Chislehurst (près de Londres) 9 / 1 / 1873. Portrait en pieds en grande tenue. Peinture, de Franz Xaver Winterhalter. Dijon, Musée des Beaux-Arts. © VISIOARS / akg-images

Figure 12-1 : *Georges Clémenceau, homme politique 1879 / 80*. Peinture, 1879-1880, de Edouard Manet (1832-1883). Huile sur toile, H. 0,945 ; L. 0,740. Paris, Musée d'Orsay. © Erich Lessing / akg-images

Figure 12-2 : Paris (France), Tour Eiffel ; architecte : Gustave Eiffel. Construction de la Tour Eiffel entre le 10 août 1887 et le 12 mars 1889 : état des travaux le 10 mai 1888. Photographie d'une série de prises de vue effectuées à la même place depuis la tour est du Palais du Trocadéro. © akg-images

Puis : Paris (France), Tour Eiffel. Vue sur la Seine et la Tour Eiffel avec le site de l'Exposition universelle. Photographie, 1889. © akg-images

Figure 12-3 : La Dégradation d'Alfred Dreyfus, *Le Petit Journal*, supplément illustré, vol.6 , N°.217, Paris, 13 Janvier 1895, Paris. © akg-images

Figure 12-4 : *L'affaire Zola / Le Réquisitoire* (plaidoyer de l'avocat général au procès contre Zola en raison de sa prise de position pour Alfred Dreyfus et ses critiques contre la justice militaire). *Le Petit Journal*, Supplément © akg-images

Figure 13-1 : Première Guerre mondiale, France. Guerre de position : soldats français servant le repas dans une tranchée. Photo (partie d'une vue stéréoscopique), mention manuscrite : « La corvée de soupe et de pinard. » © akg-images

Figure 14-1 : Arrivée de Hitler à Berlin après avoir signé les accords de Munich © akg-images

Figure 15-1 : Compiègne (Arr. Oise), Wagon-Musée de l'Armistice (Musée dans la forêt de Compiègne ; wagon historique du maréchal Foch ; signature de l'armistice entre l'Allemagne et l'Entente le 11 / 11 / 1918 (Première Guerre mondiale) et le 22 juin 1940 entre l'Allemagne et la France (Seconde Guerre mondiale) © Michael Teller, nov. 1994 / akg-images

Figure 15-2 : Camp de concentration, Auschwitz, Poland. Collection : De Agostini Picture Library. © De Agostini / Getty Images

Figure 15-3 : Seconde Guerre mondiale, début du débarquement allié en Normandie sous le commandement du général Montgomery, le 6 juin 1944. « Le jour-J ». Photo. © akg-images

Encadré « La chute du mur de Berlin », page 344 : Berlin, le 10 / 11 / 1989, après l'ouverture des frontières de la RDA, à l'ouest (9 / 11 / 1989). Foulant occupant le mur, près de la porte de Brandenburg. © akg-images / ullstein bild

À découvrir prochainement dans la collection « Pour les Nuls Juniors »

L'Égypte ancienne
POUR LES NULS
JUNIORS

par Florence Maruéjol

Parution : Octobre 2010